济南社会科学院·济南系列蓝皮书

总主编　付道磊
副总主编　张　伟　齐　峰

# 济南城市软实力蓝皮书
## Blue Book of Jinan City Soft Power

## （2024）

# 济南城市软实力研究报告

主　编　张　伟
副主编　肖　平　张桂兰

济南出版社

**图书在版编目（CIP）数据**

济南城市软实力蓝皮书 . 2024：济南城市软实力研
究报告 / 张伟主编；闫平，张桂兰副主编 . —— 济南：
济南出版社，2024. 10. ——（济南社会科学院济南系列蓝
皮书 / 付道磊总主编）. —— ISBN 978-7-5488-6772-2

Ⅰ . G127.521

中国国家版本馆 CIP 数据核字第 2024T7R517 号

**济南城市软实力蓝皮书 . 2024**

JINAN CHENGSHI RUANSHILI LANPISHU.2024

张　伟　主编

出 版 人　谢金岭
责任编辑　张智慧
装帧设计　焦萍萍

出版发行　济南出版社
地　　址　山东省济南市二环南路 1 号（250002）
总 编 室　0531-86131715
印　　刷　济南鲁艺彩印有限公司
版　　次　2024 年 11 月第 1 版
印　　次　2024 年 11 月第 1 次印刷
成品尺寸　165mm×237mm　16 开
印　　张　19.25
字　　数　260 千字
书　　号　ISBN 978-7-5488-6772-2
定　　价　68.00 元

如有印装质量问题 请与出版社出版部联系调换
电话：0531-86131736

# 《济南城市软实力蓝皮书（2024）》
# 编 委 会

# 内外兼修 软硬并重
## 探索城市高质量发展"济南路径"（代序）

济南市委宣传部分管日常工作的副部长、市文明办主任、

北京大学城市软实力研究院执行院长 孙世会

海右名郡、齐鲁雄都。济南南倚泰山、北跨黄河，是山东省的省会、副省级城市，也是享誉世界的天下泉城、国家历史文化名城，自然禀赋得天独厚，历史文脉厚重绵长，素有泉城、诗城、善城之美誉。概括来说，济南有"五多"。

济南泉水多。依泉而建、伴泉而生、因泉而名，泉水是济南的灵魂，也是济南闻名于世的独特标识。济南有天然泉水 1200 余处，天下第一泉——趵突泉等七十二名泉竞相喷涌，蔚为大观。中国第一泉水湖——大明湖如一块巨大的翡翠，镶嵌在城市中央。众泉汇流而成的千年小清河实现复航，让济南又能够直接通江达海、拥抱世界。泉水哺育了济南，也孕育出"山泉湖河城"浑然一体的独特城市风貌。一座古城，有山有水，有滋有味，有情有义，有声有色。身在济南，可观山之壮、品泉之甘、望湖之静、览河之阔、赏城之秀，听得见泉水叮咚，看得见一城山色，闻得见满城书香。

济南名士多。济南是龙山文化的发祥地，2600 多年的建城史与

4700多年的文明史，孕育出灿若星河的古今名士。"海右此亭古，济南名士多"，自大舜、伏生、邹衍到李白、杜甫、欧阳修、曾巩、"二苏"、元好问、赵孟𫖯、张养浩等名家巨擘都曾在济南或生长，或旅居，或为官，留下数以万计的传世诗篇。济南人李清照和辛弃疾更是在词坛如日月同辉，成就"婉约以易安为宗，豪放惟幼安称首"。中共一大13名代表济南就出了两位——王尽美与邓恩铭。今天，济南以更加开放的胸怀拥抱天下英才。2023年，全市人才总量突破278万，其中，国际人才、外向型人才增长尤为显著，并连续两年获评"中国最佳引才城市"，丰富的人才资源为城市高质量发展和国际合作提供了有力的保障和支撑。

济南好人多。济南人历来就有崇德尚义的优秀传统，厚重里有潇洒，纯朴里有灵秀，平凡中见气节。先圣大舜耕于历山，被儒家誉为"德宗"。济南人闵子骞以孝闻名，孔子曾夸赞他："孝哉，闵子骞！"初唐名相房玄龄和大将秦琼都是济南人崇德尚义的杰出代表。"三人行，必有我师"，济南人见人习惯尊称"老师儿"，包括很多街巷以道德街、仁爱巷、宽厚里等命名，见贤思齐、见义勇为、德行天下的良好风尚在全社会蔚然成风。截至2024年7月，我市共有4人荣获全国道德模范称号，15人获全国道德模范提名奖，143人（组）荣登"中国好人榜"，157万泉城志愿者活跃在大街小巷。济南"超人"许亮火场救人的壮举感动全国，《人民日报》、新华社、央视央广等纷纷点赞。"济南好人多"的城市品牌更加熠熠生辉。

济南名牌多。世界上最早的商标"白兔捣药"源自北宋时期的济南；世界上最早的连锁经营商铺也诞生在济南，那就是清末巨商、济南章丘人孟洛川创立的瑞蚨祥。美国沃尔玛集团的创始人山姆·沃尔顿曾经说过，创建沃尔玛最早的灵感来自中国的瑞蚨祥。聚丰德、德馨斋、草包包子、宏济堂、福牌阿胶等中华名优老字号云集，见证了济南悠久厚重的商业文明。近代以来，济南在工业领域连续创造了70多个全国第一，全球第一台汉字传呼机、中国第一台大型龙门刨床、第一辆重型货车（黄河）、第一辆轻便摩托车均诞生于此。进入新时代，济南更是成为全国最大的重型汽车生产基地、服务器生产基地、400系不锈钢生产基地以及亚洲最大的酚醛树脂生产基地，全球最大的透明质酸生产基地、头孢类抗感染药物和阿胶生产基地。浪潮、重汽、齐鲁制药、福瑞达、华熙生物、力诺、山大地纬、伊莱特等一大批龙头企业蓬勃发展，成为济南建设品牌荟萃名城的鲜活见证。

济南机遇多。厚积薄发、行稳致远，今天的济南，累积形成了"十大发展优势"：战略红利交汇叠加、交通网络四通八达、科技创新实力雄厚、数字赋能势头强劲、人才保障基础坚实、金融服务优势突出、营商环境持续优化、消费市场潜力巨大、城市品质生态宜居、人文环境厚重淳朴。济南拥有黄河重大国家战略中唯一实体性新区——济南起步区、全国首个科创金融改革试验区等众多先发优势，在全国率先完成商业航天"通信、导航、遥感"全面布局，获评2023国际化营商环境建设标杆城市，成为名副其实的创新创业高地、逐梦未来之城。

党的二十大擘画了以中国式现代化全面推进中华民族伟大复兴的宏伟蓝图，中国式现代化理论为中国城市高质量发展提供了科学指南和前进方向。新征程、新使命、新担当。济南市委、市政府认真贯彻落实中央重大决策部署和省委、省政府工作要求，积极探索推进中国城市高质量发展的济南实践。济南市第十二次党代会进一步明确了新的发展方向：在新发展格局中，打造国内大循环的战略节点、国内国际双循环的战略枢纽；在国家重大区域发展战略布局中，打造链接京津冀协同发展和长三角一体化发展的核心节点、引领黄河流域生态保护和高质量发展的核心增长极；在新时代现代化强省会建设大局中，打造加快新旧动能转换的龙头、引领山东半岛城市群发展的龙头。十二届济南市委进一步提出加快建设"强新优富美高"新时代社会主义现代化强省会的目标，即实现综合实力强、发展方式新、城市品质优、人民群众富、生态环境美、治理水平高。城市高质量发展的目标更加准确，内涵更加丰富，路径更加清晰。

高质量发展成色更显厚重。市域总面积超过 1 万平方公里，常住人口近千万，经济总量超过 1.27 万亿。作为"科创中国"首批试点城市，济南综合科技创新指数稳居全省首位，在国家创新型城市中居第15 位；数字经济核心产业增加值占 GDP 比重超过 19%，稳居全省首位。数字经济占 GDP 比重超过 47%，在 2022 全国数字经济城市排行榜居第六位；四大主导产业（大数据与新一代信息技术、智能制造与高端装备、精品钢与先进材料、生物医药与大健康）规模总量达到 1.6 万亿元，量子、超算、空天信息等未来产业崛起成峰。华顿经济研究院发布的 2023 年中国百强城市排行榜显示，济南位居全国第 14 位、山东首位，稳居"北方第三城"。

硬实力让城市强大，软实力让城市伟大。在塑强经济硬实力的同时，济南形成了城市软实力由 1.0 到 5.0 的发展蓝图，努力走出一条城市软实力提升的济南路径。济南与北京大学共建城市软实力研究院，探索引领全国提升城市软实力的核心引擎和示范样板。打造全民共建共治共享文明城市创建模式，在全国文明城市年度测评中，连续四年位居省会城市和副省级城市第一名，城市品质正在全面提升、华彩蝶变，超然楼亮灯等网红打卡地火爆全网。强力打造"善治"城市治理品牌，入选"全国首批法治城市创建先进市"，获评"全国最安全城市"。济南的国际友好城市和友好合作城市达到89个，有力地拓展了对外经贸文化交流和国际影响力。以泉城闻名的济南，将始终秉承千泉竞涌、涌泉相报的品性，踔厉奋发，内外兼修，软硬并重，让"软实力"成为济南高质量发展的"硬支撑"。

（本文选自孙世会在第三届中国城市高质量发展与国际合作大会上的发言，内容略有修改，有关数据进行了更新。）

# 目 录

## Ⅰ 总报告

## Ⅱ 特约专论

## Ⅲ 专家视点

## Ⅳ 济南实践

# V　专题研究

# Ⅰ 总 报 告

## 全面提升城市软实力的济南实践与展望
### ——2023 年济南城市软实力发展报告

济南社会科学院课题组

当今世界，软实力越来越成为一个国家、一个地区、一座城市综合实力的重要标识。习近平总书记高度重视国家文化软实力建设，强调："提高国家文化软实力，关系'两个一百年'奋斗目标和中华民族伟大复兴中国梦的实现"[1]；党的二十大报告提出，"不断提升国家文化软实力和中华文化影响力"[2]。为全面贯彻落实党中央决策部署，推动经济社会高质量发展，2022 年 4 月，济南市第十二次党代会把"推动文化

---

[1] 习近平谈治国理政［M］．北京：外文出版社，2014：160.

[2] 习近平著作选读（第一卷）［M］．北京：人民出版社，2023：36.

繁荣兴盛，全面提升城市软实力"作为城市发展的目标任务，指出："文化是城市精神的传承与根脉，硬实力让城市强大，软实力让城市伟大。城市既要有筋骨肉，更要有精气神。老百姓既要富口袋，更要富脑袋。"两年来，济南全市上下凝心聚力，党政齐抓共管，面对新形势新任务，在提升城市软实力方面提出了一系列创新思路和举措，展开了深入实践和有益探索，取得了良好成效和社会反响。

# 一、 济南全面提升城市软实力的总体思路与工作布局

进入 2022 年下半年，济南市以提升城市软实力作为强省会建设的新引擎、新动能，聚焦塑优建强、全面提升城市软实力，提出了富有创造性的理论观点和建设规律认识，形成了科学谋划、推进城市软实力建设发展的总体思路和工作布局。

## （一）提出城市软实力的概念

自从美国学者约瑟夫·奈在 1990 年首次提出"软实力"概念之后，国内外学者对软实力的理解众说纷纭，却一致认同，软实力本质上是一种吸引力、一种影响力、一种竞争力。正如奈所说，"软实力是一个国家的文化与意识形态吸引力，它通过吸引力而非强制力获得理想的结果，它能够让其他人信服地跟随你或让他们遵循你所制定的行为标准或制度，按照你的设想行事"①。

济南市提出了城市软实力的概念：城市软实力是指一座城市传统文化与现代文明、价值认同与品质认可、内在形象与对外影响、政府服务

---

① Joseph S. Nye. The Challenge of Soft Power［J］. *Time*, 1999（2）：21.

与社会治理等多种非物质元素聚合显示出来的软力量。① 这一概念既涵盖了软实力的基本要素，也指出了工作的重心和方向，阐明了提升城市软实力离不开内外兼修、知行并重的深刻内涵和持续动力。对内，要获得居民对城市的认可和认同，具体表现为居民幸福感、获得感、满意度和城市亲和力、凝聚力、文明程度提升等；于外，要增强城市对国内外人才、资金的吸引力和影响力，具体表现为人才吸引力、旅游吸引力、营商吸引力、文化影响力、城市感召力、国际影响力等。

对应上述城市软实力概念指向，本研究报告概括了城市软实力的具体衡量指标，包括文化软实力、政府服务与社会治理软实力、人才发展软实力、环境软实力、城市形象与品牌软实力等五个维度。其中，文化软实力主要包括传统文化资源保有力、文化旅游吸引力、公共文化服务力等；政府服务与社会治理软实力主要包括法治政府建设水平、社会保障水平、营商环境治理水平等；人才发展软实力主要包括人才规模、人才与人口吸引力、平台支撑水平等；环境软实力主要包括人居环境状况、生态环境状况、环境治理水平等；城市形象与品牌软实力主要包括社会发展影响力、数字城市建设影响力、科技创新影响力等。

### （二）提炼城市软实力从 1.0 到 5.0 的发展阶段

全面提升城市软实力是一项系统工程，需要长期积淀、久久为功。济南创造性地提出了城市软实力从 1.0 到 5.0 的五个发展阶段：1.0 为摸清天赋禀赋的阶段，需要追溯城市的起源、摸清城市的"家底"、对城市的物质文化资源进行挖掘提炼，形成广泛的城市认同、文化认同、

---

① 全市提升城市文化软实力专题培训班开班［EB/OL］.2022 - 09 - 14. http://www.jnxc.gov.cn/show - 72 - 4515 - 1. html.

方向认同，这是城市软实力建设的起点和力量源泉。2.0是着力塑造创造阶段，是在现有对城市软实力认识的基础上进一步界定其内涵、明确其意义、提高共识度，强化品牌认知和品牌建设的自觉。3.0是推动结合融合阶段，重点是构建硬实力和软实力协同化、一体化、系统化发展的制度机制，促进二者的良性转化和互动互促。4.0是实现转变转化的阶段，软实力转化为城市硬实力，对硬实力形成重要的支撑，彰显城市的品格。5.0是达到归零归真的阶段，这是软实力建设的终极阶段、最高阶段。在这个阶段，城市软实力呈现一种内化于心、外化于行，无处不在却又无处可觅的状态，润物无声地影响着每一个人、每一项事业，最终抵达"到处都是软实力、人人都是软实力、事事彰显软实力、济南就是软实力"的至臻之境。①

## （三）有机结合提升城市软实力与创建全国文明典范城市

全国文明城市是反映一个城市物质文明、政治文明、精神文明建设整体水平较高的综合性荣誉称号。全国文明典范城市是更高层次、更具示范引领作用的文明城市，是一个城市综合实力、治理能力、形象魅力、发展活力的集中展现。济南在实现全国文明城市年度测评"四连冠"后，立下高水平创建全国文明典范城市的新目标，创建思路即："典范城 = 文明城 + 软实力"。

济南市第十二次党代会明确提出，"把城市软实力提升与文明城市创建有机结合起来，积极创建全国文明典范城市"。市委、市政府召开高规格"提升城市软实力　创建文明典范城"动员大会，中共济南市

---

① 五步成诗化茧成蝶：济南城市软实力的跃升之路［EB/OL］.2022 – 06 – 21. https：//www. thepaper. cn/newsDetail_ forward_ 18671394.

委办公厅、济南市人民政府办公厅发布《关于提升城市软实力 创建文明典范城的实施意见》，清晰阐明提升城市软实力的重大意义，并以"十力"为目标取向，提出了建设"十大之城"的重点任务（表1），精心绘制了全面提升城市软实力的路线图和任务书。

表1 "提升城市软实力 创建文明典范城"的目标任务

| 目标取向 | 重点任务 |
|---|---|
| 提升核心价值引领力 | 建设信仰坚定的红色之城 |
| 提升城市文化驱动力 | 建设底蕴深厚的文化之城 |
| 提升公益志愿感召力 | 建设美美与共的温暖之城 |
| 提升城市品牌影响力 | 建设品牌荟萃的魅力之城 |
| 提升城市创意创新创造力 | 建设创新创意的活力之城 |
| 提升公共服务保障力 | 建设功能完善的品质之城 |
| 提升开放沟通拓展力 | 建设融通内外的开放之城 |
| 提升宜居宜业宜游吸引力 | 建设生活美好的幸福之城 |
| 提升社会治理协同力 | 建设高效和谐的善治之城 |
| 提升城市形象传播力 | 建设闻名中外的天下泉城 |

提升城市软实力与创建文明典范城市，具有目标一致性和任务联动性，皆致力于在更高层次、更高水平上推动城市发展，激发城市活力，提升城市能级，全面增强城市综合实力、核心竞争力，更好满足人民群众对美好生活的向往。实施举措既对应了文明城市和典范城市创建的测评体系，又契合了城市软实力发展的基本指标。

## （四）成立全国首家城市软实力研究院

2023年2月6日，济南市人民政府与北京大学签署合作协议，双方共建北京大学城市软实力研究院。根据共建协议，研究院将以建设国际一流的城市软实力研究基地和高端学术对话交流平台、助推济南经济社会高质量发展为目标，具体围绕城市软实力的学术理论研究、教育培训推广、实践应用探索、成果孵化转化和产业培育壮大等方面开展工作，将城市软实力融入经济社会发展大局的各个方面，打造引领全国提升城市软实力的核心引擎和示范样板，为探索中国特色城市软实力建设道路提供路径支撑。①

## 二、 济南全面提升城市软实力的实践与成效

济南市第十二次党代会以来，济南在文化软实力、政府服务与社会治理软实力、人才发展软实力、环境软实力、城市形象与品牌软实力等领域建设中取得可喜成绩。华顿经济研究院发布的 2023 年中国百强城市排行榜显示，济南以 69.43 总分上榜准一线城市，排名全国第十四、山东第一，其中，济南软经济指标位列全国第十，在山东省内排名首位（图 1）。《中国新闻周刊》发布 2022 "年度影响力榜单"，济南市被评为唯一的 "年度城市"，2023 年底荣获 "2023 年度活力城市"。②

---

① 北京大学城市软实力研究院落地济南，具体要干啥？ ［EB/OL］.2023 - 02 - 07. http：//sd. people. cn/n2/2023/0207/c166188 - 40292007. html.

② 济南：请叫我 "2023 年度活力城市" ［EB/OL］.2023 - 12 - 23. http：// news. e23. cn/jnnews/2023 - 12 - 23/2023C2300026. html.

## 2023年中国百强城市排行榜

| 排名 | 城市 | 综合分值 | 硬经济指标 | | | | | 软经济指标 | | | | | |
|---|---|---|---|---|---|---|---|---|---|---|---|---|---|
| | | | GDP分值 | 储蓄分值 | 财政分值 | 总分值 | 排名 | 环境分值 | 科教分值 | 文化分值 | 卫生分值 | 总分值 | 排名 |
| 1 | 北京市 | 92.46 | 90.84 | 100.00 | 90.11 | 92.95 | 1 | 76.64 | 98.26 | 99.50 | 92.24 | 91.66 | 1 |
| 2 | 上海市 | 89.47 | 90.68 | 94.15 | 96.24 | 92.94 | 2 | 66.79 | 89.75 | 96.67 | 82.28 | 83.87 | 2 |
| 3 | 深圳市 | 78.95 | 85.18 | 87.38 | 83.51 | 85.31 | 3 | 85.86 | 64.49 | 82.25 | 42.04 | 68.66 | 12 |
| 4 | 广州市 | 74.99 | 78.32 | 74.16 | 60.21 | 72.75 | 6 | 80.31 | 85.24 | 76.85 | 72.00 | 78.60 | 3 |
| 5 | 杭州市 | 74.15 | 69.92 | 77.24 | 75.34 | 73.10 | 5 | 69.44 | 77.62 | 79.36 | 77.01 | 75.86 | 5 |
| 6 | 南京市 | 72.80 | 72.35 | 72.17 | 66.78 | 70.91 | 7 | 77.56 | 79.14 | 78.55 | 68.15 | 75.85 | 6 |
| 7 | 苏州市 | 70.71 | 79.91 | 65.56 | 73.14 | 74.63 | 4 | 68.46 | 63.86 | 70.97 | 54.17 | 64.37 | 15 |
| 8 | 武汉市 | 67.26 | 67.38 | 56.40 | 59.46 | 62.66 | 10 | 68.57 | 83.41 | 75.24 | 71.66 | 74.72 | 7 |
| 9 | 成都市 | 65.60 | 60.10 | 60.11 | 55.91 | 59.06 | 13 | 65.00 | 79.20 | 78.48 | 82.09 | 76.19 | 4 |
| 10 | 天津市 | 64.77 | 60.99 | 60.09 | 65.51 | 61.89 | 11 | 59.36 | 78.50 | 74.12 | 65.68 | 69.42 | 11 |
| 11 | 重庆市 | 64.52 | 64.27 | 50.89 | 54.64 | 58.52 | 16 | 70.93 | 73.14 | 73.52 | 79.28 | 74.22 | 8 |
| 12 | 宁波市 | 63.47 | 68.64 | 58.83 | 68.73 | 66.21 | 8 | 78.03 | 52.24 | 68.79 | 37.14 | 59.05 | 23 |
| 13 | 无锡市 | 62.97 | 72.82 | 56.13 | 61.62 | 65.85 | 9 | 75.50 | 52.20 | 66.28 | 39.27 | 58.31 | 24 |
| 14 | 济南市 | 60.85 | 57.10 | 53.84 | 54.13 | 55.54 | 18 | 66.05 | 70.95 | 73.11 | 67.62 | 69.43 | 10 |
| 15 | 青岛市 | 60.49 | 64.36 | 51.14 | 59.48 | 59.83 | 12 | 76.10 | 65.45 | 43.75 | 60.88 | 61.55 | 18 |

图1　2023年中国百强城市硬实力和软实力排名①

## （一）深耕历史文化资源，加强创新转化，城市文化软实力大幅跃升

文化是城市软实力的核心要素，是提升城市软实力的重要着力点。济南以大力开展中华优秀传统文化创造性转化、创新性发展为抓手，着力推进文化事业繁荣和文化产业发展，奋力实现文化强市建设目标。

1. 聚力文化"两创"，赋能文化强市建设

为贯彻落实习近平总书记关于推动中华优秀传统文化"两创"重

---

① 2023年中国百强城市排行榜发布：济南位列14　山东首位！［EB/OL］. 2023 - 07 - 19. https：//k. sina. com. cn/article_ 2287707595_ 885ba5cb0190139jt. html.

要指示精神，把习近平总书记在文化传承发展座谈会上的重要讲话落到实处，济南市以推动文化"两创"作为涵养城市软实力的文化担当和建设文化强市的有力支撑，制定出台《关于加快建设文化强市的实施意见》《济南市打造中华优秀传统文化"两创"新标杆行动计划（2023—2025年）》《中华优秀传统文化"两创"工作宣传方案》等制度文件，做好中华优秀传统文化研究阐发、教育普及、保护传承、实践养成和传播交流等工作。

聚力打造文化"两创"高地，塑造文化"两创"新标杆，以文化创造力、传播影响力、产业竞争力、宣传引导力走在全省前列为目标，赋能文化强市建设。深入实施历史文化名城保护规划，持续深化文化遗产保护传承，通过推动龙山文化、黄河文化、名士文化、泉水文化、中医药文化等济南优秀传统文化"两创"落地生根，让广大百姓在"活起来"的传统文化中感知文化力量，筑牢文化自信根基。

2. 着力打造网红城市，城市知名度和吸引力持续提升

济南是全国唯一一座因泉而生、泉城共生、"山泉湖河城"浑然一体的国家级历史文化名城，1209处天然泉水分布在城乡街巷，赢得了"千泉之城"美誉，"济南泉·城文化景观"已列入中国世界文化遗产预备名单。2023年，依托丰厚的历史文化资源，济南市借助新媒体传播，致力于打造网红城市。

济南持续打造网红项目，通过文艺赋能、文化加持、文旅引流，引爆线上线下"双流量"。利用超然楼网红资源，举办"文艺点亮泉城"——二十四节气系列文艺快闪活动，推出"登场了！泉城文艺厅"宣传文化工作品牌。如今，"来济南、看超然"已成为现象级的网红IP。

济南策划"最济南""乐游泉城""爱上济南"等系列主题营销活动，联合社交媒体、短视频平台、OTA平台等开展全网营销宣传。解

锁城市深度旅行，推出城市玩家、超级周末等常态化体验项目，打造一批网红新产品。[①] 借助网络热度，大明湖、千佛山、趵突泉、山东博物馆、芙蓉街、宽厚里、曲水亭街、百花洲、起凤桥、老商埠、洪家楼天主教堂等成为深受欢迎的网红旅游景点，印象济南·泉世界获评国家级旅游休闲街区。

3. 促进旅游市场复苏，济南成为国内首选旅游目的地

2023 年，济南旅游市场强势复苏。全年接待国内游客 1.06 亿人次，较上年增长 61.9%；实现国内旅游收入 1132.9 亿元，比上年增长 65.5%[②]（表2），荣登携程"五一"最强周边游吸金力榜单第一名、"端午"全国最火周边游城市、"十一"全国十大周边游目的地。

表2 2019—2023 年济南市旅游业情况

| 年度 | 全年接待国内外游客（万人次） | 全年国内旅游收入（亿元） | A 级旅游景区（家） | 5A 级景区（家） | 4A 级景区（家） | 省级以上旅游度假区（家） |
|---|---|---|---|---|---|---|
| 2019 | 10026.0 | 1266.9 | 80 | 1 | 17 | 2 |
| 2020 | 6048.8 | 700.5 | 86 | 1 | 16 | 2 |
| 2021 | 8192.7 | 983.9 | 86 | 1 | 17 | 2 |
| 2022 | 6565.6 | 711.6 | 85 | 1 | 18 | 2 |
| 2023 | 10631.1 | 1132.9 | 89 | 1 | 19 | 2 |

数据来源：根据 2020—2023 年《济南市统计年鉴》《2023 年济南市国民经济和社会发展统计公报》有关数据整理，其中 2021—2023 年全年接待游客数据仅包括国内游客。

为促进旅游市场尽快复苏，济南市一方面打造高辨识度文旅 IP，

---

① 孙业文. 济南：打造高辨识度文旅 IP，持续打造网红城市 [N]. 大众日报，2023 - 02 - 14.

② 济南市统计局. 2023 年济南市国民经济和社会发展统计公报 [EB/OL]. 2024 - 03 - 28. http：//jntj. jinan. gov. cn/art/2024/3/28/art_ 18254_ 4750937. html.

通过举办国际泉水节、"二安"文化旅游节、辛弃疾文化周、济南露营季等文化休闲活动，打造一批城市漫游、休闲露营、泉水体验精品产品，延长旅游产业链、消费链；另一方面持续实施"引客来济"计划，在重点客源地区和沿黄城市开展文旅宣传推广活动，出台入境旅游奖励有关政策，对符合条件的文旅企业给予奖励。①

为推动提升旅游服务质量，济南市加强政策宣传力度，切实做好顶层设计，引导、提振旅游市场信心。聚焦资源、客源、服务三大要素，做好旅游推介、营销推广，发放文旅消费券，全市文旅消费环境持续优化。认真落实全省"'好客服务'——全省旅游服务质量提升三年行动"，突出精细化和个性化旅游服务，培育文旅企业服务品牌。研究制定《关于扶持济南市星级饭店发展的奖励政策》，提升泉城住宿接待品质。2023 年全市星级酒店新增 12 家，总数达到 52 家，其中，五星级酒店新增 2 家，总数达到 7 家。全年举办展会活动 125 场，获评"中国会展品牌城市"。②

为推动乡村旅游加快回暖，济南市整合乡村旅游资源，挖掘传统文化、民俗风情内涵，紧扣微度假、轻休闲、慢生活的群众出游新需求，鼓励乡村旅游经营单位，常态化开展"乡村好时节"系列活动，培育打造乡村观星季、乡村露营季、乡村音乐节等乡村旅游精品活动，提升乡村旅游活动热度和持续性。③

---

① 范金平，李艳. 济南：旅游市场复苏 旅游消费逐步升温 ［EB/OL］. 2023 – 11 – 20. https：//www. 163. com/dy/article/IK0BLO3H05563ON2. html.

② 济南市统计局，国家统计局济南调查队. 2023 年济南市国民经济和社会发展统计公报 ［EB/OL］. 2024 – 03 – 28. http：//jntj. jinan. gov. cn/art/2024/3/28/art_ 18254_ 4750937. html.

③ 范金平，李艳. 济南：旅游市场复苏 旅游消费逐步升温 ［EB/OL］. 2023 – 11 – 20. https：//www. 163. com/dy/article/IK0BLO3H05563ON2. html.

4. 注重传统文化保护传承,"非遗名城"建设取得明显成效

2022 年,济南市人民政府办公厅印发《关于进一步加强非物质文化遗产保护 建设"非遗名城"的实施意见》,明确提出"加强非物质文化遗产活化利用,让非物质文化遗产更好融入现代生活,焕发生机活力";指出要打造具有泉城特色的非遗 IP,通过"非遗＋旅游""非遗＋设计""非遗＋数字化"等措施,让济南"泉城""诗城""曲山艺海""扁鹊故里"等文化名片更加亮丽,成为享誉国内外的"非遗名城",进一步彰显城市文化软实力。

为推动"非遗名城"建设,济南成功举办六届中国非物质文化遗产博览会,让这个永久落户济南的国字号展会成为展现非遗保护成果、引领非遗保护方向的重要平台,同时也成为济南展示城市形象、增进对外交流的重要渠道。随着非博会的规模和影响不断扩大,品牌效应日益凸显,全国非遗曲艺周、全国非遗扶贫工坊产品展示展销、全国首个城市传统工艺工作站、全国非遗曲艺书场试点等一系列全国重大非遗活动在济南举行和落户。2023 年济南市启动实施非遗名城建设"一十百千万"行动,以"泉润非遗"品牌为统领,举办济南非遗购物节、视频直播家乡年、非遗手工技能比赛、非遗线上公开课等十大活动,形成集传承、传播、交易等功能于一体的平台体系。[①] 通过开展非遗进校园、非遗进乡村、非遗进社区等活动,建设传习所、名家工作室等举措,命名一批非遗示范社区、非遗社区学堂等手段,推动非遗不断向基层延伸,呈现出社区与传承人共建、非遗成果群众共享的蓬勃发展局面。

5. 开发夜经济,城市软实力获得发展"新名片"

夜间经济是衡量一座城市经济开放度、便利度和活跃度的晴雨表,

---

① 陈炜敏. 非遗软实力 文旅强引擎［N］. 济南日报,2024－06－11.

也是增强城市吸引力和影响力的重要途径。济南致力于打造富有特色的城市夜生活品牌，推出"泉城夜八点""遇见明湖"等活动，成立"泉城夜八点品牌联盟"，以旅游景区、特色街区、商业综合体等文旅消费集聚区为主要载体，全力推进夜间文旅消费扩容提质。

目前济南已拥有国家级夜间文旅消费集聚区3个，省级夜间文旅消费集聚区3个，市级夜间文旅消费集聚区2个。2023年济南市先后被评为"中国夜间经济十佳城市""中国十大夜经济影响力城市"，融汇老商埠、印象济南·泉世界、阳光100凤凰街被授予"全国夜间经济示范街"称号，历城区、章丘区被评为"中国夜经济繁荣百佳县市"，① 夜经济成为济南城市发展的新名片。

### （二）提高公共服务能力，加强综合治理，政府服务与社会治理软实力稳步提升

政府服务效率和社会治理能力是城市软实力的重要体现。近年来，济南持续推进政府职能转变，深化简政放权，推动"放管服"改革，着力营造市场化、法治化、国际化营商环境，不断提升基层治理现代化水平。

1. 聚焦"双招双引"，打造营商环境国际标杆

良好营商环境是城市经济发展的核心竞争力，是吸引企业投资的关键要素。近年来，济南市委、市政府高度重视营商环境建设，陆续出台《济南市优化营商环境条例》《济南市"十四五"时期优化营商环境规划》《济南市优化营商环境创新提升行动实施方案》《关于开展招商引

---

① 济南上榜"中国十大夜经济影响力城市" ［EB/OL］.2023－12－20.http：//sd.ifeng.com/c/8Ve1VNUUCbR.

资"九大行动"的实施意见》等相关法规和政策,接续实施营商环境创新突破、创新提升行动,逐步建立起"条例+规划+方案+清单"四位一体的营商环境建设制度体系。济南不仅以立法方式持续深化"有求必应、无事不扰"的服务理念,同时围绕市场环境、政务环境、法治环境、人文环境、区域发展环境等"五个环境",提出350项重点任务。

作为全国首个科创金融改革试验区,济南出台"科创金融十条",推出74项科创专项信贷产品,给予科创企业融资支持116亿元。"泉融通"融资服务平台上线运行,发放"济担—纾困贷"100亿元、"济担—攀登贷"27亿元,解决企业融资问题。启动民营企业攀登行动计划,出台《关于开展攀登行动支持民营企业跨越发展的若干措施》,推动民营经济和民营企业扩规模、上台阶。① 2023年,济南成功举办承办第三届儒商大会、中国企业论坛、民营企业500强峰会、中日产业创新发展交流大会、中德(欧)中小企业合作交流大会等重大活动,充分展现济南实力和招商诚意。

2023年,济南市场主体总量增加到154.8万户,80多家境外世界500强企业来济投资落户。济南连续4年在全省营商环境评价考核中蝉联一等奖,获评"2023中国高质量发展十大标杆城市""2023高质量发展营商环境最佳城市""2023国际化营商环境建设标杆城市"等称号,在全国纳税人满意度调查中位列副省级城市和省会城市第一名。2024年伊始,企查查大数据研究院发布"全国企业投资吸引力50强城市",济南排名第二十位;在"我国各城市投资强度TOP10"中,济南

---

① 张静.环境之"优",擎起突破之"势"——2023拼搏的济南了不起之"优"字篇[N].济南日报,2023-12-28.

排名第八位。

**2. 提高社会治理能力，推动平安济南建设**

为推动平安济南建设，一是加强网格化治理，不断完善"2 + 1 + N + X"网格联动机制，划设基础、专属网格 1.4 万个，汇聚网格力量 20 余万人，① 成功创建"全国市域社会治理现代化试点合格城市"，获评首批"全国社会治安防控体系建设示范城市"。二是建立"四级巡防"体系，全市公安机关将 21.9 万名泉城义警、13 万名保安员纳入防控网格，全面提升见警率、管事率，刑事治安警情和可防性案件同比分别减少 33.1%、15.5%；命案现案破案率保持 100%，成为全国唯一连续 13 年命案全破的省会城市。三是加强智慧治理，优化升级济南公安"e 警通"平台，实现 16 类 193 项惠企利民服务"全时即享"，注册用户总量超 480 万人，累计服务企业 3600 余家次、服务群众 2370 万人次，获评全国电子政务典型案例。

**3. 提升法治软实力，助力文明典范城市创建**

法治是一座城市文明程度的标志，也是守护城市文明的"利剑"。近年来，济南统筹推进全面依法治市和司法行政工作，依法服务保障全国文明典范城市创建，让城市文明有法可依、有法呵护，被评为山东省首批法治政府建设示范市，4 个区获评山东省法治政府建设示范区，2022 年度政府透明度指数在全国 49 个较大城市中排名第四。②

高度重视推进城市文明建设精细化立法，努力构建符合济南实际、具有济南特色的城市文明制度体系。制定出台《济南市物业管理条例》

---

① 谢玮. 打造智慧社区 203 个　济南推进数字社会普惠化便捷化［EB/OL］. 2023 - 12 - 13. https：//jinan. dzwww. com/qcxw/202312/t20231213_ 13318839. html.

② 夏侯凤超. 济南市被评为山东省首批法治政府建设示范市［EB/OL］. 2023 - 11 - 01. https：//www. qlwb. com. cn/detail/22491635. html.

《济南市绿化条例》《济南市城市轨道交通条例》等法规，深入落实《济南市文明行为促进条例》《济南市名泉保护条例》，不断增强地方立法的针对性、适用性、可操作性，以高质量立法促进建设更高水平文明城市，为创建全国文明典范城市提供有力法治保障。

济南市坚持严格执法与主动服务并重，不断优化执法方式，提升执法效能，展示创建文明典范城市的"法治温度"。全面推进严格规范公正文明执法，努力为文明典范城市创建提供坚实执法保障。如济南市司法局在全国首推"不予处罚清单、减轻处罚清单、从轻处罚清单、从重处罚清单"的行政处罚"四张清单"制度，推进包容审慎精准监管。市交通运输执法部门全国首创"交通融合＋"执法模式，积极推广应用说理式执法。市生态环境执法部门积极落实生态环境监督执法正面清单制度，减少现场执法频次，做到"无事不扰"，激发企业自主守法意识。

4. 改善公共服务质量，满足人民对美好生活的新期待

公共服务质量事关民生福祉，是衡量城市软实力水平的重要标志。近年来，济南公共服务供给能力和供给质量不断增强，人民群众的获得感、满意度显著提高。2023 年全省公共服务质量监测结果显示，济南市连续 3 年保持上升趋势，在山东 16 个城市中排名第一，公共教育、公共就业、医疗服务、社会保障、公用事业、生态环境、公共交通、公共安全、公共文化、公共体育、养老服务、政务服务等 12 个领域得分均处于"满意"区间。

2023 年，济南市财政民生支出 1093.6 亿元，占比达到 80.1%。在就业服务方面，出台稳定和扩大就业 25 条政策，实现城镇新增就业 17.8 万人。建成市、区县、街道（镇）、社区（村）四级公共就业创业服务体系。全市有 5 个区进入 2023 年度山东省高校毕业生就业"最具

吸引力"城区 10 强。在教育和公共文化服务方面，开工新建改扩建中小学、幼儿园 60 所，入选第二批国家儿童友好城市名单，"泉心托"成为全国首个托育城市品牌；新建和提升综合性文化服务中心 218 家，陆续新建泉城书房，打造泉城文化驿站，全市 13 家图书馆全部获评一级，7 家单位荣获全省最美公共文化空间；全市正式备案的博物馆、纪念馆达 89 家。在医疗卫生服务方面，医疗基础设施建设更加完善，布局更加合理（图 2），每千人口医疗卫生机构床位数达到 8.11 张，居民医保财政补助标准提高至 730 元。在养老服务方面，累计建成各类养老服务设施 4142 处，新增护理型床位 1736 张，社区养老服务设施配建达标率 100%。在社会保障方面，发布《关于建立社会救助"一事一议"制度的通知》，全面推进社会救助"一事一议"，形成了社会救助规范化操作路径，城乡低保标准分别提高到每人每月 1045 元、814 元，筹集保障性租赁住房 3.56 万套（间）。

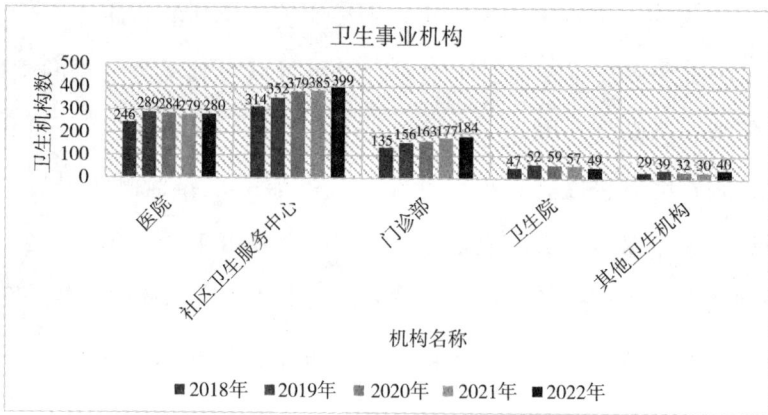

图 2　济南市卫生事业机构建设情况

5. 加强综合治理，提升基层治理水平

济南市创新推行"综治中心＋网格化＋数字化"模式，出台《关于加强矛盾纠纷多元化解提升基层社会治理效能三年实施方案（2023—2025）》，建成四级"一站式"调解中心（工作站）6028个。开展"访源、诉源、警源"三源治理，创新推行非诉裁决、第三方评查机制。聚焦群众身边急难愁盼问题，搭建"商量"平台，创新协商共议、民主共治机制。推出全省首档社会治理全媒体节目《共治》，搭建有效解决难点问题共治平台。相继出台《关于推进市域社会治理现代化建设的实施方案》《济南市市域社会治理现代化试点三年任务清单》等文件，基层社会治理能力向精准化、精细化转变。为全面提升城市、农村两大领域治理效能，济南市部署实施党建引领基层治理"双十"行动计划（2023—2025年），进一步做强街道、做优社区，打造共建共治共享的城市基层治理共同体，着力建设"活力村居""富裕村居""和美村居""数字村居""清廉村居"。①

**（三）构建全周期人才服务体系，大力引育人才，城市人才发展软实力显著增强**

人才是城市软实力建构中最活跃的能动因素。近年来，济南大力实施人才强省会战略，深入践行"天下泉城聚天下英才"工作理念，持续擦亮"海右人才"工作品牌，加快构建"天下泉城、人来无忧"全生命周期人才服务体系，形成了"近悦远来"的良好人才生态。

---

① 我市部署实施党建引领基层治理"双十"行动计划［N］. 济南日报，2023–04–05.

1. 量质齐升，城市人才竞争力强劲

近年来，济南以海纳百川的情怀和求贤若渴的诚意，推出更加积极、有效的引才政策，全方位引进、培养、用好人才，聚力打造国家级人才发展平台，加快建设黄河流域人才集聚高地。2023 年，济南人才资源总量达到 278.22 万人（图 3），分类认定高层次人才超过 6.16 万人次。全市新增国家级、省级重点人才 126 人，新增青年人才超过 16 万人，其中博士 1500 余人，引进海外留学人员 2000 余人，① 第六届中国（济南）新动能创新创业大赛引进院士团队 12 个，高层次人才和青年人才队伍不断扩容，促进济南人才队伍量质齐升。济南连续两年获评"中国年度最佳引才城市"。

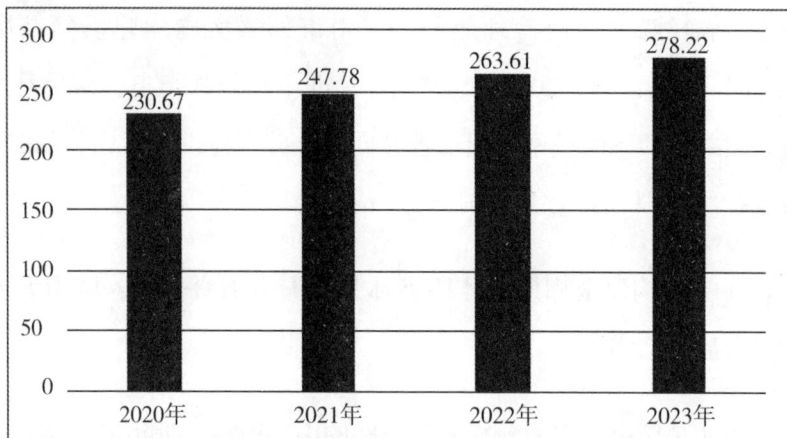

图 3　2020—2023 年济南市人才资源总量（单位：万人）②

① 济南用好人才这个"关键变量"　为强省会建设添足"马力"［N］. 济南日报，2024 – 05 – 21.

② 数据和图表转引自济南社会科学院，济南市人才服务中心，济南高层次人才发展促进会编. 济南人才发展蓝皮书（2024）［M］. 济南：济南出版社，2024.

2. 制定专项人才政策，发掘各类高端人才

2023 年，济南市制定出台《济南市哲学社会科学、文化艺术和体育高层次人才分类认定办法（试行）》《济南市新就业形态高层次人才分类认定办法》，树立人才评价新风向，为哲学社会科学、文化艺术和体育等 "软实力" 人才以及网络主播、快递小哥、网络作家等新兴职业人才提供特殊政策支持和资金支持。经认定的哲学社会科学、文化艺术和体育高层次人才，可按照济南市人才政策 "双 30 条" 有关规定，在认定期内享受相应的工作和生活待遇保障。这两个《办法》的施行，形成了具有济南特色和相对竞争力的人才制度优势，有助于更加精准高效服务高端人才，充分激发和增强人才活力，为济南提升城市软实力提供坚实的人才支撑和智力支持。

3. 高规格举办 "海右人才节"，促推人才与城市的双向奔赴

2023 年 6 月 12 日—18 日，济南高标准举办首届 "海右人才节"，以城市的名义，向广大人才发出邀约。其间，开展人才交流类活动 84 场、人才引进类活动 31 场、人才服务类活动 62 场、科技成果对接转化类活动 14 场、文化艺术体育演出类活动 15 场，[①] 为人才与企业间沟通协作搭建平台，全方位展示济南优待人才的政策措施。举办人才节，不仅推动了招才引智，同时也是对城市形象的展示和提升。为青年人才提供吃住行优惠，邀请人才走进工厂实地参观，举办音乐节，邀请尖端人才回乡等一系列活动，展现了济南包容务实、时尚灵动的城市形象，吸引更多高端人才汇聚济南。

---

① 解码招才引智济南新 "打法" ［EB/OL］．2023 – 06 – 27. https：// www. 163. com/dy/article/I880U9P60530WJIN. html.

4. 加强平台载体建设，推进"四链"深度融合

人才软实力的提升与教育、科技创新、产业发展密切相关。近年来，济南注重教育链、人才链、创新链、产业链"四链"深度融合，全面提升教育软实力和科创软实力。

一是深化校地融合发展，支持驻济高校全面提升引才育才能力。济南拥有驻济高校 52 所，全日制在校生 69.11 万人，高校总数在全国主要城市中位列第十四。为充分发挥高校人才服务地方的作用，近三年济南支持市校融合项目 600 余个，培养青年人才 1.2 万名。连续三年为在济大学生举办高规格毕业典礼，赴 120 余所高校开展"才聚泉城高校行"引才活动，持续举办云端招聘会和线上"直播带岗"。

二是搭建高能级科创平台，赋能人才发展。济南加快中国科学院济南科创城建设，引进落地 13 家"中科系"院所项目。布局建设全国重点实验室 11 家、省重点实验室 112 家、市重点实验室 251 家，备案省级新型研发机构 71 家，获批省级技术创新中心 30 家、省级院士工作站 77 家，① 研究开发服务实力持续增强。在全球布局 39 家海外创新驿站，国家海外人才离岸创新创业基地在中国科协评估中位列第一，综合科技创新指数连续四年稳居全省首位。

三是构建政策支持体系，人才软实力与科教软实力同频共振。济南市制定出台《关于推进新时代济南高等教育及科研机构高质量发展的若干意见》，提出 20 条意见及"一校一案"项目化推进校地合作的工作思路；制定《关于加快驻济高校科技成果转化 深化市校融合发展战略的若干政策措施》，明确了"政策措施＋配套资金"的项目化校地合作推进路径；制定出台《济南市科技成果转化"倍增计划"行动方

---

① 我市布局建设 11 家全国重点实验室 ［N］. 济南日报，2023－12－13.

案（2023—2025 年）》，提出了 23 项具体工作任务。

### （四）推进生态文明建设，深化城市更新，城市环境软实力不断改善

环境是城市软实力的关键要素，是济南增强城市软实力的重要支点。城市环境资源及其对环境资源的保护和利用能力，在很大程度上体现了城市软实力的硬核力量。

1. 坚决打好蓝天、碧水、净土保卫战，擦亮"蓝天白云"泉城底色

近年来，济南市以贯彻落实黄河重大国家战略为引领，全方位、全地域、全过程开展生态环境保护，奋力推进绿色低碳高质量发展，生态济南、美丽济南建设迈出坚实步伐。

一是全市空气质量持续改善。济南以高标准高要求推动全市秋冬季大气污染防治攻坚方案实施，从产业结构调整、能源结构调整、运输结构调整、用地结构调整、能力建设等五大方面，努力降低各类排放量。持续开展 10 个关键环节排查整治，力争在最小范围、以最小代价、实现最优减排效果和空气质量提升。截至 2023 年，济南 PM2.5 浓度连续三年以年均 10.3% 的幅度显著改善，在全省 7 个传输通道城市中表现最优。

二是全市水环境治理水平节节提升。聚焦小清河、黄河、海河三大流域，采用多样化检查排查手段，推进流域上下游、左右岸、干支流系统治理。2023 年，济南国控河流断面好 Ⅲ 类水体比例达到 100%，小清河出境断面年均水质创纪录达到地表水 Ⅱ 类标准，农村生活污水治理率达到 57.35%，七十二名泉持续喷涌，"千泉之城"名副其实。

三是全市生态本底不断厚植。以"项目突破年"为总牵引，以打造生态园林、百姓园林、活力园林、文化园林、智慧园林"五个园林"为目标，统筹实施生态为民惠民利民"十大行动"。截至 2023 年 10 月，

济南已建成 500 平方米以上公园 1202 个，其中山体公园 87 处，实施山体绿化提升 140 座，修建山林绿道 300 余公里（图4）。2023 年，济南被选为山东省第一批城市公园绿地开放共享试点城市，相关经验做法被住房城乡建设部、省住房城乡建设厅予以推广。

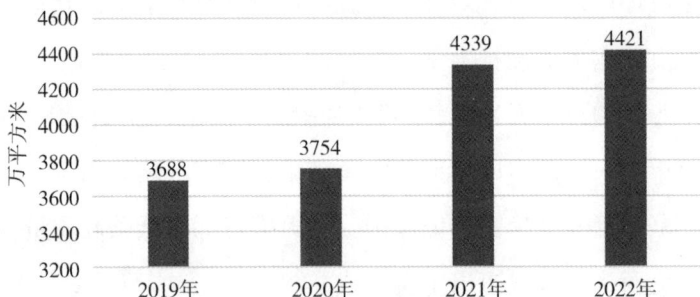

图 4　济南市公园面积情况①

2. 深化新旧动能转换，推进绿色低碳城市高质量发展

绿色低碳发展是实现"双碳"目标的重要途径，也是城市高质量发展和新旧动能转换的内在要求。济南作为全国重要的工业基地，在"双碳"目标的大背景下，推动碳排放与经济建设的平衡发展。

大力推行新旧动能转换。自列入城区老工业区搬迁改造试点以来，累计搬迁改造、腾退老工业区企业 80 多家，铁腕治理"散乱污"企业 7651 家。"十四五"以来，济南市能耗强度累计下降 14.1%，非化石能源消费比重较"十三五"末增长 1.4%，清洁能源发电量占比提高至 19.5%，绿色低碳高质量发展取得新成效。

将绿色低碳融入生活常态。逐步打造可再生能源利用系统，利用小车位车棚、屋顶和边坡等位置进行分布式光伏发电系统、微光太阳能路

① 数据来自济南市统计局，国家统计局济南调查队编. 济南统计年鉴 2023［M］. 北京：中国统计出版社，2023.

灯等建设。济南东服务区通过实施碳减排、碳替代及增碳汇三大措施，成为国内已建成规模最大的、可实现自我中和的零碳服务区。山东首个碳普惠平台——"碳惠山东"在济南正式启动上线，通过减排量交易、政策鼓励和市场化激励，调动和激发公众积极参与"碳中和"行动。

3. 深入实施城市更新行动，精细化推进城市环境治理

济南以建设国家城乡融合发展试验区为契机，把城市更新和环境治理作为完善城市功能、改善人居环境的重要抓手，顺应现代化城市公园建设新趋势、新业态，加快实现全域空间优化、环境优化。

一是大力开展城市更新工程，改造老旧小区 3000 余万平方米。深入开展拆违拆临、杆线入地等专项整治，拆违拆临超 1 亿平方米，市容市貌焕然一新。高标准实施明府城、老商埠等传统特色街区保护性提升，探索打造了"579 百工集园区""1922 电竞新媒体产业园"等一批特色示范项目，实现生活品质改善、产业转型升级与历史文化保护的有机统一。

二是狠抓城市卫生治理，首创"城市家具"一体化综合保洁作业管理模式，主次道路机扫率、洒水率达到 100%。截至 2023 年底，前端坚持"撤桶并点"，撤除居民小区零散投放点 2.3 万处，建设集中分类投放收集点 1.5 万处，新建垃圾分类房 381 座，新建或改建垃圾分类亭 1481 处，人居环境更加整洁。

三是加强公共交通基础设施建设，开展交通综合整治，化解交通拥堵难题。"两横三纵"空中走廊成环成网，济南地铁快步进入"换乘时代"，"万里黄河第一隧"建成通车，104 个机关事业单位停车场免费向社会开放，文明交通新模式在全国推广。

### （五）塑造城市形象，推广城市品牌，城市形象与品牌软实力持续提升

城市形象体现城市的神韵魅力，城市品牌彰显城市的内在气质，二者均是提升城市软实力的重要发力点。近年来，济南注重突出特色资源和独有优势，打造城市特有品牌，通过品牌宣传推广，激发人们对城市的认可与赞誉。

1. 倡领"泉民悦读"，"书香济南"品牌效应凸显

近年来，济南市以建设"书香济南"为目标，加快构建全民阅读推广服务体系，致力打造人人想读书、处处有书读的"爱阅之都"。

一是着力打造新型公共文化空间。截至 2023 年底，累计建成泉城书房 52 家，形成了覆盖全市、布局合理、方便快捷、全民共享的服务网络。推广"泉民悦读"扫码看书 App，创建书香高铁、书香地铁、爱阅巴士等新型移动阅读空间。二是举办第三十一届全国图书交易博览会。1700 多家出版印刷发行单位参展，共展出各类出版物 76 万余种，总交易额达 8.6 亿元，吸引读者 80 余万人次。① 三是举办第十三届"书香泉城"全民阅读节，深入开展"泉悦读"等一系列丰富多彩、卓有成效的阅读活动。2023 年 5 月《中国美好生活大调查》结果显示，济南位居全国 36 个大中城市"最爱看书城市榜"首位。济南近年来还获得"全国十大数字阅读城市""中国十大最爱阅读城市"等称号。

2. 提升政府服务水平，"在泉城·全办成"品牌叫响全国

近年来，济南聚力推进"高效办成一件事"，打造了"在泉城·全

---

① 师文静. 第 31 届书博会圆满落幕，总交易额达 8.6 亿元［EB/OL］. 2023 – 08 – 02. https：//www. qlwb. com. cn/detail/21907642. html.

办成"政务服务品牌,全链条工作推进体系不断完善,政府工作效能持续提升。

一是数字赋能,建成"一网通办"服务平台。市级依申请政务服务事项,除保密和特殊事项外,全部在"一网通办"总门户上线运行,网上可办率达100%,办结时限平均压减85%以上。"智惠导服"平台实现24小时线上咨询引导,上线全国首家政务服务沉浸式体验馆,建设济南市政务服务统一预约平台,市级87个事项实现"无人工干预审批"。

二是系统集成,涉企服务更完善。聚焦惠企政策"兑现难""多头跑"等问题,济南市成立全国首个省会城市市级企业服务中心,以系统集成改革思维,整合全市惠企政策资源和涉企服务平台功能。推动涉企服务实现"一口办理"典型经验做法,获国务院第八次大督查通报表扬。线上打造"泉惠企"企业服务综合智慧平台,线下设立企业服务专区、惠企政策专窗和服务站,同时还组建市区两级1800余人的企业服务专员队伍,为企业提供精准服务。①

三是精简流程,推动极简审批。在工程建设项目审批领域,济南深化全流程改革,创建并持续优化"拿地即开工、建成即使用"和不动产登记"交房即办证"模式,推行企业登记"即时审批""全程电子化",全市范围内实现"一网通办"、半日办结。

3. 优化人才政策,擦亮"天下泉城、人来无忧"服务品牌

济南对全市人才政策进行系统梳理、优化提升,发布《济南市人才服务支持政策(30条)》《济南市人才发展环境政策(30条)》(简

---

① 段婷婷,钟平平."在泉城·全办成"政务服务品牌叫响全国[N].大众日报,2023 - 09 - 28.

称"双30条"），将人才政策以清单形式予以整体呈现，让人才更加便捷高效享受政策红利。其中，人才服务支持政策，主要聚焦人才队伍建设，体现直接针对各类人才的支持、奖励和服务；人才发展环境政策，主要聚焦优化创新资源配置，加大对高校院所、研发机构、科技企业等重要人才载体平台的政策支持。两者既各有侧重，又相辅相成，政策指向更加清晰。

比如，济南优化全市"海右人才"工程体系，对顶尖人才给予最高 500 万元个人补助，最高 1000 万元项目引导资助；对重点产业急需紧缺人才，给予全职创新创业人才 100 万—300 万元资助，兼职创新人才 50 万—150 万元资助。济南聚焦青年所需所盼，从"吃、住、行、游、娱"等"随身小事"到求职就业等"人生大事"，面向全国大学生推出 30 天公交地铁免费、30 天知名景点免费、免费观演、低成本住宿、泉城名企开放日等系列优惠政策。截至 2023 年底，累计申领免费公交卡近 100 万张、免费乘坐地铁 450 余万人次、免费观演 1 万余人次，① 让广大青年人才充分感受到"泉城礼遇"，城市的人才向心力不断凝聚。

4. 上下联动、部门协作、多方参与，加快打造"无废城市"品牌

2022 年，济南市入选生态环境部"十四五"时期国家"无废城市"建设名单，印发《济南市"无废城市"建设实施方案（2022—2025 年)》，明确"无废城市"建设路径，确定了指标、任务、项目三张清单。各区县也相继印发工作方案，构建"省级方案牵头抓总、市级方案统筹推进、区县方案细化落实"的推进体系。2022 年，全市一般工业固体废物产生强度和危险废物产生强度两项关键指标较 2020 年

---

① 济南发布 2024 版人才政策"双 30 条"［N］. 济南日报，2023 - 12 - 28.

均实现两位数降幅，生活垃圾回收利用率稳定在 36% 以上，主要农业废弃物利用回收率达到 90% 以上。

济南市在多个领域采取了一系列措施推进绿色发展和生态文明建设。在工业领域，积极构建绿色制造体系，创建了国家级、省级和市级绿色工厂共 324 家，以及绿色供应链管理企业 49 家。同时，推动 8 家省级以上园区进行循环化改造，实现原料和废物的减量化、再利用和资源化。在农业领域，实施化肥农药减量增效行动，推广水肥一体化和测土配方施肥，强化畜禽粪污和秸秆的综合利用，确保规模养殖场粪污处理设施配建率达到 100%，并新增国家秸秆综合利用重点县建设项目。在建筑领域，创新成立黄河流域绿色装配式建筑城市联盟，发展装配式建筑产业园区和产业链，推动建筑垃圾资源化利用和钛石膏综合利用，建设水泥生产线协同处理城市垃圾。在生活领域，建立生活垃圾分类推进机制，构建五级联动工作推进格局，创新垃圾处置利用模式，建成大型厨余垃圾处理项目，实现原生生活垃圾"零填埋"，并减少一次性塑料包装使用，推广可循环包装。

## 三、 济南全面提升城市软实力的对策建议与展望

"城市不仅要有高度，更要有温度"①，这是习近平总书记为中国式现代化建设和治理提出的要求，为新时代城市建设、治理与发展指明了方向，同样对城市软实力提升提出了更高要求。为实现物质文明与精神文明共同进步，促进城市高质量发展，济南要更好发挥软实力的加速器

---

① 习近平在上海考察时强调　聚焦建设"五个中心"重要使命　加快建成社会主义现代化国际大都市 ［N］. 人民日报，2023 - 12 - 04.

作用，持续提升城市能级和核心竞争力，加快建设新时代社会主义现代化强省会。

**（一）以理论为基，让顶层设计成为城市软实力提升的重要先导**

1. 加强城市软实力理论研究

加强城市软实力理论研究，一要从理论上厘清软实力与硬实力之间的关系，明确其相互作用机制和协同化、一体化、系统化发展路径，推动软实力与硬实力两者的良性转化和互动互促。二要从理论上明确城市软实力指标体系的构成，把具体指标作为工作推进的指针。深入研究和专题研究城市软实力指标体系，加强对智库发布城市榜单的研究，关注其评价指标、评价范围、评价方式和发布机制等内容，结合实际有针对性地改善相关指标，助力济南城市软实力的提升。

2. 加强城市软实力工作顶层设计

要以提升城市软实力为战略牵引，明确定位，以全局观念和系统思维谋划推进工作。坚持党委统一领导、各方面齐抓共管、全社会共同参与的工作格局，注重各类意见措施的系统集成，加强各项改革举措的协调配套。汇聚全市各级各部门和各行各业的力量，让人人赋能软实力，处处体现软实力。

要加强城市软实力政策研究，以建设中国式现代化的人民城市为目标，以问题为导向，以国内外先进城市的成功经验为借鉴，结合济南实际，与时俱进，广泛开展调查研究，制定充分体现时代特色和地域特色的城市软实力发展中长期规划和配套政策。

要充分发挥北京大学城市软实力研究院、驻济高校、社科研究机构、政策研究部门的新型智库和决策咨询作用，产出更好更快推动济南城市软实力提升的决策参考和对策建议，推动形成市、县（区）一体，部门联动，全面覆盖的城市软实力发展政策体系。

### （二）以文化为根，让文化繁荣成为城市软实力提升的重要基础

1. 做优做强"泉文化"系列品牌，壮大特色文化资源影响力

为促进城市文化软实力不断提升，济南要优化提升已有"泉文化"品牌，探索创建新品牌，形成覆盖文化事业和文化产业全领域的品牌体系。

以"泉·城文化景观"为依托，打造世界泉水之都。推动济南泉·城文化景观申报世界遗产，是让泉城走向世界、提升城市软实力的重要途径。为此，济南要持续推进节水保泉工作，建好标志性泉水景观，促进泉水保护性开发利用，夯实城市文化根基。围绕古城整体保护提升，加强文化遗产保护，推动历史文化街区、传统风貌区和历史建筑有机更新和开发利用。

持续擦亮"泉"在济南的文化品牌，着力打造国际文化旅游名城。创新推动文化和旅游业态融合、产品融合、市场融合。以"泉"为主题，面向海内外开展旅游营销，争创全国首批"入境游便利化"示范城市，推进入境旅游支付便利化、通信便利化、酒店预订便利化、景区入园便利化，同时在海外旅游平台开展联合推广，吸引更多境外游客来济。以"融"为核心，深入挖掘城市文脉要素和景区景点之间的关联性，精准设计旅游地标和旅游线路。加大整合力度，借助集群效应，将济南知名景点和特色文化"串珠成链"，通过开展缤纷的节庆、演艺、会展活动等，丰富旅游行程和旅游感受。以"红"为目的，重点打造提升四大名泉、大明湖、老商埠、明水古城、融创文旅城、黄河济南段、齐长城、最美乡村等一批能够彰显济南城市特色、集聚拉动人气、促进消费发展的文旅网红新地标。

2. 推动文化事业和文化产业繁荣发展，提升公共文化供给力

完善的公共文化服务既能更好满足市民的文化需求，也能为激发文化创造活力提供条件。济南要通过优化"书香泉城""博物馆之城""泉润非遗""四季村晚"等公共文化服务品牌，持续增强市民的文化参与度和认同感。

要增强公共文化产品供给，不断提高公共文化服务水平。鼓励创作一批本土文学、音乐、影视、戏剧精品，丰富群众精神文化生活。进一步加强图书馆、文化馆、博物馆、美术馆等基础设施建设，创建济南文化服务品牌，加快对泉城书房、文化驿站、文化广场等新型公共文化空间的城乡布局，拓展文化场馆服务功能。

要通过政策引导、资金扶持等方式扩大文化服务消费。发放文化惠民消费券、大学生折扣券、老年人免费券等，提振市民文化消费市场，提高市民文化消费水平。研究不同人群的文化消费特点，有的放矢地开展公共文化活动。

要不断拓宽公众参与文化活动的渠道。持续开展公益演出走基层、戏曲进乡村、小戏小剧展演、"非遗进校园""非遗在社区""非遗大课堂""公益电影进社区（农村）""市民夜校"等活动，让群众在家门口享受高品质文化生活。

3. 挖掘优秀传统文化资源，增强泉城文化发展创新力

济南要不断改革文化服务和文化产品供给体制、机制，大胆推进文化管理方式、生产方式、传播方式的革新，推动文化与科技、旅游、创意深度融合，大力培育发展文化领域新质生产力，推动文化产业高质量发展。

持续打造文化"两创"新标杆，促进文化创意产业发展。加强文物保护利用，实施遗址遗迹保护、遗址博物馆建设等项目建设，开发相关旅游线路。开发主题鲜明的文创产品、演艺作品、影视文学等，打造

"济南文创""泉城文脉"等品牌。加强非物质文化遗产保护利用，借鉴山东手造展示体验中心的运营模式，着力打造"济南手造"品牌。

推进文化产业园区和示范基地建设，积极搭建文化产业集聚发展平台，构建内容生产、平台服务、营销传播一体化产业体系。统筹规划老旧工业厂房再利用，坚持差异化定位，聚焦电竞、动漫、音乐、游戏等新业态，打造年轻态、潮流化消费新场景，形成一批如 579 百工集、JN150 创意工场、1904 火车夜市等园区、街区品牌。

实施重点文化企业培育提升工程，不断壮大骨干文化企业，推动"老字号"焕采出新。加快推进济南文旅集团、济南出版有限责任公司等国有文化企业发展，促进东港股份有限公司、同圆设计集团等大型文化企业以及世纪金榜、山东舜网传媒、山东世纪开元等"独角兽企业""瞪羚企业"加快发展，向"全国文化企业 30 强"和"全国成长性文化企业 30 强"目标进军。

实施文化数字化工程。推动《济南市文化数字化行动计划》落实落地，实施"上云用数赋智"行动。积极推进传统文化与数字科技相融合，加快打造新时代数字文化产业新高地、具有全国影响力辐射力的文化产业集群和具有国际影响力的"文化＋科技"创新孵化平台。不断提升景区、文博场馆智慧监管能力，完善全市文化和旅游重点区域监测平台功能，建成集实时客流监测、大数据分析应用、调度指挥等功能于一体的数字监测平台。

**（三）以治理为纲，让政府服务与社会治理成为城市软实力提升的重要抓手**

1. 坚持法治、共治、精治、数治，建设善治之城

城市社会治理的旨归是为人民群众提供精细管理和良好服务，让市

民生活更安全、更方便、更舒心，更有归属感。济南要以法治促善治，以共治聚人心，以精治强服务，以数治提效能，打造安全稳定的生活环境。

大力推进政法工作现代化，努力建设更高水平的平安济南、法治济南。常态化推进扫黑除恶斗争，深化重点行业领域整治，开展社会治安重点地区重点问题治理，依法严厉打击影响群众安全感的突出违法犯罪。建设覆盖城乡的现代公共法律服务体系，提供优质法律服务。依托四级"一站式"调解中心（工作站），积极调处群众矛盾纠纷。全面提升依法行政能力水平，提升执法司法质效，全力争创全国法治政府建设示范市。①

大力提升基层治理的共治和精治水平。坚持党建引领、多方参与，注重资源整合、协同联动，打造共建共治共享的新时代社会治理共同体。深入落实《济南市党建引领基层治理"双十"行动计划（2023—2025年)》，以精准化精细化治理举措积极回应群众诉求，持续提升党建引领城市基层治理和乡村治理效能。做实做细网格化管理，健全完善基层治理网格体系，实现党群服务站（中心）全覆盖。②

提升数字化治理水平，建设数字泉城。深入推进社会治理平台数字化建设，整合社会治理、城市管理各类工作力量，构建起"全域覆盖、全网整合、规范高效、常态运行"的社会治理数字化工作体系。通过智慧环保综合监管平台、智慧生态黄河平台，对生态环境进行数字化、智能化监管。提升数字交通服务水平，创新数字交通监管模式，实现交

---

① 济南市司法局. 于海田参加山东代表团分组审议"两高"工作报告：全力争创全国法治政府建设示范市　以高水平法治服务保障高质量发展［EB/OL］. 2024 – 03 – 10. https：//mp. weixin. qq. com/s/fs66AQaAj6csG1VlFF91Pw.

② 济南出台党建引领基层治理"双十"行动（2024版）［N］. 济南日报，2024 – 03 – 06.

通运行监测预警、安全应急调度指挥、行业管理决策分析、公众出行信息服务"一屏总览"。积极推进12345热线互联网受理平台建设，实行热线重点难点问题协同办理机制。维护用好"掌上城管"微信小程序，发布便民电子地图，实现城市管理问题"掌上报、掌上办"。

2. 培育时代新风新貌，提高社会文明程度

社会主义核心价值观是社会主义先进文化的精髓，是当代中国精神的集中体现，凝结着全体人民的共同价值追求。把社会主义核心价值观融入社会发展、融入日常生活，有助于提升市民文明素质，在全社会唱响主旋律、弘扬正能量。

要做强"理响泉城"宣讲品牌。建强理论宣讲队伍，加强基层宣讲力度，优化宣讲队伍遴选机制和工作机制。遴选领导干部、理论专家、道德模范、市民代表等组建特色宣讲队伍，拓展宣讲传播渠道，通过理论宣讲让党的创新理论和最新精神"飞入寻常百姓家"。激发群众的爱国爱党爱社会主义热情，弘扬"人民城市人民建"的主人翁精神，让人人成为城市软实力的承载者、践行者、传递者。

深化新时代文明实践中心建设。在济南市文明实践（志愿服务）总指挥部领导下，以各级新时代文明实践中心为阵地，督促开展文明实践工作。根据济南市《关于统筹推进新时代文明实践站和村（居）史馆融合发展的实施意见》，通过阵地共建、队伍共育、活动共联等举措，推动新时代文明实践与乡村文化振兴在阵地资源、体制机制、服务群众等方面深度融合，把新时代文明实践站打造成乡村文化振兴的重要阵地。①

持续打造"一城大爱暖泉城"志愿服务品牌。深入贯彻落实中共

---

① 山东济南：打造"一城大爱暖泉城"品牌 推动新时代文明实践结硕果［N］. 人民日报，2023－12－07.

中央办公厅、国务院办公厅《关于健全新时代志愿服务体系的意见》，推动志愿服务制度化常态化，发挥为老、为小、为困难群体、为特殊群体、为社会公共需要服务的独特优势，巩固提升全国文明城市创建成果。

充分发挥榜样力量，打造"好人之城"。定期组织开展道德模范、城市软实力榜样、身边好人、最美人物评选活动，发掘更多好人好事，推荐入选中国好人、全国道德模范。建立健全"泉城发布厅"常态化发布机制，对济南市涌现出的先进典型进行统一发布、集中推广，实现"好人有好报"的正向价值反馈，营建"人人学模范，人人做好人"的文明风尚，让"好人之城"成为济南形象的厚重名片。

### （四）以人才为本，让人才发展成为城市软实力提升的重要保障

1. 聚焦"引育留用"全链条，构建人才发展新格局

人才是第一资源。济南要"坚持德才兼备、选贤任能，聚天下英才而用之"，全方位引进、培养、利用人才，建设人才强市，充分提升人才发展软实力。

多措并举加快人才引育。聚焦服务高质量发展和支撑高水平科技自立自强目标，加强重点人才引育和人才自主培养，加快引育顶尖人才和科技领军人才，壮大战略人才力量。加大青年人才引育集聚，建立优秀科学家培育库，开展"才聚泉城高校行"等青年人才招引品牌活动。持续推出青年人才系列政策，增加就业岗位，加大高层次青年人才留济力度。

大力推动人才队伍建设。结合高校学科专业结构和人才培养结构，加强科技前沿和关键领域创新型人才培养，推进新一代信息技术、高端装备、生物医药、人工智能、现代农业、数字经济等人才紧缺行业和战

略性新兴产业人才队伍建设。大力实施职业技能提升行动，加快培育一批卓越工程师和高技能领军人才，积极选树一批劳模、工匠和技术技能大师，推动技能人才队伍建设。

2. 加快推进平台载体建设，构筑高端科创资源汇聚优势

平台载体建设是引才聚智的重要抓手。加快推进人才引领型平台载体建设，深度对接产业、资源、项目，增强人才聚集引力，为人才创新创造创业提供宏阔舞台。

要推进建设高能级科技创新平台载体。持续构建"1+3+N"科技创新平台，依托中科院科创城集聚周边科创资源，完善产研院、超算中心、山东大学等创新载体建设，积极推进先进制造、量子科技等前沿核心领域的国家重点实验室在济落地，积极推进新型科研院所、技术研究院、区域医疗中心等新型研发机构建设，充分集聚国内外高端创新资源优势。

加快打造高层次人才发展平台载体。围绕海外人才引育和高层次人才集聚，搭建博士（后）国际创新创业园、博士后创新实践基地、示范性侨商产业集聚区和海归人才集聚高地等平台。提升中国（济南）新动能创新创业大赛的聚智引才品牌影响力，提高项目落地率和成果转化率。实施市校融合发展战略工程，加强驻济高校、科研院所、新型研发机构、科技领军企业之间的合作交流，共同推进校地融合发展。

积极创建科技成果转化平台。充分发挥科技型骨干企业的支撑引领作用，加快培育一流创新型企业，积极建设山东省人才引领型企业培育试点。深入实施科技成果转化"倍增计划"，健全科技成果转化服务体系。依托知识产权公共服务平台，搭建专利开放许可分平台。

3. 优化"近悦远来"人才发展生态，开创人才服务新境界

人才服务是吸引人才、留住人才的关键。优质的人才服务能够增强

人才的满意度和归属感，优越的人才生态能够让人才近悦远来、如水入流。

要加强软实力领域人才队伍建设，打造城市软实力人才品牌。持续开展哲学社会科学、文化艺术、体育、网络主播、网络作家等高层次人才分类认定，挖掘、引进、培育更多济南急需人才，让人才为发展济南助力、为宣传济南发声。

把"海右人才节""海右人才日""天下泉城、人来无忧"作为济南特有人才服务品牌，每年组织开展系列人才招引、人才交流、人才服务等人才活动，在全社会营造尊重人才、爱护人才、成就人才的良好氛围。

持续推进政策创新和系统集成，坚持"最优加一点"理念，建立常态化政策评估调整机制，让人才政策"双 30 条"，"高校 20 条"，高校毕业生就业创业"40 条"等在副省级城市和省会城市中始终具有明显竞争优势。[①]

### （五）以生态为重，让生态文明建设成为城市软实力提升的重要支撑

1. 强化统筹规划对城市环境软实力全面提升的引领作用

促进城市环境软实力全面提升需要强化统筹规划，加强协同推进，明确提升范围、提升愿景、提升目标和提升措施，确保各领域落实环境软实力全面提升的主要目标、发展方向、重大政策协调一致，形成提升共识、扩大社会影响。

要明确城市环境软实力全面提升的目标愿景。济南应把握好三大国家战略交汇叠加的机遇，锚定城市环境软实力全面提升的发展方向，建设具有国家一流水平的新旧动能转换先行区、生态保护和高质量发展引

---

[①] 参见济南社会科学院，济南市人才服务中心，济南高层次人才发展促进会编. 济南人才发展蓝皮书（2024）［M］. 济南：济南出版社，2024.

领区、绿色生活环境示范区，统筹制定面向中长期的城市环境软实力全面提升的使命担当、总体愿景、具体目标等战略规划方向。

聚焦城市环境软实力全面提升的关键领域。城市环境软实力全面提升涉及产业、能源、生态、生活各个领域，济南需要根据城市环境建设各组成部分的优势和短板，明确城市环境软实力全面提升的重点环节、关键领域，重点在推动形成绿色低碳生产方式和生活方式领域取得新突破，塑造引领城市环境软实力全面提升的中坚力量。

夯实城市环境软实力全面提升的任务措施。以生态优先、绿色发展为方向，加强统筹协调，协同推进降碳、减污、扩绿、增长，明确济南在节能减排、环境治理、动能转换、低碳循环、生态建设等方面提升的具体举措，厘清主体责任，明确城市环境软实力提升的抓手和任务。

2. 强化重点领域对城市环境软实力全面提升的带动作用

促进城市环境软实力全面提升需要发挥重点领域的带动作用，以污染防治、能源绿色低碳转型、生态空间融合发展为着力点，打造城市环境软实力全面提升的示范样板。

持续深入打好污染防治攻坚战，坚决打好蓝天碧水净土保卫战。将蓝天保卫战作为重点战，通过优化产业结构、能源结构和交通结构，协同减排有害气体和细颗粒物，加强区域联防联控，消除重污染天气。将碧水保卫战作为关键战，统筹水资源、水环境、水生态治理，加强黄河、小清河等重要河湖保护，推进水源地规范化建设，保障饮用水安全，补齐城镇污水处理设施。将净土保卫战作为持久战，持续强化土壤污染风险管控，源头防控土壤和地下水污染，加强固体废物综合治理，推进"无废城市"建设。

推动能源绿色低碳转型。加强煤炭清洁化、高效化利用，实施"光伏＋"推广工程，加快发展风电和生物质发电，深入开展太阳能热利用，规范推进地热能多元利用，积极发展高效空气能热泵，适时推进核能小堆供热，推动新能源多元开发和综合利用，进一步完善和优化绿色低碳产业的政策支撑和设施配套，发挥绿色低碳新赛道产业集群效应。

促进生态空间融合发展。以南部山区的生态涵养区作为区域生态屏障，以北部黄河生态风貌带，城市内部森林公园、湿地、重要湖库、水源地、城市公园、山体公园等各类节点为重点打造对象，依托小清河、大汶河、北大沙河、"三川"和玉符河、徒骇河等重点水系，串联"南山北水"和城市生态系统，打造形成全域连通的多样生态格局。

3. 强化基础设施对城市环境软实力全面提升的支撑作用

提高生态绿色基础设施投入在新基建中的占比，推动适度超前、更加完备的生态绿色基础设施建设，更多运用市场化手段，加强生态绿色基础设施系统化、智能化建设，为全面提升城市软实力提供有力支撑。

完善环境治理基础设施。完善城市污水管网建设，加大存量管道更新升级力度，推进老龄管道维护、修复和更新。构建污染处理设施物联网智慧化监控调度平台，推进城市污水管网系统智能化管理。完善黄河流域济南段生产和生活空间的配套环保设施建设，不断提升环境精细化管理水平和现代化治理能力。

加快推进碳基础设施建设。推进碳监测网络建设，促进数字化技术在温室气体排放源监测领域的推广应用，开展碳污协同监测。推进碳公共服务平台建设，整合碳数据、碳技术和碳资本等要素，为企业和个人提供安全、可靠、便利的碳账户服务。

推进基础设施绿色化转型。制定基础设施绿色化准入标准，提高城市基础设施设计、建设、运营过程中的绿色化水平，提升基础设施运行效率并减少其能源消耗，发挥基础设施生态辐射的作用，使其与生态绿色基础设施相辅相成。

### （六）以品牌为要，让形象塑造成为城市软实力提升的重要标识

1. 打造特色鲜明的城市形象，塑造城市形象全球识别系统

城市形象是社会公众对城市认知的印象总和，是城市软实力的重要体现与标识。济南应充分挖掘自身资源和优势，将城市功能和文化紧密融合，打造特色、立体的城市形象，提升城市形象影响力。

要围绕稀缺的泉水资源，打造升级一批以泉水和泉文化为核心的超级文化地标，展示城市形象。以"一核多点""一干多枝"手段，丰富感官刺激，满足多重期待，打造城市形象识别系统。譬如天下第一泉5A级景区，介绍泉水形成利用的自然博物馆，与泉有关的名人纪念馆，展示泉水文化的灯光秀、文艺会客厅，时尚与古典相结合的历史文化街区等。目前，应尤为重视开发泉水资源的国际化表达方式，推动"泉·城文化景观"成功申遗，让泉城济南走向世界。

深挖济南历史文化资源，梳理现代化建设进程中的突出成就、特色建筑、名人故事，塑造多样化、现代化、时尚化的城市IP。借助特色建筑汇聚的老商埠、复合型多功能的莱芜小三线纪念园、老厂房改造而成的文化创意产业园、集文旅商一体的融创文旅城等，将城市形象具象化。

由城市形象专门管理机构对城市IP形象进行持续塑造、传播、延伸以及创意化运营，将地标符号打造成为具有丰富功能的"城市会客厅"，助力城市品牌建设和城市形象提升。

2. 重视城市形象宣传推广，提升城市传播水平

宣传也是生产力，正能量要有大流量。济南要想在全球一万多个城市中脱颖而出，给人留下深刻印象，必须重视宣传推广和城市营销，树

立风尚优良、风貌独特、风格鲜明的城市形象。

要把城市形象宣传推广置于城市发展战略层面综合考量。坚持政府主导，设立城市品牌形象传播推广机构，总体把控城市形象宣传，有效统筹城市传播，提升传播合力。制定城市中长期传播规划，以"大外宣"为统筹，将地方城市形象传播融入国家、省外宣大局，打造富有吸引力和影响力的城市品牌形象。

做好标志性重大事件传播和文化传播。积极举办国际性、全国性赛会活动，把节庆活动、会展活动、重大会议、体育赛事等"大事件"作为城市形象传播的机遇和载体，精心策划媒体栏目和专题报道，进行主题宣传、集中式宣传，提升城市知名度。

大力提升国际传播能力。做强做优国际传播矩阵，建强用好济南国际传播中心，加强与区县部门融媒体中心统筹协调，积极构建境内与海外传播融媒体生态。加强外语传播人才队伍建设和技术创新，构建多语种城市传播网络，面向海内外讲述济南故事，传播中国声音。

充分利用互联网和大数据。以人工智能"算法＋推荐"信息分发模式，及时了解受众的浏览偏好、兴趣点、价值需求，提升信息的利用和传播效力。加强与时尚社交平台合作，打造年轻人喜爱的城市形象。

注重全媒体多维度传播。利用多元化媒体工具，宣传城市形象。既要抓好新闻发布、政策解读、案例推介，又要综合运用动漫、歌曲、纪录片、短视频等形式，多方面、多渠道推广立体多元的城市形象。

3. 以"品质泉城"为引领，推动名品名企体系建设

品牌是城市软实力的重要体现，也是提升软实力的有力抓手。要深入贯彻济南市《关于提升城市软实力　创建文明典范城的实施意见》，着眼"提升城市品牌影响力""建设品牌荟萃的魅力之城"目标任务，建立健全覆盖全空间、全领域、全周期的品牌建设体系，着力做强新品

牌、擦亮老品牌、叫响大品牌，让更多"济南造"唱响全国、走向世界。

要以"泉城好品""好品山东"为引领，打造更多名牌产品。实施品牌提升工程，做好"泉城好品"遴选工作，完善培育机制，建立培育梯队，推选更多品牌入选"好品山东"、山东省高端品牌，充分利用"好品山东"平台推介济南优势品牌产品，争创中国质量奖、省长质量奖、中国驰名商标。

强化品牌产品开发，梯队打造一批知名度高、社会影响力强的品牌企业。进一步加强"泉水人家"农产品区域公用品牌、"济南智造"工业品牌建设。面向全球引进知名首店、品牌店、旗舰店，打造品牌汇集的特色街区和商业综合体，打造一批星级饭店、精品酒店、特色民宿。

强化品牌服务意识，制定企业品牌培育方案，为打造高端品牌产品、形成名牌企业提供全方位服务指导。深化政策扶持力度，加大政府投入，鼓励社会资本投入，对获得国家和省级奖项、荣誉的名企名牌名家给予奖励，支持自主品牌发展。持续开展"影响济南"名企名牌评选，搭建品牌展示平台，在全社会营造重视品牌、培育品牌、宣传品牌、消费品牌的良好氛围，助力济南建设"品牌之都"。

（课题负责人：张桂兰；课题组成员：肖亮、张国梁、于明、刘军）

# ‖ 特 约 专 论

## 聚焦城市软实力建设
## 创造中国特色城市文明新形态

王立胜*

党的二十大胜利召开，开启了全面建设社会主义现代化强国、全面推进中华民族伟大复兴的新征程，也意味着我国城镇化发展和城市建设进入全新历史起点。随着我国城镇化增速由快趋缓、发展方式由外延型转向内涵型，中华民族在实现"站起来、富起来、强起来"的同时，正以开创一种新的现代文明形态，即"人类文明新形态"作为自己的使命，创造"城市文明新形态"便成为中国城市发展命题的应有之义。

────────────

*作者简介：王立胜，中国社会科学院哲学研究所党委书记，中国社会科学院大学哲学院院长、研究员。

创造中国特色城市文明新形态，既服务于中国城市的发展前景，又契合当前全国文明典范城市的规范标准。在这样的历史时刻，贡献一种"不言而善应、不召而自来"的新型城市文明典范，应当成为中国式现代化进程中城市发展的重要环节和最高任务，它关乎我国 2035 年建成文化强国的远大目标和 2049 年实现中华民族伟大复兴的崇高理想。从文明的角度反观城市发展，城市建设不能只注重硬实力的提升，还要聚焦于软实力建设，使二者相辅相成、相得益彰。

## 一、 城市软实力在创造城市文明新形态中的重要价值

城市软实力体现了一个城市基于内在底蕴而具有的凝聚力和生命力，以及由此产生的吸引力和感召力。为探索提升城市软实力的路径，2022 年 6 月，济南市委宣传部与中国社会科学院文化研究中心达成共识，全面启动"城市软实力综合评价系统"研发工作。课题组经过一年多的努力，形成了一些具有开创性意义的学术判断，对我国城市软实力理论研究和政策实践进行了有益的探索。

课题组认为，城市软实力是一种"形于中"而"发于外"的力量，是内部要素和外部效应的总和：内在构成包括核心价值观、发展模式、生活方式、治理水平、法治建设、文明素养、人文和生态环境以及城市管理者的战略眼光和治理能力等要素；效应方面则体现为以城市居民幸福感、认同感为基础的内部凝聚力、动员力和自身发展潜力，同时体现为对外感召力、吸引力，尤其是国际影响力。

课题组尤为强调一个城市的媒体化生存能力在提升软实力中的重要性，它要求城市建设者自觉主动地利用新兴互联网技术和网络传播环境，持续构建具备竞争优势的"平行城市"形象，有效维护城市在互

联网视域中的优质品牌，将城市"在地软实力"转变为"在线软实力"；它同时体现为城市建设从"自在意识"到"自为意识"的观念性转变，从比较视角出发，深刻认识中外城市发展规律和所在城市的优劣势，进行科学评估后形成因地制宜的发展策略。以上认识将成为互联网时代指导城市建设的基本原则，也将建构城市文明新形态提升到新的高度。

## 二、 搭建中国城市软实力综合测评指标体系

课题组和北京邮电大学移动媒体与文化计算北京市重点实验室合作，基于大数据分析和多学科领域的专家经验，共同推出"中国城市软实力综合测评指标体系"草案。团队制定了人机协同的指标赋权原则，结果优先、过程注释的数据筛选原则，辅助决策的功能设计原则，实用优先的工具设计原则，确定指标要素的"先验原则""经验原则"和"持续迭代的更新原则"，以期建构一个科学性、导向性、专业性兼备的城市软实力综合测评指标体系。

基于对"城市软实力"的概念剖析，课题组设计了包括 4 个一级指标、8 个二级指标和 23 个三级指标在内的测评系统。测评指标主要分为支撑类型指标和效应类型指标，前者包括城市支撑力（即在地硬支撑）和媒体化生存能力（即在线软支撑），后者则包括对内凝聚力和对外吸引力。团队现已完成对中国 33 个副省级城市、省会城市和较发达地级市的测评，并针对济南的软实力测评结果进行了详细分析，在此基础上完成了《城市软实力综合评价指标年度报告》和城市软实力综合评价原型系统研发。

目前，该测评体系已获得中国社会科学院社会发展战略研究院、社

会学研究所、生态文明研究所等单位相关领域专家的高度肯定，大家一致认为当前指标体系具有科学性、客观性、专业性和政策咨询服务功能。为验证和修正前期相关测评结果，课题组已对山东省济南市和江苏省南京、苏州两市，开展了深入翔实的部门座谈和实地调研，在此基础上深化了城市文明发展综合测评指标体系，进而演变为具体的政策咨询。

未来，我们还将与济南市委宣传部共建全国首个"中国城市软实力研发与展示中心"，集城市软实力指标展示、城市形象传播模型与传播影响力指标分析、融媒体与数据存储、城市软实力评价、城市形象体验、合作交流等功能于一体，以实现对国内外目标城市软实力的实时监测、数据分析和综合评测，并通过链接专家库制定提升城市软实力的定制方案。目前已有更多城市表达了强烈的合作意向，我们也期待开拓出更多的合作共赢新局面。

## 三、 全面提升城市软实力的 "济南新思路"

济南市委、市政府在准确把握我国城市建设的演化逻辑和发展规律基础之上，明确提出实施"强省会"战略，支持济南争创国家中心城市、创建全国文明典范城市。近年来，济南紧抓城市软实力建设，充分利用"十大优势"，推进"十大中心"建设，贯彻落实140余项为民办实事清单任务，在城市软实力建设方面取得了优异成绩，走在了全国前列。上述"济南思路"既基于"济南经验"，更超越了"济南经验"，体现了济南在城市发展中的"自为意识"。新时代新征程上，济南全面提升城市软实力要有新起点、新目标。

## （一）城市发展目标方面

**1. 拓宽视野，将创建更具影响力和辐射力的现代化国际大都市列为济南城市发展的优先选项**

充分利用地缘、人缘和商缘优势，通过组织多国商贸、展览、文艺等活动，继续拓展国际合作交流渠道；借助留学生、国外游客、在济工作的外国人等"外嘴"，讲好济南故事，将最接地气、本土化的优秀"济南印象"传播出去。

**2. 融合传统与现代、古典与时尚，打造符合济南"闲雅"气质的城市形象传播符号**

"河济向海，千泉成湖；舜耕历山，诗壤词都"构筑了"泉城"清新文雅的气韵，同时也蕴含着成为超级传播符号的潜质。"闲雅"，对内构成城市凝聚力的根源和现代时尚生活的标签，对外则体现出鲜明的传播吸引力，建议以此为契机，打造济南多维度、多层次的立体形象。

**3. 从建设"平行城市"角度，着力提升济南的媒体化生存能力**

持续优化济南所处的传媒生态环境，继续加强主流媒体建设，创新传统媒体的工作思路，发挥融媒体的传播优势，积极引导受众群体的正面评价。同时，有必要搭建重大媒体事件预警、溯因和干预数据库，实现高效的城市舆情管理。

## （二）核心吸引物项目方面

打造"核心吸引物项目"是提升城市首位度的重要抓手，应使其成为塑造济南卓异城市形象的标签。

**1. 聚力做好"泉·城文化景观"世遗申报工作，把申遗过程本身作为向世界传播城市品牌的重要契机**

济南拥有世界罕有、全国唯一的城市泉水公共直饮水系统，这将成为申报阶段最具特色的优势；也可将其与国际文化推广、城市形象传播、大型活动设计、媒体宣传引导等工作有机结合，以点带面、"以泉带城"。

2. 牢牢把握"黄河流域生态保护和高质量发展战略"，打造"全球大河流域发展济南高峰论坛"

充分发挥济南在山东半岛城市群乃至黄河流域中的龙头作用，将济南设为高峰论坛的永久会址，汇聚国内外大河流域城市资源，形成面向全球大河流域可持续发展的中国"达沃斯论坛"，论坛的成功召开将为济南建设国家中心城市增添重要筹码。

3. 以中华文明探源工程的阶段性成果为基础，做大做好龙山文化这篇文章

济南可与西安等历史文化名城、敦煌研究院等机构形成跨区域、跨部门合作，以中国龙山文化研究会和国际历史科学大会为依托，举办高规格的、具有全球影响力的龙山文化年度研讨会，并将其打造为具有城市品牌效应的、周期性重大文化事件。

总之，济南作为全国文明典范城市和国家中心城市的强有力竞争者，应以更积极坚定的战略定力和政策导向、更自觉的城市建设"自为意识"、更明确的城市软实力"首位度意识"，全力打造"核心吸引物项目"，强化城市"媒体化生存能力"，在创造中国特色城市文明新形态的道路上，彰显"济南气韵"，拓展"济南视野"，做出"济南贡献"。

# 以有为政府推动城市软实力提质升级

许云霄 *

改革开放以来，我国经济高速增长，创造了举世瞩目的现代化奇迹。随着我国经济步入高质量发展阶段，体现城市影响力、吸引力和认同力的城市软实力，在推动城市发展、吸纳产业投资、吸引人才技术、促进文旅融合等方面的作用日渐突出。步入新时代，发展的聚焦点由速度转为质量，增强城市软实力、推动物质文明和精神文明相协调成为更加重要的命题。政府作为经济社会发展中的重要角色，应为提升城市软实力承担有效职能，发挥积极作用。

## 一、 政府要重视城市文化建设

增强城市软实力，需要政府转变城市发展理念、加强社会文化建设。习近平总书记强调，要坚持"人民城市人民建、人民城市为人民"的价值取向，坚持以人民为中心，推动城市发展。在这一方面，政府的职能主要表现在引领塑造城市风格与居民文化、保障和促进科教文卫事业发展以及建设包容开放的和谐社会，提升人民的幸福感和获得感。政

---

*作者简介：许云霄，北京大学经济学院博士生导师、讲席教授，北京大学城市软实力研究院院长。

府要引领城市文化建设方向，对于城市的文化建设，相关部门要有全局性、系统性的思路。政府要紧扣城市文化建设的重点，结合自身城市文化的特点，通过挖掘、提炼城市文化资源并加以艺术化、创意化表达，将城市的传统文化与独特资源融入城市发展建设当中，进一步提升城市的文化内涵。

在城市未来的发展中，文化的资源性、差异性特征日益凸显，能否充分挖掘自身资源文化特色是城市能否实现跨越发展的一个重要突破口。挖掘并整合城市文化资源，需要发挥政府主导与监督作用、文化企业的创新与培育作用、社会大众的传播与推广作用，三者协力合作焕发文化资源新的活力，实现资源的保护利用与群众美好生活需求的精准对接，从而提升文化资源在城市文化影响力中的贡献度。做好这一工作，政府应着眼于以下三个方面。

首先，城市风格与居民文化是城市软实力的重要组成部分，它既包括以文教传统、历史遗产、艺术表现和文化机构等定义的彰显城市特征与身份的"大文化"；也包括以民俗民风、生活氛围和市民素质等定义的蕴含城市温情和生气的"小文化"。围绕城市软实力建设，政府应维护与利用好既有历史文化遗产，支持地区传统艺术和工艺传承弘扬，构筑文化产业示范区与城市特色地标，充分挖掘城市历史文化的魅力与潜能，对传统文化进行创新。政府要加大对文化产业财政支持力度，完善文化产权等相关法律保护机制，营造良好的文化产业营商环境，切实支持文化事业和文化产业的发展，为文化工作者提供更多的扶持和帮助，以多元化的文化创意活动推动文化创新，为文化创新提供良好的舞台和环境；与此同时也要尊重保护文化生态，规范管理民俗活动，塑造良好民风与文明氛围，推动居民生活品质提升与城市文化事业繁荣有机融合。

其次，一些文化产品实际上具有公共产品性质，理应由政府作为重要公共产品的提供者加以支持。相关部门应根据居民生活与发展需要，提供高质量的公共文化服务，丰富居民文化生活与精神需要，打造城市文化品牌和群体认同力，最终实现城市软实力的提升。在此过程中尤其应注意的是推动公共文化服务均等化、普及化和便利化，让新市民、临时居民、域外人口平等享受公共文化资源，增强区域内和跨区域公共文化影响力。

最后，包容开放的和谐社会是城市软实力发展的关键。政府应以倡导社会主义核心价值观和弘扬中华传统美德为工作抓手，努力营造包容开放的城市空间，支持鼓励包括广大居民在内的社会力量积极参与，使政府有形之手、市场无形之手、居民勤劳之手同向发力，营造和谐的社会环境，构建稳定有序的社会氛围和团结凝聚的社会意识，增强城市吸引力。

## 二、 政府要重视提升城市治理水平

增强城市软实力，需要政府提升城市治理水平、优化政务服务环境。政府治理能力的科学化、规范化程度本身便是城市软实力的重要一环。政府在城市建设和产业发展领域的规划能力、公共事务管理领域的服务能力以及社会综合治理领域的执法能力的科学化、规范化水平，会直接触及居民感知，影响城市生活环境与质量。

提升城市治理能力，政府在"硬件"上要善于运用现代科技手段，如大数据、云计算、区块链、人工智能等前沿技术，推动城市管理手段、管理模式、管理理念创新，以进一步提高治理效能，实现城市治理从数字化到智能化再到智慧化，让城市更聪明一些、更智慧一些，推动城市治理体系和治理能力现代化。要借助数字经济发展优势解决城市治理中出现的各种新问题。政府应致力于构建数字政府，通过提高数据的精准度、共享度和公开度，加强数据管理和质量控制，以此增强城市数字韧性，推动城市数字治理能力的稳步提升。

在"软件"上，要针对治理能力建设进一步完善干部考核评价机制，用好正向激励，引导领导干部主动担当作为。通过加强日常调度和考核评价，充分发挥好高位监督、统筹协调作用，切实加快培养一批懂城市、会管理的干部，用科学态度、先进理念、专业知识去规划、建设、管理城市，汲取先进地市工作经验，立足各市实际，制订城区精细化管理实施方案和考核评价办法，明确责任分工和管理标准，推动常治长效，以"绣花精神"提高城市治理精细化水平，塑造良好的生产生活环境，提高城市的声誉与认同度。同时，政府还应通过多种形式和渠道来培养和提高市民的文化素质，确保相应治理机制能够落地生效、顺利运转。政府在社会治理上可问智于民，以各式竞赛、宣展等手段调动市民参与城市治理积极性，出台系列优惠政策吸引专业城市规划管理人才，推动专业城市建设人才队伍不断壮大。同时，适当降低城市规划及空间开发的沟通参与门槛，开设面向市民的治理沟通会、听证会等，使城市治理机制逐渐趋向良性互动。

## 三、 政府要重视城市形象传播与塑造

增强城市软实力，需要政府优化城市宣传手段、重视回应舆论关切。城市形象展示与民情应对是城市公共关系塑造的重要一环，其通过催化剂作用将城市软实力资源转化为软实力效果。这不仅包括常态化的公共关系塑造，也包括危机下的公共形象修复。

　　一方面，有效的日常形象传播对城市软实力建设至关重要。城市软实力最直接的体现是城市被居民所认知的形象，城市形象作为城市内涵与底蕴的外在表现，关乎城市的吸引力与影响力；而城市形象的铸就基于城市文化，同时也离不开城市宣介。城市文化是城市的灵魂与根源，其深度与内涵决定了城市形象的下限；而城市宣介是城市的第一观感，其手段与效果标定城市形象的上限。一些知名度广、形象正面的大型城市，其成功不仅是丰富文化资源的厚积薄发，更是先进、适当的宣传手段的直接结果。对外向公众展示城市的传统文化、历史遗迹、民俗活动等，不仅可以增加公众对城市文化的了解，也可以吸引游客前来参观，促进旅游业的发展，同时还可以为城市的文化和旅游活动提供宣传平台，增加活动的知名度和影响力。因此，在城市形象传播中，应根据自身地缘区位特色和核心文化资源禀赋优势确定城市形象传播主题。城市管理者和新闻媒体应该共同努力，借助多样化的传播渠道，采用短视频等传播形式，共同塑造城市形象，提升城市的美誉度和竞争力。政府可以通过多元渠道，包括但不限于新闻媒体、文艺展演和自媒体平台等，展示城市各领域成就、自然资源与文化底蕴，宣传城市的积极形象，以传播城市文化内涵的方式改善城市外在表征。

　　另一方面，城市建设发展过程中不可避免地会遇到自然灾害、社会问题、舆情事件等风波与危机，其不但可能给城市带来经济损失，同时还会影响城市的形象和声望，如何化解形象危机显得尤为重要。政府应对形象危机的手段要结合实际灵活使用，以"真实"作为基本原则，通过及时有效的信息公开避免虚假消息和恶意评价的传播扩散。此外，政府应将城市形象危机看作暴露问题、优化治理的契机，积极使用经济、法律抑或是行政手段应对如群体矛盾、文旅乱象、恶性案件等负面事件，化危机为转机，通过展现负责任、敢担当的治理态度，争取及时挽回损失，提升城市形象。

# ‖专家视点

## 城市软实力的文化构建

周庆山*

**摘 要：** 中国城市的软实力如何构建？文章首先指出当代城市发展已经由高楼化迈向生态化且以文化软实力为切入点，通过建构城市的宜居性、可持续发展、人文与物质文明协调发展等，打造城市的新生态；同时，基于当代城市存在的普遍问题，从城市的文化价值、文化制度、文化资本、文化品牌、文化空间和文化生态维度，讨论城市软实力的文化构建策略。

**关键词：** 城市软实力；城市文化；构建策略

---

*作者简介：周庆山，北京大学信息管理系教授、文化产业研究院研究员。

城市软实力研究是随着国家发展、城市发展兴起的。中国式现代化是物质文明和精神文明相协调的现代化。城市的现代化，则是硬实力和软实力相协调的现代化。当前城市竞争和发展面临越来越"内卷化"形势，因此"以文化论输赢、以文明比高低、以精神定成败"的城市治理理念正不断深入人心。城市发展已经从高楼化迈向生态化并以文化软实力为切入点，通过建构城市的宜居性、可持续性、人文与物质文明协调发展等，打造城市的新生态。

美国学者约瑟夫·奈最早提出，一个国家的软实力是相对于强制能力而言的，是通过精神和道德诉求，影响、诱惑和说服别人认同某些行为准则、价值观念和制度安排，以产生拥有软实力一方所希望的过程和结果。软实力是一种影响力、吸引力。文化软实力包括原创力、生产力、传播力、计算力（算法能力），还有影响力、吸引力、衍生力（文化是能够不断增值的）、消费力等层面。有鉴于此，下面从城市文化价值、制度、资本、品牌、空间和生态等维度，讨论城市软实力的文化建构策略。

# 一、 当代城市存在的问题

第一，城市同质化。城市千城一面，每个城市的街景、建筑风格、店铺品牌等，都相似甚至趋同。

第二，城市脱域化。城市缺失地方性特色，一味追求标准化，比如地方特色小吃、街道和空间被拆除，更新过程中历史、人文、乡土被破坏。

第三，城市地产化。城市发展经历了几个阶段，如工厂烟囱化，地产高楼化。欧洲学者卡斯特尔写过一本名为《信息化城市》的著作，他认为应该建设信息化城市，可以用网络信息在家办公，要去中心化、地产化和人口的集中，解决高楼、交通、污染问题。

第四，城市两极化。城市之间的差距越来越大，一线城市吸引了大量年轻人，三四线城市出现"鹤岗化"①现象。我国城市的差距越来越大，比如北上广，包括济南，上下班人流多，拥堵现象严重，但小城市却很萧条。

## 二、城市文化的系统建构

中国城市如何建设软实力？笔者认为首先需要考虑城市文化的系统建构，一是文化价值：城市的理念、内涵、精神；二是文化制度：城市的秩序、公共、创新；三是文化资本：城市的人文、地理、人才；四是文化品牌：城市的 IP、营销、运营；五是文化空间：城市的场景、景观、氛围；六是文化生态：城市的健康、安全、宜居。

### （一）文化价值：城市的理念、内涵、精神

城市的文化价值是城市文化的价值观、审美意蕴、人文思想、现代理念等组成的综合体，是文化的核心内核。一座城市如同一个人，是一个"有机生命体"，应当有灵魂、有思想、有情怀、有温度，不能冷冰冰的让人没有归属感。一个城市还要有价值取向，比如上海的城市精神是：海纳百川、追求卓越、开明睿智、大气谦和。北京的城市精神是：爱国、创新、包容、厚德。济南的城市精神是：诚信、创新、和谐。新

---

① "鹤岗化"，指的是黑龙江省鹤岗市，城市规模小、房价非常便宜，但难以吸引人，导致城市人口缺失。

时代深圳的城市精神则是：敢闯敢试、开放包容、务实尚法、追求卓越。

一个城市的温度和包容不仅体现在对待外来人员上，更体现在对待弱势群体上。比如乞丐进入图书馆不能被拒绝。杭州市图书馆因允许拾荒者入馆阅读，被网友热议为"史上最温暖图书馆"。再如东莞市图书馆留言簿上显示一位疫情期间无处可去的农民工希望有自己的"小书屋"的信息公开后，当地宣传部门立即组织安排为这位农民工所在企业"职工书屋"捐书 1000 册。这就是一个城市需要拥有的价值观和包容度。

**（二）文化制度：城市的秩序、公共、创新**

城市的秩序包括文明礼貌、文化规范和文化公平。城市的公共文化体现在文化包容性上。一个城市的创新创业环境也是城市吸引力的重要指标，深圳、上海、北京就吸引了很多年轻人前往择业。2016 年，中科院发布《中国宜居城市研究报告》，评判城市适宜创业的三个标准——大众性、政策环境和智力支持。北京以 96.448 分位居榜首，比第二名上海多了近 36 分。深圳给人的感觉是有创新精神和活力，所以吸引了很多年轻人去创业。

**（三）文化资本：城市的人文、地理、人才**

习近平总书记指出，"一个城市的历史遗迹、文化古迹、人文底蕴，是城市生命的一部分。文化底蕴毁掉了，城市建得再新再好，也是缺乏生命力的"。文化资本是资源的活化保护和再利用，从而实现价值化的过程。那么怎样给予价值化转化呢？我认为要通过人文、人才、科技与自然资源的资源转化、组合、融合，从而实现价值共创和创新。在文化产业领域的文化创意产业，有一个重要概念叫跨界融合。我们国家强调文化要素要跨界融合，实现文旅融合、文创融合、文娱融合，考量异质文化的适应性，提升在地转化的质量。充分运用数字文化产业形态推动中华优秀传统文化创造性转化、创新性发展，打造知名文化品牌和企业集团。如西安的大唐不夜城、开封的清明上河园以及平遥、凤凰、阆中、丽江等古城，都很好地体现了城市的历史、传统和人文特色，通过保护历史建筑和遗址、打造传统文化节庆、活化利用文化遗产等方式来展示自己的文化底蕴和文化魅力。

我们提炼出资源组合的基本框架有四个维度。第一，有价值的资源，它是公司构想和执行企业提出战略、提高效率和效能的基础。第二，稀缺的资源，即便再有价值的资源，一旦为大部分公司所拥有，也不能带来竞争优势或者可持续的竞争优势。第三，无法仿制的资源，一般需要同时具备以下三点特征：历史条件独特、起因模糊以及具有社会复杂性。第四，难以替代的资源，即难以复制又稀缺的资源。在这里举个关于文化创意的典型案例——大型实景演出《印象·刘三姐》。它的成功在于一是抓住了《刘三姐》电影资源的传统价值；二是抓住了稀缺的、特殊的异质资源，将漓江的水、桂林的山、经典山歌、民族风情、漓江渔火等元素创新组合；三是抓住了无法仿制的实地资源以及现代技术的创意组合；四是抓住了难以替代、独一无二的文化遗产在地资源。

2022 年 6 月，济南市印发《关于提升城市软实力创建文明典范城的实施意见》，着重提到要坚持以创建全国文明典范城市为统领，建设闻名中外的天下泉城，加强泉水保护利用，打造泉水游精品线路和 30 处市民泉水直饮工程，打造更多亲泉、赏泉、品泉空间。济南强调一定要把城市的基础资源梳理好，这个基础资源就是泉水。泉水既是有价值的，也是稀缺、无法仿制和难以替代的资源。再比如故宫的最大价值，在于其文物是从古代保留下来的真品，是有价值、稀缺、无法仿制和难以替代的。

### （四）文化品牌：城市的 IP、营销、运营

1. 打造城市品牌的文化 IP

所谓文化 IP，就是这个城市的品牌标识，城市的品牌实际就是城市符号。IP 品牌化创意是对一种商品、服务、作品、技术、资源乃至人物进行抽象化、价值化和符号化创意，从而建立一种品牌注意力、影响力和感召力。品牌原型理论最早由美国学者玛格丽特·马克和卡罗尔·皮尔森提出，是指某一品牌所要打造的专属形象，并让这个形象成为满足目标受众内心渴望的符号。品牌原型能够引发消费者深层的情感，品牌原型的意义在于让一个品牌能够在消费者心中"活起来"。

城市的形象构建涉及三个部分的组合，第一是城市理念，第二是城市行为，第三是城市视觉。IP 的城市符号包含：MBV（理念、行为、视觉）。CIS（城市品牌识别系统）包含：城市精神、规范与视觉的形象符号建构。视觉符号，亦称城市符号 logo。城市 logo 多以城市名、代表性建筑、历史与文化等来设计。有些城市符号非常有特色，比如重庆的城市符号形似一个火锅。我认为城市符号里最成功的是成都，成都的城市特色是慢生活，他们把熊猫作为城市形象符号进行建构，专门请设计"大黄鸭"的荷兰设计师亲临成都，设计了熊猫躺着自拍的造型标识，很有意思，也很可爱。成都利用具有全球性符号意义的文化原型——熊猫，联合全球商业力量和各种社会组织，利用新旧媒体，通过占有形象符号、符号衍义、复现形象、范畴化等方式的有机结合，使熊猫符号在短短 20 多年间成为成都城市新象征，实现了城市形象符号的

象征化。

2. 城市营销

城市作为一个综合体需要进行营销。创意城市营销不是推销产品，而是树立形象，城市营销的事件、故事的议题设置能够取得显著效果。议题设置是由消费者、粉丝自发地公开活动现场图片或视频，进而引发圈层关注并进行持续的自发性传播，通过获得性内容传播实现营销的"自来水"效应。

城市文化品牌需要营销，我们现在重视商品广告和商品营销，然而，城市营销也应受到重视。笔者印象最深的是"好客山东"电视广告片，堪称城市营销的典范。怎么营销城市？一个重要方面，就是不能仅靠单纯宣传，而是需要讲究策略。举个香格里拉由来的例子，它在1933年英国作家詹姆斯·希尔顿《失落的地平线》一书出版后，成为全球香格里拉爱好者的旅游胜地，作者将其描述成一个完美、和谐的理想世界。云南香格里拉因其地理特征、自然风光和人文特色而被认定为现实中的香格里拉，之后香格里拉成为中国很重要的 IP。

关于议题设置，2023 年春季，山东淄博凭借"烧烤"走进大众视野，成为新晋网红城市。根据网上公布的一份 2023 上半年中国网红城市指数显示，淄博超越了西安、上海、成都、重庆等城市升至第一位。据《中国新闻周刊》报道，抖音旗下巨量算数显示，"淄博烧烤"关键词的搜索指数在 2023 年 4 月 9 日出现首个小高峰，达到 247.67 万次，并在之后的 4 月 29 日达到了峰值 1105.79 万。淄博本身并非国内知名烧烤城市，但是通过创意设计和文旅运作，结合社交媒体的议题设置，实现了一场大众狂欢。相反，唐山的一个烧烤店刑事案件通过发酵，演变成了唐山的一个负面形象。所以淄博的出圈反映了一个城市成功的营销策略。

　　一个城市如何运营品牌？在此，还是以成都的 IP 品牌整体运营战略为例。成都出台的《四川省实施大熊猫品牌战略规划纲要》，旨在把大熊猫品牌打造成国际知名品牌。围绕大熊猫旅游品牌体系，集中打造和推广熊猫科普旅游、熊猫乐园度假、熊猫老家探秘、熊猫文化活动等特色产品，开展中国·四川大熊猫国际生态旅游节、熊猫灯会、中国（四川）大熊猫文化旅游周等大型节庆活动旅游品牌，推出大熊猫国际生态游、大熊猫都市休闲游、大熊猫溯源科普游、大熊猫溯源寻踪游、大熊猫观光度假游等精品旅游线路。一个城市一旦有了品牌就可形成产业，成都就把熊猫变成了产业。如何变成产业？就是媒体化、虚拟化、渠道化、商品化和资本化，通过运作逐渐变成城市的重要产品，而不仅仅是一个城市的符号，以至达到推动城市旅游、产业开发、市场运作等功用。

## （五）文化空间：城市的场景、景观、氛围

　　文化空间包括实体空间与虚拟空间，物理空间与文化场域。场景正在变成基于人、基于时间、基于亚文化的塑造。近年来，我国文化与旅游部的整合，就是希望能够带动城市旅游资源与文化资源的融合，这就需要一个软创新，就是从审美、诗意、意蕴等方面进行创新。

　　1. 艺术空间介入城市空间

　　城市是一个空间化的综合体，城市的空间需要有场景、景观和氛围。从《城市意象》书中我们发现，城市如同建筑，是一种空间的结构，只是尺度更巨大，需要用更长的时间过程去感知。在城市场域中，特别强调空间美学。一个城市要有城市的美，城市人文、建筑、文化的

审美意蕴，会让人感到视觉上的愉悦、舒适，有一种幸福感。所以，城市规划需要有审美意识。

2. 工业空间的文化重构

北京 798 艺术区是国内最大、最具国际影响力的艺术区。它的原身是由苏联援建、东德负责设计建造、总面积达 110 万平方米的重点工业项目，筹建于 1952 年，1964 年 4 月拆分为多个厂。从 2002 年开始，由于租金低廉，多个艺术家工作室和当代艺术机构开始聚集于此，逐渐形成了一个艺术群落。2003 年 798 艺术区被美国《时代周刊》评为全球最有文化标志性的 22 个城市艺术中心之一。2004 年北京被列入美国《财富》杂志一年一度评选的"世界有发展性十二个城市之一"，入选理由之一就在于 798 艺术区的存在和发展。这是一个工业空间改造重构的典型案例。

3. 社会公共空间的文化嵌入

当前很多城市都在做"馆店融合"。当你逛一家书店，喜欢一本书时，可以不着急付钱，图书馆会替你买单，你只管拿回家阅读。比如上海徐汇区图书馆开发的"你选书我买单"公共文化服务模式，指的是读者可以凭徐汇区图书馆借阅证到钟书阁徐汇店借书。还如首都图书馆已经把分馆搬到北京大兴机场，乘客候机时可借阅图书。再如，2022 年 4 月 23 日世界读书日当天，成都图书馆主题分馆正式开馆，坐落于天府艺术公园内的天府人文艺术图书馆办成了公园里的图书馆。另外，现在很多商场都建有"文化 MALL"，引进公益性图书馆，成为购物中心热衷选择的方式，像韩国首尔的星空图书馆，把整个购物中心的中庭做成图书馆空间，并附有图书零售功能，成为消费者喜爱的休闲场所。

4. 实体与三维沉浸式展览

实体与三维是指一种虚实结合数字化呈现方式。当今虚拟现实（VR）、增强现实（AR）和混合现实（MR）正在改变人们感知数字世界的方式。感知模式和交互模式造就了沉浸式的用户体验。比较有名的是拉斯维加斯建造的全球最大球体 LED 屏沉浸式体验中心，它的自然空间与媒体空间互构融合的沉浸式场景，渗透到城市和广场景观中，成为新的文旅场景。它不仅改变了拉斯维加斯的天际线，而且重塑了现场沉浸式娱乐行业，可以进行艺术展览、音乐会、颁奖典礼、产品发布、体育赛事、驻留计划、家庭表演等各种类型的活动。

还有一个有意思的例子，北京大兴机场国际到达通道廊道上设计了一个展示交互公共艺术作品的屏幕，展示由艺术家费俊创作的数字艺术作品《归鸟集》。作品运用中国宋代花鸟画的视觉语言，营造出一幅精妙灵动的数字花鸟长卷。当你经过这幅画，屏幕下方的感应器就会"通知"鸟儿起飞，跟随着你表示欢迎。如果你停下来，鸟儿就会聚集在你眼前的画面上。此作品更深层互动在于作品的画面会跟随季节、天气的变化，实时接收气象数据。每逢大风，画面上树枝会晃动；下雪，则会银装素裹；航班起降信息也会伴随鸟儿出现在画面上。

### （六）文化生态：城市的健康、安全、宜居

城市文化生态包括宜居、健康、安全、环保、可持续发展等。2023年 6 月，英国《经济学人智库》发布了最新一期的全球宜居指数，测评标准是：稳定性（占权重 25%），医疗保健（20%），文化和环境（25%），教育（10%）和基础设施（20%）。中科院发布《中国宜居城市研究报告》，采用 6 大维度、29 个指标开展宜居城市综合评价，对

40个上榜城市进行了排名。宜居城市评价6个维度是：交通便捷性、环境健康性、城市安全性、公共服务设施便利性、社会人文环境舒适性、自然环境宜人性，这些都是公众最关注的城市宜居的重要指标。

（本文根据2023年黄河流域省会城市"提升城市软实力"论坛专家发言整理。）

# 进一步提升济南城市生态软实力

董彦岭 *

**摘　要：** 生态软实力是城市软实力的组成部分。文章通过对济南生态软
实力构建指标体系开展量化评价，得出济南的生态发展水平处
于全省前列、生态形象逐年向好、生态文化蓬勃发展、生态制
度不断完善、生态活力有待释放五个方面的生态软实力建设评
价结果和结论分析；同时从加强生态保护和环境治理、强化生
态环保信用制度建设、完善生态软实力建设的多元共治模式、
大力推动生态经济建设等角度指出提升济南生态软实力的对策
建议。

**关键词：** 济南；生态软实力；提升；对策建议

2021 年 10 月 8 日，中共中央、国务院印发了《黄河流域生态保护
和高质量发展规划纲要》（以下简称《纲要》）。作为黄河中下游经济发
达地区和入海口省份，山东在全流域有着举足轻重的地位，"山东元
素"在《纲要》里有重要体现。《纲要》中 4 次提到济南，济南新旧动
能转换起步区更是黄河流域具有标志性的国家新区，肩负黄河流域生态
保护和高质量发展协同示范重任。城市生态是区域生态的重要单元，济

---

＊作者简介：董彦岭，山东财经大学区域经济研究院院长、教授。

南作为黄河下游的重要城市，做好城市生态建设，就是对黄河国家战略的积极响应。

按照济南市委、市政府"提升城市软实力 创建文明典范城"的部署要求，坚定践行"绿水青山就是金山银山"理念，以生态文明建设为引领，将生态软实力作为城市软实力的基础支撑，全面谋划城市生态软实力建设之路，有助于进一步凝聚生态文明建设共识，引导城市绿色转型发展行动，对于加快探索生态赋能城市高质量发展的创新路径有着鲜明的现实意义和时代价值。

# 一、 城市生态软实力评价过程

生态软实力属于城市软实力的组成部分。我们对黄河流域各省地级以上城市的生态软实力情况做了一个评价和排名。结合济南城市软实力建设需求，特别将济南市作为一个代表性城市，在对比黄河流域和山东省黄河流域城市的基础上，对济南市的生态软实力情况做了深入分析。

## （一）构建指标体系

评价一个城市的生态软实力，首先要形成评价指标体系。所谓城市的软实力、硬实力，实际都是由竞争力概念衍生的。城市生态软实力内涵指的是，在城市竞争环境下，以生态硬实力为支撑，以生态资源为先导的非物质要素所形成的城市生态建设和价值转化能力，涵盖城市风貌、居民生态意识与生态行为选择、政策治理等方面，具体包括城市生态形象、城市生态文化、城市生态制度、城市生态活力4个维度11个衡量标准，也可称为二级指标，即：大气质量、人居环境质量、生态关注度、节约用水、绿色出行、清洁能源使用、资金保障、人员配置、经济实力、旅游效益、科技活力。

### （二）开展量化评价

首先，采用专家打分法确定评价指标权重，通过面谈、电子邮件、电话等方式，征求 10 位国内生态城市、生态文明城市研究专家的意见，对城市生态软实力指标的重要性进行排序，汇总确定最终权重。

其次，应用综合评价方法计算城市生态软实力综合评价得分，计算公式为：

$$T_i = \sum_{i=1}^{n} R_i P_i$$

式中 Ti 为第 i 城市生态软实力建设程度；n 为评价指标；Ri 为第 i 指标标准化后的取值；Pi 为第 i 指标的权重。指标权重 Pi 的确定采用德尔菲法，在征求专家意见的基础上，参考相关研究成果对于指标权重的赋值，从而确定本研究的指标权重。

## 二、 济南市城市生态软实力建设评价

### （一）发展水平位于全省首位

从济南与山东省青岛、烟台、潍坊、威海、日照、淄博 6 个城市自 2011—2021 年的生态软实力对比总体评价结果看，济南市生态软实力发展水平位居全省第 1 位，突出体现了济南统筹推进生态文明建设，全力提升城市生态品质的成效。相较于其他地区，济南市的生态软实力发展更稳定，处于稳步上升趋势，具有良好发展前景。

表1  2021 年济南市生态软实力发展评价得分和排名

| 目标层 | 全省排名 | 准则层 | 评价得分 | 全省排名 |
|---|---|---|---|---|
| 生态软实力发展水平 | 1 | 生态形象 | 0.1736 | 2 |
| | | 生态文化 | 0.1233 | 2 |
| | | 生态制度 | 0.0646 | 1 |
| | | 生态活力 | 0.0688 | 2 |

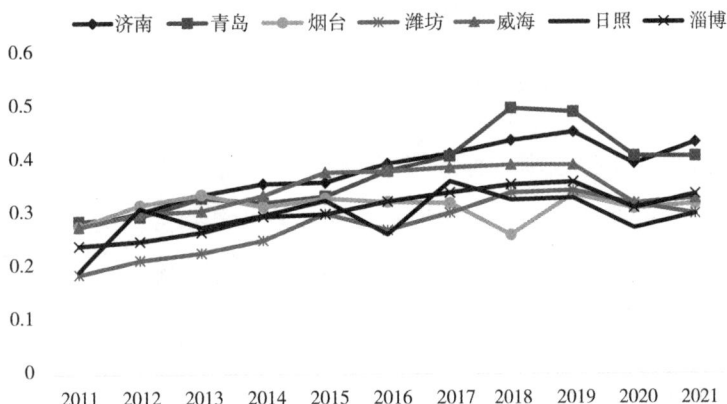

图1  济南市与省内部分城市生态软实力对比

## (二) 生态形象逐年向好

济南市生态形象在全省排名第二位,从二级指标来看,对生态的关注度遥遥领先,处于全省第一位,大气质量、人居环境质量在省内排名虽然在中游位置,但上升趋势明显。

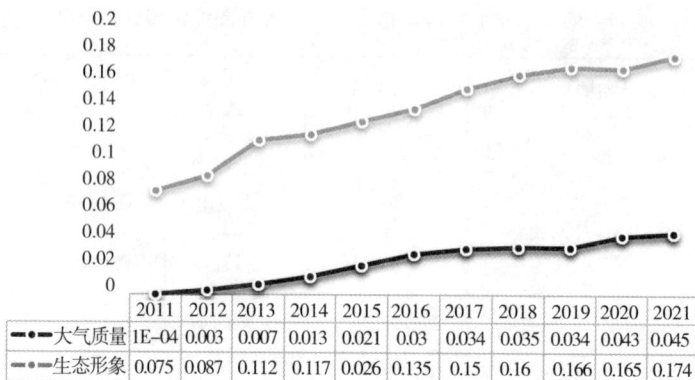

| | 2011 | 2012 | 2013 | 2014 | 2015 | 2016 | 2017 | 2018 | 2019 | 2020 | 2021 |
|---|---|---|---|---|---|---|---|---|---|---|---|
| 大气质量 | 1E–04 | 0.003 | 0.007 | 0.013 | 0.021 | 0.03 | 0.034 | 0.035 | 0.034 | 0.043 | 0.045 |
| 生态形象 | 0.075 | 0.087 | 0.112 | 0.117 | 0.026 | 0.135 | 0.15 | 0.16 | 0.166 | 0.165 | 0.174 |

图2　济南市生态形象和大气质量变化趋势

## （三）生态文化蓬勃发展

从生态文化维度看，济南市不断加强生态文明建设力度，提升居民环境和生态保护意识，积极开展绿色生产生活实践，大力普及清洁能源的使用，推行绿色出行。例如，济南不断优化能源结构与布局，通过能效约束推动节能降碳和绿色转型，清洁能源使用指标较2016年提升89%，且保持逐渐上升态势。

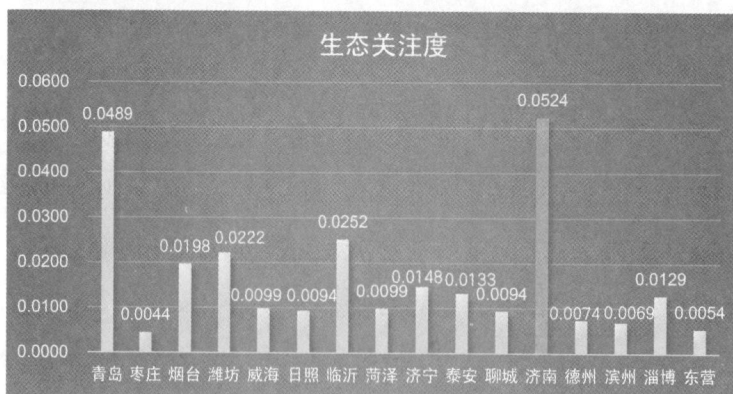

图3　济南市与省内其他城市生态关注度对比

生态文化

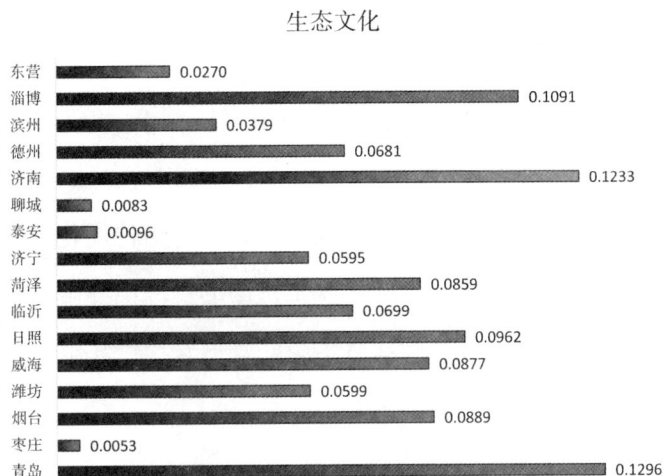

图 4　济南市与省内其他城市生态文化对比

## （四）生态制度不断完善

生态制度建设为城市生态软实力建设提供了有力保障，济南市在生态文明建设中的人才和资金投入，位列全省第一，但在生态建设项目资金使用方面有待于进一步细化，丰富激励手段。

生态制度

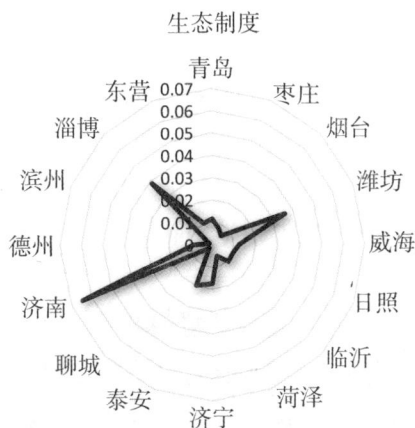

图 5　济南市与省内其他城市生态制度对比

## （五）生态活力有待释放

济南市致力于推动绿色低碳高质量发展，生态活力发展势头良好，但生态资源价值化的潜力未充分挖掘，亟须积极探索"生态＋"创新发展路径，培育壮大新兴产业动能，推动经济结构优化和转型升级。济南有着丰富的山体资源，南部山区是济南的水源涵养地，在开发建设方面面临着一些妨碍，这其中还有很多问题需要一一化解，然而，未来我们把它做出来，就是一篇大文章。

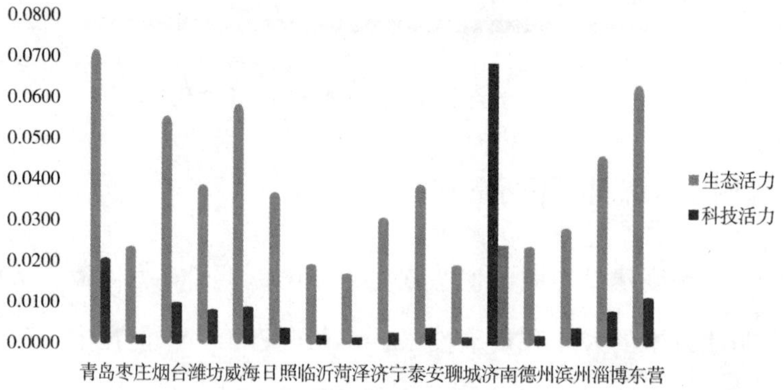

图6　济南市与省内其他城市生态活力、科技活力对比

# 三、 进一步提升济南生态软实力的对策建议

## （一）加强生态保护和环境治理

突出"泉城"特色，积极推进城市生态系统修复，实施城市"生态环"建设工程，以城市景观带和生态修复节点为基础，将城市的绿地、水系、湿地等自然资源连接在一起，形成可持续发展的城市生态系统，为市民提供更多的生态休闲娱乐场所，实现生态保护和城市管理的

有机结合，提高城市生态环境质量，为树立良好的城市形象打牢基础。

## （二）强化生态环保信用制度建设

围绕济南市生态文明建设行动，以"生态守信"为引领，加强企事业单位生态环境信用信息采集、共享、应用，推广应用电子证照，完善守信激励和失信惩戒措施，进一步规范市场秩序，倡导绿色生活方式，形成全社会共同参与、共同建设、共同享有的生态文化共识。

## （三）完善生态软实力建设的多元共治模式

生态文明建设是人民共同的事业，以城市生态软实力提升为突破口，全面加快济南作为国家生态文明建设示范区的建设步伐，构建政府主导、企业和社会各界参与、市场化运作、可持续发展的多元共治新模式，不断拓展和继续深化生态文明建设体制机制改革，形成统筹绿色发展与生态环境保护关系的体制机制。

## （四）大力推动生态经济发展

要把生态硬实力和软实力相区分，立足济南山水相融的生态环境特点，树立济南生态经济特色品牌，构建可持续发展的生态农业、生态工业、生态服务业体系，充分调动人民群众参与生态建设的积极性、主动性、创造性，推进绿色发展，走好生产发展、生活富裕、生态良好的文明发展道路。

# "政校媒" 通力合作
# 助力黄河生态文明传播与城市软实力提升

常 庆*

**摘 要：**黄河流域生态文明的传播，既促进生态文明建设的开展，又助益城市软实力的提升。文章从加强黄河生态文明传播智库建设、黄河生态文明传播合作平台建设、黄河生态文明传播人才培养三个方面，分析阐述了"政校媒"通力合作做好黄河生态文明传播的必要性和价值意义，进而从宏观、中观、微观层面提出搭建以实施黄河战略为特色和场景的新闻传播学科实践体系的思考。

**关键词：**黄河生态文明传播；城市软实力；"政校媒"合作；人才培养

习近平总书记视察黄河国家地质公园时，提出要加强黄河生态文明建设和高质量发展，这是我国生态文明建设的重大部署。① 黄河生态文明的传播对生态文明的建设至关重要，是近期备受学界业界关注的议题。要做好黄河生态文明的传播，需要"政校媒"的通力合作，需要

---

*作者简介：常庆，山东师范大学新闻与传媒学院执行院长、教授。

① 曹德春．跨文化视角下黄河生态文明建设与国际传播策略 ［J］．新闻爱好者，2020（03）：34．

政府的政策支持、媒体的平台支持、高校院所科研机构的人才支持。黄河流域生态文明建设是一项长期而艰巨的任务，加强黄河生态文明的传播，不仅能促进生态文明建设的开展，还能助益城市软实力的提升。

# 一、 加强黄河生态文明传播智库建设

黄河生态文明传播相关智库的建设目标应是理论研究与传播实践紧密结合，促进顶层设计与实践探索的良性互动，切实提升生态文明传播效能。从提高传播力和引导力方面来看，"政校媒"三方应当加强合作，建设与黄河生态文明传播相关的智库。一方面应当共同打造多元主体协同攻关的传播平台，拓展传播渠道，形成传播黄河生态文明理念的辐射中心；另一方面，要聚焦生态文明传播的实践与理论前沿，咨政建言与科学研究并重，推动生态文明传播政策制定的科学化，为生态文明传播实践提供科学的理论指引。

政府在支持和推动与黄河生态文明传播相关的智库建设时，应提供全方位的支持。其一，政府可设立专项资金，用于智库的研究项目、人才培养和基础设施建设，确保智库运营的稳定性。其二，政府应出台鼓励智库发展的政策措施，如项目扶持、奖励先进等，激发智库的积极性和创新力。其三，政府应牵头，建立政府、高校、媒体等多方参与的合作机制，共同开展研究，推动理论创新和实践应用。其四，政府可建立信息共享平台，促进信息共享和资源整合，为智库提供最新的政策信息、研究数据等，支持智库开展深入分析和研究。

高校应充分发挥其研究、教育和传播功能，为加强黄河生态文明传播相关智库的建设提供有力支持。其一，高校应依托自身学科优势，组织从事环境传播、城市传播、文化传播等相关研究方向的人才加入黄河生态文明传播相关智库的建设中，开展深入的理论研究和实践探索，为传播什么、如何传播等问题出谋划策。其二，高校应加强与政府、媒体等多元主体的合作，共同构建黄河生态文明传播的研究网络，实现资源共享和优势互补。其三，高校应积极推动黄河生态文明教育进课堂、进教材，培养学生的生态文明意识和责任感。其四，高校还可以通过举办学术会议、研讨会等活动，加强学术交流与合作，推动黄河生态文明传播领域的理论创新和实践发展。

媒体在加强黄河生态文明传播相关智库的建设中，应充分发挥其传播、推广和监督的作用。其一，媒体应发挥其传播速度快、覆盖面广的优势，通过新旧媒体，多平台多渠道，广泛宣传黄河生态文明建设的理念、目标和成果，提升公众对生态文明建设的认知度和参与度。其二，媒体应积极与智库建立紧密的合作关系，成为智库研究成果的传播者和推广者。媒体可以定期邀请智库专家撰写专栏文章，解读黄河生态文明建设的热点问题，将专业的学术观点转化为通俗易懂的语言，让公众更容易理解和接受。同时，媒体也可以报道智库的学术活动、研讨会等，让公众了解智库在生态文明传播领域的研究动态和进展。其三，媒体还应发挥其舆论监督的作用，对黄河生态文明建设中出现的问题和难点进行曝光和批评。通过报道破坏黄河生态环境的行为、揭露生态文明建设的不足之处，媒体可以推动相关部门及时整改，促进黄河生态文明建设的健康发展。

通过黄河生态文明传播智库建设，可以促进"政校媒"的合作，在合作中形成政府主导、高校提供智力支持、媒体设置传播议程的互动关系，从而形成黄河生态文明传播的合力。与此同时，智库可以通过专家分析、实地调研报告等方式，为政府的决策、媒体的议程设置提供依据。智库建设的效果要在传播实践中进行检验，这就要求媒体的宣传与民众关注的现实问题相结合，有必要将大众喜闻乐见的时尚元素加入其中①，从受众角度进行议题解读，促进理解与共识的形成，要围绕议题形成多方互动，主动引导议程，提升生态文明传播影响力。

## 二、 加强黄河生态文明传播合作平台建设

合作平台的建设有利于实现资源互融互通双向奔赴的双赢局面，实现合作实践、合作发展、合作育人多维一体的协同效果。在这方面，我们既要充分发挥已有合作平台的作用，还要搭建新的合作平台。据了解，目前一些高校与政府部门、媒体打造了不少合作平台，有了较为成熟的合作经验，我们要充分发挥和拓展这些既有平台的价值功能，寻找跟黄河生态文明传播与城市软实力提升相关的结合点，产出一些新成果。例如，济南市委宣传部已与山东师范大学共建了融媒体发展研究院，研究院以舆情调研、课题研究、咨询服务为工作重点，立项开展融媒体前沿问题研究。目前该研究院已经取得了不少合作成果，如合作进行舆情处置、合作进行宣传干部培训等；在此基础上，可以拓展合作，开展跟黄河生态文明传播与城市软实力提升相关的智库服务和培训服务等。

另一方面，在黄河生态文明建设背景下，各方要积极寻找合作契机，尤其面向传播业务搭建新的合作平台，促进相关政策、理念的传播。合作平台的搭建应该做到这几个方面：其一，明确平台的定位和目标。合作平台旨在推动黄河生态文明建设相关政策、理念的广泛传播，

---

① 王一如. 从《黄河与中华文明》看融媒体视域下黄河文明的传播路径［J］. 人民黄河，2024，46（03）：168.

加深公众对生态文明建设的认识和参与度。因此，平台应该具有高度的权威性和专业性，能够汇聚政府、高校和媒体的资源，形成合力。其二，制定合作框架和机制。政府、高校和媒体应共同制定合作框架，明确各方在平台建设和运营中的职责和角色。可以设立专门的委员会或工作小组，负责平台的日常管理和协调工作。同时，建立定期沟通机制，确保各方能够及时了解平台运营情况，共同解决问题。其三，构建多元化的传播渠道。平台应充分利用传统媒体和新媒体的优势，构建多元化的传播渠道。可以通过报纸、电视、广播等传统媒体发布政策解读、典型案例等内容，同时利用互联网、社交媒体等新媒体平台，开展线上互动、直播访谈等活动，吸引更多年轻受众的关注。其四，注重内容创新和品牌建设。平台应注重内容创新，推出具有地方特色的生态文明宣传内容，提高传播效果；同时，加强品牌建设，打造具有影响力和公信力的传播品牌，提升平台的知名度和美誉度。其五，加强评估与反馈。平台应建立评估机制，定期评估传播效果，并根据评估结果调整传播策略和内容。同时，建立反馈机制，及时收集用户反馈和建议，不断完善平台功能和服务。

此外，随着数字技术时代的到来，人们对于数字技术的依赖日趋深入，数字技术已融入人们的日常生活。[①] 目前数字化传播为黄河生态文明传播平台提供了新的应用场景和建设路径。相关平台的建设要以数字设施为基础、以数字技术为保障、以数据体系为支撑，形成良好的数字传播生态，构建高效的集政策发布、信息互惠、数据共享于一体的黄河生态文明传播系统，促进政府、媒体、高校的协同创新、合作共赢，推动黄河生态文明传播与城市软实力提升。高校在这方面应当利用新思

---

① 江小涓. 数字时代的技术与文化 ［J］. 中国社会科学，2021，（08）：13.

想、新方法、新技术助力平台生成生态文明传播内容，并实现精准传播、智能传播，利用文本挖掘、社会网络分析等方法实现模式提取，使用可视化手段呈现传播流程和效果，连通数据获取和结果发布。要让数字技术助力生态文明传播渠道的拓展，尤其是增进与公众的互动关系，进而提升舆论引导力。

合作平台的建设既要关注政府、媒体、高校之间的协同，也要重视政策、技术等方面的作用，应该以构建多元合作平台为基础，搭建数字化共享平台、人才培养平台，传播好黄河生态文明理念，推动共识的形成，促进全民参与共建。

## 三、 加强黄河生态文明传播人才培养

从长期看，相关人才的培养是助力黄河生态文明传播与城市软实力提升的关键环节。在深研黄河战略的基础上，要突破"知识—价值"层面的课堂教学模式，以实践教学作为黄河战略与新闻传播学科育人体系的结合点，探索将国家战略与专业属性、育人目标相结合的创新路径。基本思路是以"大实践观"为主导，以"政校媒"合作的"大项目制"为组织架构，以黄河战略资源库、黄河战略全媒体交互共享平台为实践资源和成果，搭建以实施黄河战略为特色和场景的"实践—理论—实践"螺旋式上升的新闻传播学科实践体系。

对此，我们提出三个层面的思考。

第一，宏观层面——思路设计方面。从"扎根中国大地办教育"的角度审视实践教育，将国家黄河重大战略的现实问题引入实践场景，突破之前将实践作为相对独立封闭的单一教学环节的局限，突破巩固性、复现性的验证型实践的局限，形成有层次、有进阶、有创新的新闻

传播学科实践教学体系。

第二，中观层面——平台搭建问题。以"政校媒"合作为契机，由学校实践课程教师和媒体团队组成"黄河战略实践教学项目组"。一方面对接政企等资源，让学生直面黄河生态保护、红色文化开发、黄河故事挖掘、文旅项目可持续发展等现实命题。另一方面进行实践教学体系的调整与设计，确保将采写编评实践内容与黄河战略报道实践有机结合。项目组着力打造两大平台——"黄河战略资源平台"和"全媒体交互共享平台"。前者是以媒体既往的报道素材和学生实践成果为主，建成以过程化、问题式、动态化为导向的深度诠释复杂性的黄河战略全案研究资源平台；后者借助既有的技术平台，学生既可以将实践的采写编发整个流程贯穿贯通，又可以借此来搭建 VR 影像、虚拟仿真等多形态黄河战略场景。

第三，微观层面——项目群的建设。以项目群方式推动，初步设想以两大平台建设固定项目群，以具体报道设置机动项目群。根据不同学段和学情，学生自主选择服务项目，并将项目作业转化为可发布的作品和产品，投放市场进行检验和反馈。目前项目组已经联动省内多家媒体，比如济南的新黄河、舜网、"爱济南"，省里的闪电客户端、齐鲁壹点等等，未来将以媒体提供技术支持，为学生提供新闻生产服务的方式，在内容、数据、技术等维度上，以技术驱动、合作共建双平台，为后续实践改革研究助力。这一项目的实施既可增进学术成果以及相关作品的传播能力，也能持续助力黄河生态文明传播与城市软实力提升。

# 汇聚设计软实力：
# 塑造人人创造价值的低碳城市

孙　磊<sup>*</sup>

**摘　要：** 文章从探讨转型与转变对城市发展的影响及由此形成的认知改变入手，阐述了"设计师"这一为公众提供新的生活方式、开明思想和更好生活质量的群体，通过特殊劳动激发城市潜含的能量、集聚的活力、公众的意识、市容的高颜值，进而凝聚成发展低碳城市设计软实力的作用机理。指出城市的发展不再简单依靠 GDP 的增长，而是将民众的生态需求、生计需要和生机活力设定为中心，将设计和设计师所打造的城市软实力贯穿到城市发展的全过程各方面，以彰显城市生态发展的人性化，实现人人有序参与、共创共享、品质生活、归属认同的中国低碳城市发展目标。

**关键词：** 设计软实力；设计师；低碳城市

---

*作者简介：孙磊，山东工艺美术学院设计策略研究中心主任、教授。

# 一、 城市为什么要转型？ 发展为什么要转变?

城市产生了全球 70% 的碳排放，是气候应对的关键区域。设计、设计者和气候应对之间到底有什么关系？据近年资料显示，全球 GDP 前 20 名国家做出对气候"净零排放目标"的承诺，我国的净零排放预期达标时间是 2060 年，大部分国家要在 21 世纪中叶完成碳的排放指标，这是一个郑重的承诺。联合国教科文组织发布了一项含有 17 个议题的低碳消费和联合国可持续发展目标，其中分为环境目标、经济目标、社会目标三类，通过调查发现，环境目标占的比重很大。

2023 年夏天，本科研团队来到设计师一线城市上海。上海、深圳、北京、重庆是联合国教科文组织"创意城市网络"命名的设计之都，这些地方聚集了大量设计师。设计师作为知识分子的一部分，在低碳城市建设中发挥着应有作用。项目团队通过对上海"环同济设计圈"331 名具有专业背景的设计师进行混合方法研究，关注中国设计师与社会系统连接的情况，发现设计师们希望在社会系统和市民意识中注入三个核心思想，即推广更高的环保意识形态和可持续发展理念、帮助人们发展和实现自我与社会的身份认同、贯彻利他主义意识和加强社会凝聚与团结。其中推广更高的环保意识形态和可持续发展理念，已经深深植入设计师的头脑并反映在其设计的行为实践中。这类作品在城市的流动和传播，会潜移默化地影响产品的使用者。

现代管理学之父彼得·德鲁克说过一句话：20 世纪企业最有价值的资产是生产设备，21 世纪组织（包括企业和非营利性组织）最有价值的资产将是知识工作者及其生产率。我们用了 30 个指标，对照工业经济时代和知识经济时代，探析这两个时代到底发生了什么，这 100 年到底有哪些改变。结果发现这些改变都指向了人的发展，这突显了知识分子或者设计师团队对一个城市发展起到的作用。对此我们提出了 6 个方面的转变。

第一，资源配置方式的转变。

第二，工作驱动方式的转变。

第三，组织结构与运作模式的转变。

第四，行为与发展方式的转变。

第五，投融资与回报方式的转变。

第六，管理方式的转变。

那么，转型与转变，对城市发展的影响以及带来的认知改变究竟体现在哪些方面？

一是城市是一个由人力资本主导建构和驱动的有机社会系统。城市真正的中心不是"空间"和"物"，而是"空间"和"物"的使用者——消费者（广大市民），或者使用者与社会、经济、环境所建立起来的一种文化和意义的关系契合。设计师在未来，尤其是随着人与自然的冲击，必须要由设计"空间"和"物"，转变成设计一种"关系"，即人与人、人与自然、人与社会之间建构起来的和谐关系。

二是加大对人和知识的投资，以超越固定资产等非人力资本因素，将成为提高城市生态水平的普遍共识。根据我们的调研统计得出的结论，我国人才的竞争性和对经济的贡献率还远远不及欧美相关国家和地区。尽管我国人才的竞争力从 2018 年第 49 位提高到 2022 年第 39 位且处在上升趋势，但其对我国经济转型、城市转型的支撑度仍然是不够的。

三是创新极大地依赖于人力资本在质和量上的积累，而知识以及创造和利用知识的能力应被认为是城市可持续竞争力的最重要来源。调研发现，我国的人才竞争力，除了"生长性"位于全球前 10 位，其他指标基本都在 50 位以下，这说明我国人才竞争指数不仅不均匀，而且某些方面存在很大提升空间。

四是创新者即连接者，不仅连接个人，而且连接社区、城市、环境乃至整个社会。创新者"让每个城市人都成为设计决策主体"的价值观，将贯穿城市生态建设、治理与发展的全过程。在城市规划、生态建设、低碳城市创建过程中，用设计师的创新行为感染每一个人，通过产品、理念与每位市民发生关联，引导人们认知环境问题、解决环境问题。

五是工业经济时代的盲目增长是薄价值、低质量的增长，而知识经济时代的智慧增长是厚价值、高质量增长。城市需用新的连接来产生新的生态动力。

## 二、 设计师怎样才能扩大城市连接， 进而产生更多减碳动力

凯文·凯利在《失控》里说：单个进化体的价值，由它和这个系统连接的数量和质量来决定。"人力资本"一词的发明者舒尔茨说，未来人类发展的前景取决于人口质量或者是对知识的投资，这个程度的多少或者大小，反映着人类进步的前景。

### （一） 设计师：知识分子中的建构者和意识先行者

设计师是一个很容易被忽视的知识分子群体，但他们在为公众提供新的生活方式、开明思想和更好生活质量方面起着决定性作用。这群人的主要社会功能有两个，一方面是"作为问题解决方案的设计"，另一方面是"作为感觉制造者的设计"。这两种能力密切相关，在提出一个

解决方案的同时也传达了一种新的意义体系。比如共享单车的设计，最终目的是为构建人们更便捷的减碳出行方式，实现减碳生态目标，而不是为了车辆的设计而设计。

### （二）设计师：生态和社会系统的连接者和影响者

在连接人、城市与社会的协同关系中，设计师不仅为公众提供更多显性交流的空间，更重要的是，还隐性地将解决问题的想法、意识和观念注入公众的头脑中，使公众能够主动参与寻找解决问题并使城市变得更好的方法。可以说，设计师是连接社会系统的关键资源。他们的工作不仅是设计物，还要通过这个物、空间和场景赋予的意义进行传播，通过物的使用去感染人，影响人。比如德国法兰克福的"被动房"医院，属于可再生能源房屋，它不需要增设暖气、空调等"主动能源"，而是以合理的成本、超低的能耗，提供最佳的室内居住环境。德国通过科技研发，新材料、新技术的应用，既节省了化石能源消耗，又保护了环境、提高了居住品质。目前中国正在推行"被动房"的开发建设。还有我们的"共享单车"，是人人参与的一个概念，这个设计不只是设计一个物，更是让这个物连接每一个社区的人，通过人们骑行方式的改变和健康低碳的生活方式，减少环境污染，参与建设生态文明城市。

### （三）设计师：摆脱存量博弈的创新者和管理者

传统经济的增长之锚是物，而低碳设计经济换锚为人，以设计创新来衡量人的创造力、影响力乃至行为习惯的潜在价值。因此，低碳设计经济所带来的增长可以不受现实资源与物理空间的限制，帮助我们摆脱存量博弈的困境。美国的一个品牌公司，善于通过外包装设计吸引更多人参与到城市减碳活动中，而且这种设计常换常新。循环次数越多成本越低，附加值越高，所以未来低碳城市一定是这种发展模式。

### （四）设计师：城市共益关系的凝聚者和领导者

借助利益相关者建立关系，编织网络，秉持公平、包容、可参与的原则，培养信任，重铸凝聚力，通过信任增强集体协同能力，创造更多的连接，让个体充分发挥自己的力量，从而建立"人人携手，为了人人"的共益社区。实现低碳城市的核心模式是"集合影响力"。这种模式是围绕一个被称为"骨干"的中央机构，建立基于共同目标、共同制订战略计划、共享责任、有机地联系在一起的强大的利益相关者合作联盟。在此说明，共益关系设计不是单方的行为，而是要和政府、社会、市民、企业以及利益相关者构成联盟，这种方式我们称之为集合影响力。通过这样的合作方式，设计师可以改变一个社区，改变一部分人，改变整个城市。

## 三、 设计师资本的投入对城市气候应对意味着什么

目前中国拥有世界上最庞大的设计师人口规模，如果能激发更多设计师"加入"并在城市生态文明建设和市民生产生活中释放更多的创造力、影响力和引导力，将形成巨大的人力资本优势。

比如，2022 年中国新能源汽车产、销量分别为 705.8 万辆和 688.7 万辆，连续 8 年位居全球第一，占全球市场 60% 以上，这么大的产量和消费，需要增加多少电动汽车的设计去适应它？还如 2022 年中国太阳能光伏发电量达到了 96.6 GW，占全球总量的 42%。据中国光伏协会预测，2025 年全球光伏背板市场将达 6.2 亿平方米，在太阳能电池板越来越富有创意的当下，需要多少光伏组件的创意设计来满足快速迭

代的需求？再如 2023 年前三季度，国内旅游总人次 36.74 亿，居民国内出游总花费 3.69 万亿元，面对海量的游客，需要多少城市空间、场所、场景被设计、生产、转化为可被参观的可持续景观？中国每天有 40 万人过生日，这个规模在全世界最大，它需要多少个性化的生日方案设计？设计过程中需要注意的是既不能过度，又要考虑到人的品质要求和对美好生活的追求，更为关键的是要并入对循环低碳可持续生态价值的考虑。

一个城市能否通过增加设计师人口来推动人口结构的转变？这样的人口结构转变能否带动气候环境的改善？截至 2023 年 10 月，联合国教科文组织命名了全球 43 个设计之都。研究认为，如果一个城市能够吸引超过城市人口数 2% 的设计工作者，那么这个城市潜含的能量、集聚的活力、公众的意识、市容的高颜值就会内化为一种吸引力，进而凝聚成发展低碳城市的设计软实力。设计师的存量是非常重要的。创意之都英国从 2017 年到 2020 年的设计师与人口数量之比是上升的。韩国也处于上扬趋势。新加坡在全球的人力竞争指标处于第一方阵、排名第二，其设计师数量与创新型人口的占比也在增加。

并不是说一个城市设计师越多越好，而是设计师通过特殊劳动产生广泛影响是很重要的。同时，全面提升学生包括环境素养在内的核心素养，是当前高校设计教学综合改革的热点，目前全国有设计专业的本科高校占全部高校的 77.4%，是提高面向未来设计人才培养质量的重点和主体。目前，我国每年约有 40 万设计师源源不断进入城市，如果教育跟不上，或者教育观念不匹配，那么低碳城市就是一句空话。

未来，城市的发展不再简单依靠 GDP 的增长，而是将民众的生态需求、生计需要和生机活力等设定为中心，将设计的"蝴蝶效应"和设计师的"协同效应"所形成的城市软实力贯穿到城市发展的全过程、各方面，彰显城市生态发展的人性化，通过传递"让每个城市人成为设计决策主体"的价值观，实现人人有序参与、共创共享、品质生活、归属认同的中国低碳城市发展目标。

（本文根据 2023 年黄河流域省会城市"提升城市软实力"论坛专家发言整理。）

# IV 济 南 实 践

## 以规范化推动济南志愿服务高质量发展 提升城市软实力

中共济南市委社会工作部

**摘　要：** 城市软实力的关键在"人"。在"人人都是志愿者，人人可为志愿者"的理念指引下，志愿服务成为助推城市软实力不可或缺的组成部分和展示平台。中共济南市委社会工作部组建以来，聚焦济南市志愿服务的高质量发展，以社区为主阵地，紧抓《"五为"志愿服务标准》建设，通过标准化建设促进志愿服务规范化、组织化、专业化、常态化发展，用丰富的志愿服务供给整合社会力量，精准满足人民群众多样化精神与生活需求。全市党建引领下的"社工＋志愿"基层治理队伍建设推动基层治理效能大幅提升，着力为全国志愿服务规范化建设提供"泉城样本"。

**关键词**：志愿服务规范化；城市软实力；志愿服务助力基层治理

城市软实力，是指建立在城市文化、政府服务、居民素质、形象传播等非物质要素之上的城市社会凝聚力、文化感召力、科教支持力、参与协调力等各种力量的总和。城市软实力的关键在"人"，不仅是城外之人对城市的印象与感受，更是城内之人对城市的认同与归属。志愿服务作为一种道德实践，是居民将城市精神和品格内化于心、外化于行的载体；同时也是一种基层社会治理实践，是居民同舟共济、友爱友善、和睦和谐的生活状态。济南市委市政府印发的《关于提升城市软实力创建文明典范城的实施意见》指出：坚持"人人都是软实力"，广泛开展公益志愿活动，让人与人美美与共、人与城相互成就，以公益志愿感召力的提升助推济南城市软实力的高质量发展。

## 一、 志愿服务的城市软实力功能与实践价值

### （一）理论宣讲志愿服务提升核心价值引领力

理论宣讲志愿服务根据人民群众不同的认知水平与接受习惯，用大白话说天下事，用生活场景把大道理讲活讲深讲透，将国家政策方针与身边事、身边人、社会热点联系起来，强化个体对家国关系的主观认知，从而将国家倡导的新文明理论与人民群众的伦理认知相联通，实现社会主义核心价值观的普及和内化，以志愿服务为载体，使人民群众感

受社会温暖、发现身边美好。志愿服务通过小戏小剧、凡人小事的情境化展示，充分释放对理论政策的生活转化功能。

把理论宣讲的触角向各个领域、各个末梢延伸，积极发挥党校、志愿者培训学院、驻地高校、社区学院等平台阵地以及各类教育基地、实践基地作用，形成各层次、各领域覆盖的全矩阵宣讲阵地架构。注重拓展网络空间，广泛搭建"云课堂"，开展"云宣讲"，实施"云传播"，提升理论宣讲的时尚度和吸引力。

### （二）扶危助困志愿服务提升公共服务保障力

通过敬老、育小、助残、济困、解忧、恤病、帮教等精细化志愿服务的开展，广泛整合社会力量，在基层持续聚焦"一老一小一残一困"等弱势群体的切实需要，为其提供政策解读与咨询、资源对接与整合等服务，以零距离、个性化的贴心服务，全面满足弱势群众的多元化需求，增强高效能服务水平，以更好适应新时代基层治理面临的挑战与要求。

构建"网格吹哨，志愿服务参与报到"的民生服务联动机制，志愿服务围绕社区居民服务需求，精准对接志愿服务资源，形成居民点单、网格派单、志愿服务接单、群众评单的志愿服务参与社区治理机制，整合志愿服务力量参与基层治理发展。发展社区公益基金，搭建党政机关、企业、学校、商圈资源有效支持社区志愿服务发展平台，充分发挥志愿服务在第三次分配中的公益效能与价值。

### （三）社区志愿服务提升社会治理协同力

志愿者积极搭建基层沟通、恳谈交流平台，广开言路、广集众智、广求良策，让民间智慧"被看见"，让群众价值"被发现"。将专业人民调解员队伍与基层热心居民相结合，倾听民心民意，协调社会关系，成为不同群体的"黏合剂""连心桥"，构建排解矛盾的"解压阀""缓冲器"，通过志愿服务纾解群众情绪，帮助解决"烦心事、操心事、堵心事"。

搭建社区志愿服务平台，鼓励居民在社区中"随手做志愿"，通过公益银行、时间银行等公益积分兑换形式构建社区志愿服务持续运行机制，形成社区"出门有服务，随处践文明"的良好氛围，引导居民个体向社区治理共同体的融合性转化，有效提升居民关注社区公共议题、参与社区公共服务的意识与能力，形成人人有责、人人尽责、人人享有的治理新局面。

### （四）文化遗产保护志愿服务提升城市文化感召力

自然和文化遗产是中华民族的代表性符号和民族精神的重要象征。组织开展自然和文化遗产保护志愿服务，以群众广泛参与的方式引导群众了解中华优秀传统文化和红色革命文化的精神内核，弘扬中华优秀传统文化，开展爱国主义教育。

通过非遗培训授课、展示展演、专题展览等志愿服务实践，以志愿服务形式将静态传统非遗文化进行动态活化，送到人民群众身边；以参与、体验、互动等多种形式拉近非遗文化与普通公众的距离，推动非遗的多元化传承和生活的无界感融合，助力非遗传承与发展。通过对优秀传统文化、非遗文化、红色文化的实地宣传讲解、沉浸式体验等志愿服务活动，为人民群众提供感受文化、体验文化、理解文化、践行文化的空间与平台。

### （五）赛会志愿服务提升城市形象传播力

赛会举办过程中，各方宾客更多通过赛会志愿者了解当地风土文化、人文风情，赛会青年志愿者在服务过程中的热情参与、真情奉献、周到服务、无私分享，充分发扬"有朋自远方来"的好客之风，展现城市包容、热情、积极向上的形象，将泉城的温暖有效传递，让参会来客"宾至如归"。

青年赛会志愿者以志愿服务搭建中外民间文化交流的重要平台。以赛会为契机，开展形式多样的志愿服务活动，为城市的文化、旅游、体育等领域发展注入新动力；以志愿服务为舞台，助力提升城市品牌的知名度和美誉度，实现新时代文化风貌的全景展现。

## 二、 济南市志愿服务发展现状

济南市志愿服务工作起步较早，2006年出台《济南市志愿服务条例》，逐步走上规范化发展轨道。近年来，济南市深入学习贯彻习近平总书记关于志愿服务工作的系列重要指示精神，着力建设美美与共的温暖之城，不断推进志愿服务走深走实。截至目前，全市注册志愿者180余万人，注册志愿服务组织2万余支，"泉城志愿者，哪里需要哪有我"蔚然成风。

### （一）工作体制机制不断完善，志愿服务呈现常态化、制度化发展态势

实施"层级管理体系"的运作模式，成立了由市直15家成员单位组成的济南市志愿服务工作协调小组，制定《济南市志愿服务工作协调小组及其办事机构工作规则》，加强对志愿活动的组织规划、协调指导和督促检查；完善了济南市志愿服务联盟，首批吸纳55支覆盖全领域的志愿服务骨干队伍，在全市志愿服务中发挥引领和带动作用；加强

志愿服务保障体系建设，完善招募、注册、培训、星级评定、表彰等制度。

**（二）以志愿服务推进社会治理创新，共建共治共享新格局逐步形成**

成立全市首家非公企业志愿服务站——九阳阳光志愿服务站，组织动员网络配送员、快递员等新就业群体参与志愿服务，凝聚更多志愿服务力量参与社会治理，形成了共建共治共享新格局。积极推动"15分钟志愿服务圈"建设，不断畅通群众参与社区治理渠道，实现政府治理与社会调节、居民自治良性互动，互相赋能。以社区作为志愿服务主阵地，通过推动"六有"（有场所、有队伍、有项目、有设施、有制度、有标识）标准全覆盖，实现各类资源整合，构建多层次阵地平台，发布覆盖多领域的志愿服务项目清单，打通服务群众的"最后一公里"。

**（三）志愿服务内容不断丰富，项目化运作、品牌化建设取得显著成效**

以"爱满泉城"品牌为统领，引导志愿服务由"活动"向"项目"转变，把志愿服务工作转化为可见、可为、可推的常态行动。通过建立健全孵化培育机制，精选效果好、口碑好的优质志愿服务项目，努力打造示范性强、影响力大的志愿服务品牌。近年来涌现出"泉城义工""爱心集市""百姓春晚"等具有鲜明济南特色的志愿服务品牌。2023年，3个先进典型入选2022年度全国学雷锋志愿服务"四个100"，10个项目在全省"五为"志愿服务项目大赛中获奖。

## （四）以标准化建设推动志愿服务规范化、专业化，实现志愿服务提质增效

率先在全省创新研究制定《济南市"五为"志愿服务标准》（含"一规范五指南"："五为"志愿服务管理规范标准、"为老"志愿服务指南、"为小"志愿服务指南、"为困难群体"志愿服务指南、"为需要心理疏导和情感慰藉群体"志愿服务指南、"为社会公共需要"志愿服务指南等6个具体标准），从志愿服务的项目管理规范、人员队伍管理规范、财务管理规范、保障管理规范以及风险预防、阵地建设、数字化建设、文化营造等方面，重点突出"党建+志愿"的服务引领体系建设、"社工+志愿"的人员队伍体系建设以及"线上+线下"的管理流程体系建设，为志愿服务事业发展提供前瞻性和专业性的指导文本。

## （五）注重氛围营造和激励反馈，志愿服务工作保障体系逐渐完善

注重发挥先进典型的引领带动作用，广泛在各级各类媒体宣传基层志愿服务的生动故事、鲜活案例、探索创新和有效做法，带动志愿服务工作深化拓展、走深走实。建立和完善志愿服务回馈制度，通过建立健全志愿者星级评价、试点推行志愿时长兑换、探索成立山东省泉城志愿服务基金等方式，构建志愿服务保障体系。推动志愿服务规范化评估和监督制度化管理，保障志愿者合法权益，提升管理效能。

# 三、 济南市志愿服务面临的问题与挑战

一是社会动员力不足。我市志愿服务动员力尽管在重大赛事、疫情防控期得到充分体现，但是仍然存在社会化动员不理想问题，呈现出志

愿者实名注册量大、实际参与活动少、活跃度不够等特点，甚至出现了不少"僵尸志愿者"；志愿服务活动的组织依赖性较强，服务对象集中于政府重点关注领域，经常出现同一领域服务扎堆、资源重复和浪费的现象；有的服务项目由于行政干预过多、供需对接不足、基础设施建设薄弱等多种因素制约，难以激发志愿者自觉参与服务的积极性，如帮助社区清理卫生死角、文明交通岗疏导等，这类常年固化活动往往流于形式，难以体现志愿者存在感、获得感，久而久之影响了志愿者的参与热情。

二是供给侧发展不平衡。志愿服务组织作为中间枢纽，承担大量的策划、协调、组织、实施等工作。从全市层面看，法人注册的志愿服务组织占比较低，志愿服务队伍管理比较松散，优质志愿服务组织和项目不足，枢纽作用没有充分发挥；志愿服务供需双方信息不对称，群众参与志愿服务渠道匮乏，存在"志愿者找不到服务岗位、被服务者找不到适合的志愿服务"的尴尬现象；大型志愿服务活动带来的短期正向效应，难以遮蔽我市志愿服务阵地建设、组织体系建设薄弱的缺憾，导致与我市志愿服务与群众实际需求对接不力；活动过后缺少必要的评估和复盘，尚未实现最大程度以志愿服务助力社会治理的预期目标。

三是志愿服务内容、形式单一。志愿服务内容、形式老套单一，缺乏长效性举措，比如帮扶类志愿服务，主要就是向帮扶对象赠送米面油等生活慰问品，对于如何帮助困难群众尽快摆脱困境、树立生活信心的办法较少；再如帮扶贫困学童，主要是捐赠书本、书包等文具，如何给予孩子们爱心浇灌、建立"一对一"陪伴成长的服务机制较少。整体看，我市缺少一批在全国叫得响、有影响、成效实的志愿服务品牌，志愿服务个体缺少常态化奉献个人技能、爱心、资源的良好途径；没有实现志愿者招募、志愿服务需求采集、志愿项目发布等志愿服务功能与群众切实需求的有效对接。

四是志愿服务培训表面化。缺乏统一规范的培训机制，没有形成完整的培训体系，特别是正规的培训课程、实践操作机会以及持续的技能发展培训。理论上，志愿者需要先培训后上岗，但目前还没有统一、权威的志愿者培训平台，缺少综合型志愿服务培训专家；培训的针对性不强，培训内容多是理念概述、精神倡导方面，对志愿者能力提升帮助有限；培训受众未做到细化区分，没有针对普通志愿者、骨干志愿者、其他志愿服务工作者分类别、分领域的培训体系或教材，培训效果难如人意。

## 四、 以规范化建设， 推进济南市志愿服务高质量发展

党的二十大报告提出"完善志愿服务制度和工作体系"，志愿服务制度化、规范化发展是志愿服务发展中一以贯之的要求，标准化建设成为志愿服务制度建设的重要组成部分。2017 年，全国《志愿服务条例》颁布实施和一系列政策文件的出台，为我国志愿服务事业健康发展提供了基本遵循和重要保证，也为志愿服务的标准化建设提供了方向。2023 年，党中央组建中央社会工作部，划入全国志愿服务工作的统筹规划、协调指导、督促检查等职责。2024 年，中共中央办公厅、国务院办公厅印发《关于健全新时代志愿服务体系的意见》，为志愿服务在中国式现代化进程中发挥重要作用提供了科学指引。济南市结合工作实际，深入学习习近平总书记关于基层治理和志愿服务工作重要指示批示精神，贯彻《关于健全新时代志愿服务体系的意见》部署要求，实现省市区党委社会工作部三级联动，以《"五为"志愿服务标准》建设为抓手，推进济南志愿服务规范化建设，让志愿服务成为群众常态化参与基层治

理的社会实践。

## （一）以"目标导向"推进济南市志愿服务高标准实施

新时代志愿服务的高质量发展，要求形成"满足需求与引领需求相结合"的目标导向，用志愿服务的规范化建设作为推动基层志愿服务实施的路径指引。一方面，助力志愿服务充分整合社会资源与服务力量，打通服务群众的"最后一公里"。以社区为主阵地、主场景，以贴近群众生产生活、满足群众多样化需求的丰富志愿服务供给，与基层治理、百姓生活深度融合，让群众感受到实实在在的志愿服务。另一方面，促进志愿服务不断创新发展内容、形式与载体，推出更多易参与、好上手的"小而美"项目，方便群众就近参与志愿服务，在满足美好生活需求的过程中，充分发挥志愿服务助力治理创新的新效能。

## （二）以"用好导向"推进济南市志愿队伍高标准建设

中国特色志愿服务是党领导下社会力量参与基层治理的重要路径与载体，用志愿服务的规范化建设作为培育志愿服务队伍的发展指引。形成"党建＋志愿""社工＋志愿""专业＋志愿"的"用好导向"，健全党员志愿服务机制，把"居民所需"与"党员所长"紧密结合起来，让党旗高高飘扬在志愿服务第一线。畅通社会工作者与志愿者的联动机制，扩大社会工作服务与志愿服务的融合效应，以社会工作专业助力志愿服务项目和队伍的体系化、规范化、持续化发展，让志愿服务成为群众融入社会治理的畅通渠道。扩大志愿服务队伍，鼓励我市混合所有制企业、非公有制企业以及新经济组织、新社会组织、新就业群体支持和参与志愿服务，履行社会责任。聚焦志愿服务细分领域，依托企业、行业志愿服务队伍专业优势，以高品质的专业志愿服务有效满足群众多样化、多层次需求。

## （三）以"效果导向"推进济南市志愿服务高标准保障

中国特色志愿服务的"时代性"，要求志愿服务在国家发展战略、聚焦百姓民生、助力提升社会治理效能和社会文明程度方面发挥实效，用志愿服务的规范化建设作为志愿服务项目规划、实施与评估的实践指引。一方面，实现志愿服务的常态化、便利化、精准化、系统化开展，同时通过项目化的运作模式，优化志愿服务的动员体系、保障体系、阵地建设体系和文化营造体系，完善以精神激励为主的褒奖机制，增强志愿者的成就感和荣誉感。另一方面，确保志愿服务的成效呈现，通过效果评估体系的建设和实施方法的改进，优化志愿服务形式、内容、载体，让志愿服务项目能够立得住、可持续、见实效。

（执笔：魏靖晶、刘晓建、吕建华）

# 国际传播赋能城市软实力提质增效的路径探索

中共济南市委外事工作委员会办公室

**摘　要**：城市形象是城市软实力的具体体现。加强城市国际传播能力建设，构建城市话语和叙事体系，展示真实、立体、全面的城市形象，讲好城市故事，传播中国声音，有助于提升城市的吸引力、辐射力、影响力，赋能城市软实力提质增效。本文从探讨国际传播对提升城市软实力的重要性入手，以外事部门打造"济南国际传播矩阵"提升城市软实力的实践案例为研究对象，分析其运行特点，挖掘其在塑造城市形象、扩大城市影响力、提升城市国际传播效能等方面的成效，提出进一步以国际传播全面提升城市软实力的建议。

**关键词**：国际传播；城市软实力；济南国际传播矩阵

习近平总书记指出："提高国家文化软实力，要努力提高国际话语权，加强国际传播能力建设，精心构建对外话语体系。"① 国家文化软实力与国际话语权、国际传播能力密切相关。党的十八大以来，以习近平同志为核心的党中央高度重视国际传播工作，对增强国际话语权、加强国际传播能力建设、讲好中国故事、传播好中国声音、展示真实立体

① 习近平. 习近平谈治国理政［M］. 北京：外文出版社，2014：162.

全面的中国做出一系列重大部署。习近平总书记在党的二十大报告中指出："加强国际传播能力建设，全面提升国际传播效能，形成同我国综合国力和国际地位相匹配的国际话语权。"城市国际传播是国家国际传播的重要空间节点。加强城市国际传播能力建设，构建城市话语和叙事体系，展示真实、立体、全面的城市形象，讲好城市故事，传播中国声音，有助于提升城市的吸引力、辐射力、影响力，赋能城市软实力提质增效。

## 一、 国际传播对提升城市软实力的重要性

美国学者约瑟夫·奈提出："在行为科学方面，软实力就是吸引力。从来源方面来讲，软实力来自那些能够产生吸引力的资源。"[1] 城市软实力的提升离不开城市吸引力和影响力的增强，而吸引力和影响力增强的关键在于提高国际传播能力。城市国际传播是指通过对城市的历史文化、自然风貌、价值理念、发展现状等的综合呈现，在国际舆论场中形成对城市形象整体认知的跨文化传播活动。[2] 加强国际传播能力建设，更好对外展示良好城市形象，让城市更具吸引力、影响力，成为提升城市软实力的重要途径。

城市软实力主要体现在城市文化、城市形象、城市精神、城市活力、城市治理 5 个方面。[3] 这 5 个方面构成要素本身不能直接成为软实

---

① [美] 约瑟夫·奈. 软实力——世界政治中的取胜之道 [M]. 北京：军事谊文出版社，2006：6 - 7.

② 李舒，张寅. 跨文化视域下城市国际传播的理念升级与模式创新 [J]. 青年记者，2022 (12)：64.

③ 张云伟，张亚军，崔园园，吕岚琪. 未来五年上海提升城市软实力的思路和对策 [J]. 科学发展，2022 (161)：22.

力，需要通过各种渠道的传播和各种方式的交流体验，获得外部认知、认同，进而产生吸引、感召和影响，成为城市软实力。在当前信息技术时代，由文化、形象、制度、价值理念等构成的软实力要素要形成吸引力、感召力和影响力在很大程度上取决于国际传播能力，国际传播承担着软实力资源要素转化的重要枢纽功能。

## （一）城市文化和城市治理是国际传播的基础内容

一方面，城市独特的历史文化积淀易于通过视频、图片、学术交流等多种形式手段的国际传播来彰显城市特性并成为一种吸引力。同时，满足市民文化生活需求的各类文化设施、文化产品、文化活动，是国际传播议题设置的重要素材，文化设施越完善、文化产品和文化活动越丰富，国际传播的效果越突出，越能彰显城市软实力。另一方面，城市基础设施、公共服务资源、管理手段模式、制度运行等城市治理的内容与民众生活息息相关，最能体现市民的生活质量，通过国际传播的"小切口"表述，来对外讲述城市智能便捷、安全有序、人文关怀等贴近生活、真实的故事，让城市形象更立体饱满，更具吸引力。

## （二）城市形象和城市精神是国际传播的核心内容

城市内部与外部公众对城市形象的感知、认知和评价，可以从城市的经济社会发展状况、政治制度、历史文化、自然生态、市民素质等诸多方面获得。这些涵盖物质资源、精神文明、政治文明等领域，能够呈现城市形态和特征、构成城市形象的资源成为国际传播的核心内容。城市精神是城市的历史文化、城市的建筑风格、城市的形态格局，以及市民的综合素质、文明程度、价值取向、思想情操和精神风貌的综合反映，是城市政治、经济和文化在精神领域的集中体现。城市精神最能体现城市软实力的实质，也是国际传播的核心内容。

### （三）城市活力为国际传播提供动态且可持续的内容

城市活力表现为城市的创新力、对外部资源的吸纳力、对文化多样性的包容力以及对外辐射力等能体现城市高成长性的方方面面。城市活力赋予国际传播更具动态发展、可持续传播的内容，也让其形成的吸引力、彰显的软实力呈现出不断成长的态势。

## 二、依托 "济南国际传播矩阵" 提升城市软实力的有益实践

为全面贯彻习近平总书记关于加强国际传播能力建设的重要指示和精神，济南市委外办深入挖掘地方外事资源优势，立足济南市政府英文网（新版）、"嗨济南（Hi Jinan）" 中英双语微信公众号、"精彩济南（Incredible Jinan）" 脸书和推特英文专页等四个宣传载体和平台，创新建设并持续打造 "济南国际传播矩阵"，依托多元立体的地方特色传播素材和视角主动对外发声，以加强城市国际传播能力建设、提升城市软实力为目标开展积极探索。

### （一）开展矩阵式差异化协同传播，实现国际传播的聚合效应

依托不同平台的特性，注重做好平台内容和受众定位，精准科学传播差异化内容，高效覆盖目标受众，又在保持差异化协同传播的同时，确保国际传播核心立场的统一性与一致性。市政府英文网设置 "走进济南""国际友城""投资济南""文旅济南""在济工作""在济生活" 等版块，多角度全方位展现济南城市文化、城市形象、城市活力、城市精神、城市治理等 5 个方面蕴含的软实力，为外国人提供一站式资讯服

务。"嗨济南"双语微信公众号设置"关注济南""乐游济南""济南知多少"等栏目，聚焦报道济南时事要事和人文旅游、生活服务等信息，并为英语爱好者提供学习资料。"精彩济南"脸书与推特账号设置"济南发展""文化济南""乐游济南""洋眼看济南"等话题标签，锁定美食美景乐事趣闻，对外传递城市温度，推介城市形象魅力，展现城市精神、活力，致力于实现联通海内外粉丝网友和融通中外的目标。

济南国际传播矩阵传播效果亮眼。2019 年初至 2023 年底，矩阵四个平台总发稿量 1.2 万余篇（每年约 3000 篇），总阅读量约 1.25 亿次，脸书与推特粉丝超 53 万人，吸引 37 家使领馆、26 位外交代表和包括联合国儿童基金会、进博会等在内的 160 余家官方新媒体账号实现互粉互关。"精彩济南"脸书与推特账号曾荣获"海外优秀社交媒体平台"称号，数月蝉联"中国城市海外社交媒体传播力指数"全国前十。市政府英文网连续四年获得"中国最具影响力外文版政府网站"称号，并获"2023 年度外文版国际化程度领先型网站"称号。

**（二）设置特色传播议题，展现生动立体的城市形象**

一方面，积极挖掘地方特色和优势，精准设置策划宣传专题，主动对外发声，扩大城市知名度和影响力。立足济南自然地理、历史人文和产业集群等方面资源禀赋和优势条件，面向海内外陆续谋划推出新中国成立 70 周年、建党百年、政府工作报告、黄河流域生态保护和高质量发展、强省会建设、区县产业和"泉城好品""数看济南""项目突破年""济南：四海英才向往之地"等 23 项英文专题报道，依托地方真实、立体、多元的宣传素材和 IP，对外全方位、多角度展现济南丰富多彩、生动立体的城市形象，提升济南国际影响力和美誉度。另一方面，抓住重大活动节点和时事热点契机，聚焦海外受众的关注点和兴趣点，打造爆款文章，提高对外发声能力，增强对外舆论引导力。2023
年聚焦"一带一路十周年""聚焦进博""沿着黄河遇见海""黄河文
化推广月""国际泉水节""文旅博览会""2023 玫瑰产品博览会"等
开展系列专题报道并打造了一批爆款文章。其中，"一份来自济南的邀
约：带你一起去看黄河之美"单篇帖文阅读量达 206.28 万人次。2020
年以来，集中跟踪报道"平阴玫瑰节"，实现国内外约 386 万人次的阅
读量、约 35 万人次的互动量，高效赋能区县特色产业发展。

**（三）创新推进"外事 + 国际传播"，在交流互鉴中扩大城市影响力**

不断扩大对外交流，利用在济南举办的国际粮食减损大会、亚信金
融峰会、国际青年交流大会、2023 世界友城论坛暨友好省州领导人大
会等国际交流活动的重要契机，吸引国外各领域具有影响力的人士参与
活动，亲身感受济南发展蓬勃动力以及向善、包容、温润的城市品格，
在中外文明交流互鉴中提高城市的美誉度和吸引力。同时，发挥主场、
地域和先手优势，做好宣传策划设计、现场跟踪采访和专题报道，并向
有影响力的重要嘉宾"一对一"推送活动海报资料，吸引联合国开发
计划署等国际组织机构、爱尔兰驻华大使馆、丹麦驻华大使馆等重要人
士成为济南城市形象的关注者和传播者，推动泉城故事和济南声音在更
高层次和更广范围实现高效传播。

**（四）善用外媒外笔，塑造城市对外新形象**

策划推出"海媒聚焦济南"和"外媒山东行济南站"等外媒线下
专访活动，分别邀请十余家主流外媒到济南开展系列采风报道，通过精
准设置报道议题进行"主动喂料"，借助外媒笔墨，融合传播矩阵平台
优势，迅速将济南独具特色的地域文化和开放多元的城市形象广泛传播

到海内外，相关报道被美联社等 140 家外媒转发，覆盖海外受众 1.8 亿人次。开展"洋眼看济南""驻华大使看济南"等系列报道，持续宣传济南的国际范儿并借助外国人亲身实践和独特视角，加大柔性传播力度，推进中国故事和中国声音的全球化表达、区域化表达、分众化表达，实现跨越差异、打破隔阂，让更多外国受众听得懂、听得进，切实增强国际传播的亲和力与感召力。

## 三、 以城市国际传播全面提升济南城市软实力的路径探索

新时代国际传播的新实践，需要我们始终坚持以习近平总书记对加强和改进国际传播工作提出的系列新思想、新观点、新论断为指导，以党的创新理论为根本遵循。站在新起点上，以国际传播的全面提升促进城市软实力的提质增效，应该从构建国际传播新格局、开展精准国际传播、全方位多层次讲好城市新故事、增强国际传播互动性等方面入手，全面加强和推进城市国际传播能力建设，对外展示现代化国际城市新形象，为增强城市软实力、提升城市吸引力做出新贡献。

### （一） 构建国际传播新格局，为提升城市软实力注入新动能

习近平总书记强调："必须加强顶层设计和研究布局，构建具有鲜明中国特色的战略传播体系。"① 新形势下随着信息技术的迅猛发展、新媒体的广泛应用，国际传播主体趋于多元化、传播资源更加丰富，需要加强对国际传播工作的统筹思考和整体谋划，推动多元主体的协同联

---

① 习近平主持中共中央政治局第三十次集体学习并讲话 ［EB/OL］. 2021 - 06 - 01. https：//www. gov. cn/xinwen/2021 - 06/01/content_ 5614684. html.

动、各方面资源的交流互动，推动构建国际传播新格局，为提升城市软实力注入新动能。一方面，发挥不同传播主体的优势，建立政府部门联动、境内外媒体及社会、个人多方参与并协同发力的城市国际传播体系。强化"一盘棋"理念，整合协调政府各部门国际传播资源、平台和人才，推动国际传播工作流程优化，合力推动城市国际传播效能提升。加强与央媒、省媒、地方媒体的联动，推动与境外主流媒体、海外华文媒体和国际友城媒体的交流合作，织牢国际传播网络，对外展现可信、可爱、可敬的济南形象。培养企业等社会组织、高校、智库及普通市民积极参与城市国际传播的自觉意识，将来自不同领域和阶层的社会力量纳入国际传播主体，打造一支水平高、数量足、实践能力强的国际传播专业队伍。另一方面，加强资源整合，推动"以我为主"的自述与"借筒发声"的他述的融合共振，搭建叙事视角上相互补充、叙事内容上相互呼应、有效形成跨文化对话的城市故事国际传播新格局。在推进政府、企业、媒体、社会、民众等多主体协同参与讲述城市故事、塑造城市形象的同时，有效发挥外国驻华外交人员、外国留学生及外籍商务人士等群体在城市国际传播中的积极作用，促进不同职业、群组的协同传播，满足不同职业、群组的差异化需求，为不同文化群体的交流互动搭建桥梁，实现传播效果的最大化。

## （二）加强对象研判，以精准传播增强城市吸引力

习近平总书记指出："要采用贴近不同区域、不同国家、不同群体受众的精准传播方式，推进中国故事和中国声音的全球化表达、区域化

表达、分众化表达，增强国际传播的亲和力和实效性。"① 首先，要加强区域国别研究，依托本地高校、科研院所以及对外交流基础好的部门单位，开展针对不同区域、不同国家、不同语言文化群体的国际传播研究，根据某区域具有文化相似、语言相通的特性，研究制定某区域一策、某语种一策、某文化圈一策等具有可行性的精准传播策略。其次，要从受众的角度出发，加强对传播对象的研判，深入研究目标受众的文化背景、价值取向、风俗习惯，瞄准增强国际传播的亲和力和实效性，提高城市对外吸引力和软实力。最后，注重话语体系构建和话语转换，团结和争取知华友华的国际舆论朋友圈的力量，发挥各国、各地区的友好组织、友好人士以及国内既懂国际传播又懂外语的专业人才优势，构建针对不同区域、面向不同受众群体的特色话语体系，用受众听得懂、听得进、听得明白、听而信的话语，讲好中国故事、城市故事，让中国声音、城市声音传播得更深、更远。

**（三）讲好城市新故事，以品牌传播扩大城市影响力**

讲故事是国际传播的最佳方式。首先，将地方叙事与国家叙事相结合，充分挖掘城市资源潜力，反映城市在经济发展、科技创新、绿色发展、城市治理等方面的新成就，展现城市在推进中国式现代化、实现高质量发展进程中的新面貌。其次，将讲述历史经典与讲述全新发展相结合，在深入挖掘并对外传播城市深厚的历史文化内涵的基础上，顺应时代发展赋予经典以更加丰富的时代内涵，塑造城市新的特色品牌。立足济南源远流长的人文历史和深厚的文化底蕴，对外传播龙山文化、大舜

---

① 习近平主持中共中央政治局第三十次集体学习并讲话 ［EB/OL］．2021 - 06 - 01. https：//www. gov. cn/xinwen/2021 - 06/01/content_ 5614684. html.

文化、泉水文化、诗词文化、大医文化、儒商文化等济南历史文脉，同时加大对济南"海右名郡""千泉之城""东亚文化之都"等城市名片以及"泉在济南过大年""泉在济南过五一""泉在济南过暑假"等"泉"在济南系列文旅品牌的传播力度，展现济南更加丰富全面的城市形象和城市品格，让海内外受众形成对城市的独特印象。最后，充分发挥城市国际传播更加贴近群众、贴近实际、贴近生活的优势，深入挖掘城市故事中符合全人类共同价值的内容，如节日文化等易于产生共鸣的故事，注重讲述城市的日常生活故事，以"小故事"反映"大时代"的城市发展变迁和性格特质，突出故事的活力和温度，让城市故事成为对外传递城市声音和情感认知的纽带。

### （四）增强国际传播的互动性，以策略创新提升城市传播力

传播主体通过交流互动实现情感共鸣和心理认同，进而形成共同价值。共同价值的实现是提升国际传播力的前提。首先，以城市承办或主办的各类国际会议、赛事、节事活动为契机，抓住送上门的国际传播机会，锚定出席活动的政要、使节、国际组织与国际赛事负责人、专家学者等富有影响力的主流人群，发挥主场传播优势，吸引其成为城市形象的对外传播者。同时依托重要节事活动，通过举办线上投票、在线直播、短视频征集与展播等互动活动，邀请有一定网络影响力的外国专家、外籍网红、大 V 等参加，借助其国际性权威声量和影响力，在报道力度、深度、广度上激发优势力量，提升传播效能。其次，强化与国际友城等友好资源渠道在国际传播领域的互动合作，建强传播平台、拓展交流渠道、做足传播内容、创新传播形式，搭建起城市沟通世界的桥梁。最后，与在城市长期居住生活的外国人社群保持良好互动，吸引这

些社群以及他们的海外朋友圈关注城市、传播城市，参与扩大城市在海外的知名度和美誉度，助力城市影响力提升。

（执笔：房倩倩）

# 泉水文化资源
# 在济南城市品牌塑造中的价值开发研究

中共济南市委党校

摘　要：利用泉水文化资源塑造济南城市品牌，对增强城市魅力、扩大济南对外影响力、涵养城市内涵、提升城市文化品质，促进经济转型、实现济南经济高质量发展，都具有重要的价值意义。但是，当前泉水文化资源开发利用率低，泉水文化宣传不足，泉水文化资源管理体制机制不顺畅，泉水文化资源相关研究不够深等，仍然是发掘泉水文化资源、提升济南城市知名度与美誉度的障碍性因素。因此，进一步发掘利用泉水文化资源塑造济南城市品牌，就要坚持系统思维，推进泉水文化资源的整体性联动式挖掘与开发；坚持创新思维，推动泉水文化产业的发展；坚持互联网思维，创新泉水文化资源宣传推介方式；坚持求实思维，理顺泉水文化资源的管理开发体制机制；坚持辩证思维，科学处理好泉水文化资源开发与保护的关系。

关键词：泉水文化；城市品牌；济南；价值开发

城市品牌是城市极为宝贵的资源和发展要素，它是"城市在功能定位的基础上，确定自己的核心价值，将城市的历史传统、地区文化、民风民俗、市民风范、城市标志、城市特色、经济支柱等要素塑造成可以感受到的'形神合一'的附加值"。① 泉水是济南得天独厚的自然与文化资源，是济南城市的灵魂和名片，与城市发展、生态建设、文化传承、市民生活息息相关。泉水文化作为济南地域文化资源的独特标识与精神意蕴，也是济南市实施城市品牌战略、提升城市软实力的最佳切入点。因此，基于城市品牌形象的塑造与提升，全面考察泉水文化资源的价值开发状况，对提升济南城市知名度与美誉度具有重要意义，也符合现代化强省会建设的内在要求。

## 一、 济南泉水文化资源的内涵与特点

济南因泉而生，因泉而建，因泉而发展，泉水是济南的灵魂、文化标记和享誉中外的名片，更是济南的核心竞争力和软实力。长期以来，济南市立足泉水文化独特资源提升城市文化软实力，有效提升了城市的知名度与美誉度。但是，当前对于泉水文化资源的认识与研究，在一定程度上存在线性思维与局限认识，或者误认为泉水文化资源就是72名泉，或者割裂名泉与老济南文化、特色地域文化、名士文化、文学艺术等之间的关系，或者缺乏现代性眼光审视泉水文化，造成了泉水文化资源有效开发利用不够的现象。因此，正确把握泉水文化资源的内涵与分类，客观把握泉水文化资源的特点，对科学利用泉水文化资源提升城市品牌形象具有重要价值。

---

① 孙丽辉，史晓飞．我国城市品牌产生背景及理论溯源［J］，中国行政管理，2005（8）．

## （一）济南泉水文化资源的内涵与分类

作为济南文化的核心，泉水文化不仅是指泉水自然景观及其物质表现，也是一种以泉水为核心的文化现象和以泉水为中心的文化体系。这种文化资源体系既包括了形态各异、数量众多的天然泉水，也包括了因泉水自然景观而形成的园林建筑、历史街区、特色饮食，还承载着民风民俗、历史传统、名士文化、文学艺术、文化产业，更融汇了市民精神文化风貌与城市精神品格。

从外延看，当前泉水文化资源可以划分为三类。一是泉水文化的"物质形态"，主要包括形态各异的泉水、园林建筑、历史街巷等。济南市辖区内有天然泉水 747 处，分布有十大泉群，"七十二名泉"享誉海内外。众多清洌甘美的泉水从地下涌出，汇为河流、湖泊，构成济南独特的城市风貌。依附于泉水自然形态基础上，古人建构了诸多的园林建筑，形成了富有泉水气息的历史街巷，构成了可视化、可感知的泉水文化物质符号。二是泉水文化的"人文形态"，主要包括因泉水而衍生出的传说典故、诗词文化、民风民俗、饮食文化等。三是泉水文化的"经济形态"，主要是市场化过程中产生的文化创意产业、商业文化。比如，目前已有的趵突泉、百脉泉等商业品牌，以及曲水亭街与百花洲域内的泉水文化创意产业等依托于泉水商业化而形成的现代商业文化形态。

## （二）济南泉水文化资源的显著特点

首先，聚落冷泉人工利用体系具备唯一性。济南泉水数量众多、家家泉水更是城市风貌的自然写照。放眼世界的泉水利用案例，与公共建筑有关（如浴室）的多是温泉，与城市景观环境有关（如公园）的冷泉，一般不具备街头巷尾、每家每户都有的特点。冷泉资源稀缺、聚落泉水资源利用体系独一、大型泉水文化聚落孤本充分展现济南泉水文化资源的独特、稀有优势。

其次，人与自然互动演进体现物质核心价值。济南先民依托自然泉水水系营建水利设施，构建导蓄水工系统，并持续改善聚落水环境，形成独特的泉水治理体系和城市营造特征，完整展现了人与自然和谐互动的理念。一方面，泉水治理是独到的人类智慧。古城将趵突泉、黑虎泉、五龙潭 3 处水量较大的泉置于城外，将水量较小的珍珠泉作为稳定水源圈入城内。城外修建北水门和护城河，城内以大明湖为主调蓄，百花洲、王府池子等为辅助，构建集防患、调控、导蓄于一体的水工体系，完善泉水资源治理。另一方面，因泉顺势是其独具的景观设计。济南古城的建造结合"得水为上"的风水观，建立"围泉造景""借水造景"的公共园林、私家园林和"面泉而居""圈泉进室""围泉入院"的院落和民居形式，形成"一城山色半城湖""三泉鼎立""静泉在内闹泉在外"的古城格局。

最后，泉水文化呈现历史悠久的人文特质。古城泉水蕴含丰富的典故传说（如舜井、五龙潭），评鉴泉水的文学艺术创作丰富，超过 600 多名历代文人墨客存留描述泉水的诗歌 7000 余首。古城人民自发遵守分区用水、分时用水、不污染堵塞泉水等用水公约，形成了爱泉、节水的观念并保持至今。居民丰富的泉水生活方式、文化信仰、寄情泉水的文化审美与表达，真实反馈了人与泉的精神联系，文化归属感完整传承至今。

## 二、 泉水文化资源在济南城市品牌塑造中的重要价值

习近平总书记指出："城市是一个民族文化和情感记忆的载体，历史文化是城市魅力之关键。"近年来，济南市委市政府高度重视泉水文化资源的保护与开发，深挖泉水文化资源，不断展现泉水文化特色，对济南城市品牌打造与文化软实力提升都起到了重要作用。

### （一） 增强城市魅力，扩大济南对外影响力

城市品牌的价值挖掘、形象推介、品牌传承，实质就是展现城市特色与魅力，扩大城市的知名度与美誉度，以此提升城市的对外吸引力、影响力和辐射力。现代城市发展过程中，世界范围内已经形成了诸多具有代表性的城市品牌形象，比如"人间天堂"杭州、"世界时尚之都"米兰、"花园城市"新加坡、"水上都市"威尼斯、"骑士之城"普罗旺斯、古城庞贝等。这些城市品牌形象的塑造，不仅极大增强了城市对旅游观光者、人才、企业的聚合力，也极大提升了城市的对外影响力与知名度。近年来，济南市持续重视保泉工作，积极开发泉水文化资源，打造"天下泉城"文化品牌，推进"泉·城文化景观"申遗工作，召开国际泉水文化景观城市联盟会议等，泉水文化已经成为增强济南城市魅力、扩大对外影响力的优质品牌。今天进一步挖掘泉水文化资源的价值，适应济南市打造文化济南，建设"强新优富美高"现代化国际大都市的基本要求，对提升济南的对外知名度与美誉度具有不可替代的作用。

### （二）涵养城市内涵，提升城市文化品质

"加快建设大气秀美、清新靓丽、古今交融、品质上乘的时尚之城"[1] 是济南城市更新与城市治理的重要目标。城市功能品质不仅包括城市市容市貌的整治、功能修复、治理创新等，也涵盖了城市文化品质的全面升级。泉水文化及其精神内核是济南城市在历史实践中形成的独有的精神文化品格，包含无私奉献、包容开放、勤奋进取、厚德朴实的优秀品质。近年来，济南市非常注重泉水文化资源的保护与开发，对历史传承区进行局部整修与功能置换，加强泉水历史文化街区的城市设计，积极实施"泉城阅读工程"，把泉水文化融入城市地铁标识。可以说，泉水文化已经浸润济南整个城市，成为济南的城市文化名片。

### （三）促进经济转型，推动济南经济高质量发展

当前济南市正面临新旧动能转换先行区、中国（山东）自由贸易试验区、黄河流域生态保护和高质量发展三大国家战略叠加交汇，推进经济转型、促进经济高质量发展是当前济南市的重要战略任务。特色文化是一个城市经济社会发展的重要资源禀赋，开发好利用好泉水文化资源对济南经济发展有重要促进作用。从商业文化品牌看，济南市已经形成了"趵突泉""百脉泉"等具有市场价值的商品品牌，据统计，七十二名泉中被工商注册的有 50 个左右的商标；从商业文化功能区看，近年来济南市注重依托开发百花洲、曲水亭街等商业街区，实现泉水与商业文化的融合；从旅游层面看，泉水游不断拓展与加强，已经成为济南文化与旅游的重要名片和收入来源。可以说，泉水文化资源对济南城市

---

① 2019 年济南市政府工作报告 ［N］．济南日报，2019 – 02 – 02.

经济社会高质量发展具有不可替代的作用。

## 三、 借泉水文化资源塑造济南城市品牌的问题及原因分析

尽管济南市持续推动泉水文化品牌形象的推介与塑造，但是通过对济南市域多个涉泉单位进行深入调研发现，当前利用泉水文化资源进一步塑造提升济南城市品牌形象仍然面临诸多问题与挑战。

### （一）泉水文化资源利用率低，驱动经济发展的能力有限

泉水作为济南的核心竞争力，不仅包括城市竞争中的软实力，也包括泉水资源的产业延伸。济南是一座典型的缺水城市，然而泉水正常日喷涌量达到了 20 万立方米，主要通过城区护城河直接流入小清河排放出去，却极少用于市民日常生活用水、工业企业生产用水，造成了泉水资源的浪费和流失。济南"名泉甲天下"，特殊的地质结构和自然环境使泉水的自然表现形式丰富多样，泉水广泛分布济南各行政辖区，形成了洪范池泉群、袈裟泉泉群、趵突泉泉群、涌泉泉群、玉河泉泉群、白泉泉群、百脉泉泉群等，各种泉分布相对分散，许多适合旅游开发的泉并没有为人们熟知，尽管已经开发了趵突泉、五龙潭、大明湖、百脉泉等相关泉水旅游景观，但从济南泉水的总体数量和分布看依然不足。泉文化特色街区、老建筑的保护开发不够，在城市建设的过程中相关泉水老建筑、老街道不断消失，体现济南古城泉水特色、民风民俗的居民院落、青石板街道也不断消失，并且泉文化特色街区、老建筑的知名度相对较低，也没有充分利用各种泉水建筑及老城区创造较好的经济和社会效益，泉水街道、建筑、城区的经济价值相对开发不足。在泉水资源产业延伸方面，现在主要集中于与旅游产业，并没有形成系统的泉水产业

链、泉水及其相关产业的发展度比较低，也没有打造形成体现泉水美誉和具有泉城特色的相关知名产品。1949 年后济南形成的"泉城牌"各种商品，随着经济社会的变革而逐渐消失，现在并没有形成体现泉城特色的产业品牌。因此，泉、泉水、泉水景观的开发利用程度较低，泉水没有转化为经济发展的重要动力。

### （二）泉水文化弘扬不足，知名度、影响力不够

泉水文化的培育是城市文化软实力的重要内容，也是城市核心竞争力的重要提升路径。济南早在 1986 年便被评为国家历史文化名城，"天下泉城"文化旅游品牌、"好客山东，泉城济南"城市名片也已经颇具影响力，一系列关于泉文化的活动，都为打造济南的"泉水名片"、提升济南城市核心竞争力搭建了良好的平台。但是，泉文化弘扬和培育的过程中，仍然存在一些问题。首先，在泉景观的宣传方面，主要集中于"山泉湖河城"，而未能使人们意识到济南的泉在世界上具有唯一性、独特性、珍贵性。其次，在泉文化的深入发掘方面，目前主要集中于与泉相关的历史表象和诗词文本，而未能深入发掘泉文化的内涵，从而影响了泉文化的高度和升华。最后，在保泉宣传方面，尽管市委、市政府高度重视泉水保护的宣传和泉水品牌的打造，但是保泉意识不够强已经成为当前泉水保护工作的重要制约因素。在城市建设过程中，相关人员对泉水及其景观的重视保护程度仍然不够，造成泉城古城特色民居、老街、建筑的消失，如高都司巷、宽厚所街、舜井街等。在泉水景观保护过程中，泉池的保护设施陈旧或被破坏现象仍然存在，泉池内乱扔垃圾或周边环境遭破坏的现象屡禁不止。在节水保泉意识方面，市民节水爱泉的意识仍不强，借助泉水洗车、洗衣、洗澡现象不时发生，污染了泉水水质。

### (三) 泉水文化资源价值开发体制机制不顺畅

从泉水管理机构来看，仍然存在各干各的、各管各的、各开发各的现象，缺乏具有统一高效管理能力的机构，导致市域、县域、街村等不同地方的名泉管理保护相对混乱，影响名泉的保护开发效果。从管理体制看，目前我市除了承担名泉保护管理责任的名泉保护委员会之外，暂没有相关机构负责统筹、协调、推动泉水旅游开发工作，由于相关部门和区县重视程度不够，工作推进迟缓，没有形成工作合力。从管理方式看，目前我市名泉旅游的载体主要在公园景区，景区的开发管理者多是事业单位，各自为战，体制较为僵化，市场化运作能力明显滞后，严重制约了名泉旅游的发展壮大。

### (四) 泉水文化资源相关研究不够深，科学决策缺乏有效依据

泉水文化资源的开发利用首先要对济南泉水成因及保护做出科学的权威的研究。但是，由于泉水地质构造的复杂性以及现有研究水平的局限性，尽管目前不同的研究单位出具了多份关于泉水成因及保护的研究报告，研究内容却差异较多，从而对政府决策和泉水保护造成不利影响。在泉水研究的过程中，也缺乏明确有效的管理主体整合现有力量进行科研攻关，推进泉水地质结构、泉水成因、泉水保护等相关问题的深入研究，造成了现有的保泉措施在一定程度上缺乏科学依据。与此相关，研究成果多属于单位所有制，对已经进行调查研究的结论技术数据大都没有实现资源共享。同时，关于泉水文化的研究，目前研究成果相对较少，没有凝练出泉水文化的真正内涵，并且关于如何进一步增强泉文化的影响力，如何增强泉城吸引力的市情研究成果相对较少，缺乏有针对性、实效性、可操作性的研究成果服务于泉水保护、泉水宣传、泉

水开发工作，直接导致了泉水文化宣传工作内力不足，影响了济南知名度的提升，制约了济南市核心竞争力的提升。

## 四、 深挖泉水文化资源塑造济南城市品牌的对策建议

尽管泉水文化资源的挖掘与开发工作已经取得了一定成绩，但是泉水文化资源对提升与塑造济南城市品牌的价值意义仍有待于进一步探索与开发。正如恩格斯所说："一个民族要想登上科学的高峰，究竟是不能离开理论思维的。"① 对于城市特色文化资源的有效开发，也应该从思维方式的转换层面，进行更深入的探讨与研究。当前济南市进一步挖掘泉水文化资源提升和塑造城市品牌，主要可以从以下几个方面展开。

### （一）坚持系统思维，推进泉水文化资源的整体性联动式挖掘与开发

首先，要按照层次性、系统性原则摸清泉水文化资源家底，为整体性开发提供数据支撑。要按照泉、泉水故事传说、名士文化、非物质文化遗产、历史文化传统、民俗民规等层面，对泉水文化资源进行系统梳理，划分泉水文化资源的层级，把握泉水资源的文化内涵、地理位置、开发价值等，建构泉水文化资源数据资料库，便于决策参考。

其次，要加强顶层设计，统筹谋划泉水文化资源开发利用的制度建设。要统筹全市范围内的泉水文化资源，进行集中统一的规划设计与开发利用，规避泉水开发中的"条块""点位"式的隔离。要把"七十二名泉"旅游渗入泉城全域大景区进行整体打造，促进"吃、住、行、游、购、娱、厕""文、商、养、学、闲、情、奇"各类要素聚合、功

---

① 马克思恩格斯选集：第 4 卷 [M]，北京：人民出版社，1995：285.

能叠加、价值放大和利益共享。在理念上，实现"两个转变"：从以景区观光为主向休闲度假全域旅游转变，从依靠门票经济到依靠旅游产品促进消费转变；在规划上，以泉水为核心，加快推进泉城广场、趵突泉、五龙潭和大明湖连片扩容；在方法上，采用"拿来主义"，借鉴杭州、厦门等地经验，调低各大景区门票价格，逐步推进五龙潭、华山等景区免费开放，以小"舍"换大"得"。

再次，要突出个性特色，整体设计，突显精致化、个性化，增强每一个泉池的魅力。对泉水文化的开发要避免泛泛的同质化打造，忽视每一个泉水文化景观的个性特点，造成泉与泉之间无差异性。要把每一个泉打造成一个富有吸引力的特色景观，成为让人流连忘返的"明珠"，进而整体规划旅游路线、城市建筑设计，实现泉水文化与历史街区、风景名胜、购物休闲区相融合，让名泉文化浸润整个城市。

## （二）坚持创新思维，推动泉水文化产业的发展

一方面，要注重实现泉水文化开发与新兴产业的跨界融合。把泉水文化产业开发与医疗康养产业、绿色产业、文创产业、休闲产业等新兴业态相融合，实现新兴产业与泉水文化的深度融合，既增强泉水文化的知名度，又合理地利用泉水文化资源，优化济南产业发展的环境，促进产业集聚与发展。

另一方面，精心设计泉游文创产品。紧扣品质消费年轻化、文艺化的特点，大力发展文创园区、创意鲁菜、书店咖啡、文创零售、文创表演等文创产业和文创产品。在"趵突泉""百脉泉"品牌基础上，鼓励开发更多名泉品牌，比如，请普利思集团贴牌生产"黑虎泉""漱玉泉"牌矿泉水等。主要景区可出售现装过滤泉水、自酿泉水啤酒，同时推动"泉水宴"的大众化、街头化，让游客有更多机缘领略"舌尖

上的济南"。借鉴西安、宁波经验，拿出一定资金鼓励商铺延时营业，丰富"夜间 8 小时"旅游产品和休闲商业。把舜帝、李清照、辛弃疾、"夏雨荷"的故事搬上舞台，与市杂技团《粉墨》团队一道，打造"印象·泉城"系列实景剧目，用惊艳的感官体验留下游客。

### （三）坚持互联网思维，创新泉水文化资源宣传推介方式

首先，要更新泉水文化资源的宣传推介理念，培育互联网用户思维、简约思维、跨界思维，按照用户需求与信息传播规律探索适应网络空间与青年群体需要的传播方式。其次，要培育宣传推介精品，借助互联网短视频、新媒体、微博、微信等平台，采取形式新颖、内容震撼、富有感染力、具有活力与创意的短视频、纪录片等形式，在网络空间、主流媒体层面大力推介泉水文化品牌，提升济南的知名度与美誉度。再次，要善于搭建宣传推介的平台。在坚持办好既定推介活动的基础上，继续扩大活动的规模和影响力。邀请权威机构来济开展世界七十二名泉、中国七十二名泉评选，适时策划城市马拉松及国际水上竞技赛事，或邀请当前国内最火的综艺到我市录制节目，着力提升泉城知名度。对口碑较好的"泉水节"，参照青岛啤酒节模式，建设固定的节庆场地，活动设置突出体验性和可持续性，确保市民和游客在节庆之后也能参与其中。深化对"七十二名泉"文化的研究和挖掘，整合好"山泉湖河城、诗画艺曲情"地理人文资源，注重发挥年轻人尤其是高校大学生的创意优势，善用抖音、快手等各类新媒体、新平台讲好济南泉水故事。

### （四）坚持求实思维，理顺泉水文化资源的管理开发体制机制

首先，理顺名泉旅游开发体制机制。要进一步强化主体责任，推动

相关工作落地见效，形成名泉旅游开发的强大合力。充分发挥市文旅发展集团的平台作用，通过资本运作和市场策划，做好泉水旅游资源的整合、建设、运营这篇大文章。其次，要建立全市统一的泉水管理运营机构，规避现在济南市内与各县区泉水管理保护机构不一致的问题，以济南"泉·城文化景观"申遗工作推进为契机，建立专门的泉城申遗机构，为泉城申遗工作提供可靠的制度保障。最后，要统筹泉水保护与济南城市治理工作的关系。结合城市提升十大行动，开展"七十二名泉"环境综合整治，加快完善名泉周边的供水供电、Wi-Fi 覆盖和垃圾处理设施，设置全市统一的名泉旅游标识标志，改造提升旅游厕所、停车场、游客中心等基础设施，补齐旅游公共服务这块短板。加强旅游市场监管和综合整治，成立市民志愿巡查队伍，不定期开展明察暗访，依法严厉查处旅游企业和商户违法违规行为。参照广西打造"智慧旅游"的做法，加快"泉生济南"App 完善升级，整合"七十二名泉"相关信息数据和服务资源，实现"一键游名泉"，让游客"一机在手，说走就走，说游就游"。

## （五）坚持辩证思维，科学处理好泉水文化资源开发与保护的关系

深入发掘与利用泉水文化资源，必须要有科学的保护理念与实效的保泉举措。一是要树立科学的保泉理念。要学习运用国际领域的保护理念和保护体系，把握文化景观遗产保护的发展趋势，树立"保护第一"的科学理念。坚持过程与结果同样重要的理念，把申遗过程作为保护泉水的过程；坚持保泉必先保山、保山必先保林的理念，共抓大保护、不搞大开发，保护好南部山区这座"水塔"；注意既重视物质要素又重视非物质要素，特别注重挖掘其蕴含的精神价值、思想观念和生产生活方式，将人与泉互动留下的文化元素保护传承下去，统筹考虑并审慎做好

历史街区建筑的保护，加强人文文化保护，坚决克服"重申报、轻保护""重开发、轻管理"现象，始终坚持"申遗是手段，不是目的"原则。

二是科学推进遗产保护立法。《济南市名泉保护条例》适用范围主要是名泉，对"济南泉·城文化景观"除名泉之外的类似河流水系等要素保护管理内容没有提及。而进行遗产保护立法是申遗的必备要件，必须在充分调查研究与论证的基础上尽快建立有较强可操作性的相关制度体系。通过法律法规和专项制度，对申遗的管理体制、责权归属、资金保障、专项规划、保护措施和处罚手段等具体内容进行规范，对遗产点的研究、记录、监测、展示、传播等内容进行综合控制。目前，《济南市历史文化名城保护条例》《济南市泉·城文化景观管理办法》均已纳入市政府规章立法调研项目计划。

三是要科学编制遗产保护专项规划。济南泉·城文化景观保护必须先于城市发展规划和近期建设计划加以考虑，其专项规划应与市区各级国土空间规划相衔接。要综合研究地质、地理、水文、植被、历史、人文等参数，探讨历史上的自然与文化环境演变趋势，建立遗产价值评估的理论框架；要重视遗产及背景环境的系统性、整体性，把山体、水面、岛屿、道路、建筑等通盘考虑、统一管理；分层次、分阶段制定有前瞻性的规划目标，合理确定保护范围和缓冲区，围绕具体遗产本体现状和价值制定详细的保护措施；高度重视生态承载力控制，合理确定遗产周边用地性质、功能分区、建设容量、道路布局、市政安排等，确定禁建、适建及限建项目清单和有关指标；要以最大限度地反映遗产完整性与真实性为出发点，遵守最少干预原则，传统遗产点以修复为主，历史有记载但现实已消失的遗产本体可选择碑刻纪念。除专项规划外，城市水系规划和建设也应充分考虑遗产因素，连通相关水系、疏浚河道、净化水质，开展河道有水、综合整治等工程，打造泉水景观带。

四是要深入开展遗产保护基础性研究。加强国际合作，主动对接国际组织和国际规则，邀请国际上有经验的专家加入专家小组，搭建专家咨询、课题研究和项目评估的专家智库平台，定期开展泉水联盟会议、泉水文化节、学术研讨会和遗产培训等活动。聘请专业团队和国际专家对遗产核心区和缓冲区再次全面考察，进一步明确水道渠系运作原理和泉水治理体系，科学认定遗产要素，小规模、渐进式、微循环地实施启动区域环境整治、遗产点整治设计、本体修复等工作；开展遗产展示和监测，逐步对遗产要素建立健全全面监测预警和巡查监管制度；投入大量人力物力精力，基于遗产特质和要素深入论述和挖掘突出普遍价值，潜心编写申遗文本，提高编制质量。要综合分析有形景观和无形文化，探求泉水导蓄工程背后的管理制度及体系，探求依附泉水区域或泉水管理或水神崇拜而产生的泉水文化建筑、泉水文物。要着重发掘"泉水文化"，从历代名人碑刻题咏、名人轶事、名人祠堂、长久以来居民形成的节水公约、生活习惯和社会风俗等方面分类进行梳理汇总、提炼研究，通过形式多样的"泉·城"故事丰富生命力，通过新兴媒体拓展传播力，在广度与深度上让"泉·城"故事成为"泉水文化"的活现载体和形式。

（执笔：魏建国）

# 营造公共资源阳光交易环境
# 为彰显泉城软实力增添底色

济南市发展改革委员会

**摘　要：** 公共资源交易是社会主义市场经济体制的重要组成部分，事关社会民生和经济发展，对于充分发挥市场在资源配置中的决定性作用，更好发挥政府作用，促进资源有序流通，优化营商环境具有重要意义。统一规范、高效便捷、公开透明的公共资源交易环境是激发一个城市内生动力，提升城市软实力的重要标志。近年来，在济南市委、市政府的正确领导下，济南市深化公共资源交易平台整合共享，公共资源交易规模持续扩大，交易水平逐步迈入全国前列。2023 年 12 月，"全国公共资源交易平台整合共享暨招标投标专项治理现场会"在济南举行，"济南降低公共资源交易制度性成本"改革措施获《全国优化营商环境简报》第 180 期刊发推广，先后获评入选国家水利工程建设项目电子招标投标监管试点、全省排污权交易试点，全市公共资源交易工作不断取得新突破，公共资源交易营商"软环境"持续优化，为彰显城市软实力增添底色。

**关键词：** 公共资源交易；协同监管；软实力

党的二十大报告指出，"要构建高水平社会主义市场经济体制，充分发挥市场在资源配置中的决定性作用，更好发挥政府作用"。公共资源交易作为社会主义市场经济体制的重要组成部分，事关社会民生和经济发展，是激发一个城市内生动力，提升城市软实力的重要因素。近年来，济南公共资源交易事业蓬勃发展，公共资源交易水平逐步迈入全国前列，公平竞争的公共资源交易环境在招商引资、投资兴业、推动重大项目落地等方面作用日益显现，为提升泉城软实力，推动经济社会高质量发展增添了"公共资源交易"的阳光底色。

# 一、 公共资源交易对提升城市软实力的重要意义

公共资源交易是将原本各自独立运行的政府采购、医疗采购、工程建设项目招投标、土地使用权出让、国有产权交易等涉及公共资源类交易项目集中到一个平台进行的交易。[①] 公共资源交易是我国社会主义市场经济发展的产物，是连接公共部门和经营主体的纽带。公平竞争的公共资源交易环境能够最直观地体现一个城市公共部门和经营主体的政商关系，展示一个城市的吸引力和软实力。下面，本文从制度、服务、治理等三个层面阐述公平竞争公共资源交易环境对提升城市软实力的重要意义。

## （一）公共资源交易为城市软实力提供制度支撑

"制之有衡，行之有度"，制度是一切管理的基石和保障。城市软实力离不开规范合理、科学完善的制度体系。目前，《招标投标法》和

---

① 王丛虎. 公共资源交易管理 [M]. 北京：经济科学出版社，2018：255.

《政府采购法》作为公共资源交易领域两部基础法律，从横向上为公共资源交易活动搭建了法律构架；《矿产资源法》《企业国有资产法》《土地管理法》《拍卖法》等专业领域法律，从纵向上为资源类交易等搭建了法律构架；此外，《招标投标法实施条例》《政府采购法实施条例》《电子招标投标办法》《公共资源交易平台管理暂行办法》等为公共资源交易活动提供了法律补充及依据，从而搭建起了公共资源交易的整个法律规范系统框架和制度体系。在完善的法律体系下，有法可依的公共资源交易活动推进经营主体行为规范、要素自由流通、社会公平公正，为城市软实力提供了必不可少的制度支撑。

### （二）公共资源交易为城市软实力强化服务保障

"民之所望"是时代交给我们的答卷，实现"民之所愿"是心怀"国之大者"的共产党员的坚定信心和决心。群众生活的获得感、幸福感和安全感是衡量一个城市软实力的重要标尺。招标采购作为一种采购方法，其目的是"规范招标投标活动，保护国家利益、社会公共利益和招标投标当事人合法权益，提高经济效益，保证项目质量"[1]。公共资源交易以招标采购为主要交易形式，依托公共资源交易电子平台，为百姓关切的轨道交通建设、棚户区改造、基础设施建设等民生项目提供公平竞争的交易环境，有效推动社会教育、医疗、文化、养老等公共资源的优化配置，解决着人民群众最关心、最直接、最现实的利益问题，对提升城市软实力发挥着不可磨灭的积极作用。

---

[1] 李显冬. 公共资源交易法律规范系统的构建 ［M］. 北京：中国法制出版社，2019：97.

### （三）公共资源交易为城市软实力提升治理能力

公共资源交易是政府与社会之间的互动过程，一方面，要求政府公开透明，强化监督管理，及时公布信息，确保交易活动公平公正；另一方面，要求经营主体加强自律，通过竞争择优的过程，达成双方意愿，提高资源综合利用，实现效益最大化。通过这种互动关系，政府有助于提高自身管理水平和社会公信力，经营主体有助于充分发挥主观能动性，提高参与社会治理的积极性，从而实现有效市场和有为政府的更好结合，促进市场机制发挥更大作用，有效提高社会治理水平和城市软实力。

## 二、 济南市优化公共资源交易营商环境主要做法及成效

近年来，济南市聚焦建设全国统一大市场、深化要素市场化改革、建设高标准市场体系、发展数字经济等公共资源交易领域新要求，持续优化公共资源交易综合管理体系，降低制度性交易成本，提高经营主体便利度，促进市场主体获得感和满意度逐渐增强。

### （一）综合管理体系日趋完善

坚持系统观念、运用系统方法，既是经济社会发展必须遵循的重要原则，也是抓好各项工作的重要遵循。济南市结合公共资源交易管理实践，总结完善了公共资源交易综合管理的"四梁八柱"，"四梁"即四个体系，包括组织保障体系、政策法规体系、运行服务体系、工作监管体系；"八柱"即聚焦监管，形成了"3项监管、4个协同、若干机制"的综合监管模式，作为全市公共资源交易综合管理的根本指导思路。

1. 先进有效的组织保障体系

济南市确立了公共资源交易管理"一会一办一中心"组织框架，在全市公共资源交易管理中发挥了主体作用。为进一步加强组织保障，又谋划了"一协会三中心"，即：成立"公共资源交易协会"，架起企业和政府的桥梁；成立"公共资源交易创新研究中心""公共资源交易绩效评估中心"和"创新要素市场化配置研究中心"，重点研究推进公共资源交易领域要素市场化配置、绩效评估监管制度、交易规则创新等。借助相关智库力量，加强公共资源交易相关工作的推动和保障。

2. 完备严密的政策制度体系

济南市在政策制度体系方面形成了"2＋2＋3＋N"的政策制度体系框架。第一个"2"，是以市政府名义印发的《济南市公共资源交易管理办法》和《济南市公共资源交易"十四五"规划和2035年远景展望》，作为当前和今后一段时期本市公共资源交易工作的纲领性文件；第二个"2"，是以市政府名义印发的《济南市公共资源交易目录（2021年版）》和市发展改革委等部门连续5年印发的《济南市优化营商环境招标投标指标创新突破行动方案》，以此作为平台整合"应进必进"和招标投标优化提升的行动指南。"3"即3个条目，包括"交易规则、平台服务、监督管理"等方面，分别对应交易、服务和监管。"N"即根据国家、省、市有关精神，结合实际制定的具体分项政策措施，如评定分离、代理机构管理、专家管理、远程异地评标、绩效评估、监管执法、廉政建设等具体政策措施，以不断完善的政策制度体系支撑和保障全市公共资源交易管理顺畅运行。

3. 便利高效的运行服务体系

公共资源交易运行服务体系是聚焦公共资源交易平台运行服务机构主责主业，以交易中心为主阵地，加强智能化平台运行体系和标准化服务体系建设。其中，智能化平台运行体系，即致力于"数字化、便利化、移动化"，打造集智能管控调度、交易操作、监督管理于一体的现代化数字平台，实现经营主体足不出户、一部手机即可办理相关交易业务。标准化服务体系即以建设公共资源交易标准化服务体系为重点，重点打造包括交易服务、场所管理、内部管理、信息化建设、队伍建设和评价考核等6个标准化体系，通过标准化来提升规范化，以规范化实现阳光化、法治化，最终实现便利化、高效化。

4. 规范协同的工作监管体系

济南市建立了"3项监管、4个协同、若干机制"的综合监管模式，其中，"3项监管"包括协同监管、智慧监管、信用监管，"4个协同"包括事前事中事后全过程协同监管、部门高效联动全方位协同监管、发改行政公安协同执法以及媒体社会公众协同监督，"若干机制"则包括平台整合、绩效评估、专家考核、投诉受理、建议征集、廉政防控、监督检查等在内的若干机制。

## （二）公共资源交易制度性成本持续降低

坚持"助企纾困、惠企减负"工作目标，聚焦公共资源交易领域痛点、堵点、难点问题，创新推行了"4321"工作举措，相关做法入选《全国优化营商环境简报》第180期，进一步降低了企业制度性交易成本，为建立亲清政商关系、优化营商环境、提高城市软实力贡献了公共资源交易力量。

1. 实行"四项免收"交易服务，降低企业交易成本

实行免收首把数字证书（CA）办理费、网上下载标书费、政府采购投标保证金、政府采购履约保证金等"四项免收"交易服务，采用"电子标书"替代"纸质标书"，由"政府买单"替代"企业自费"，

进一步减轻企业资金负担。2023 年以来，全市共有 11 万余家企业免费下载招标文件，实际投标 85756 家，免费提供数字证书 17667 张，累计可为企业节约投标成本 4287.8 万元。

2. 提供"三项担保"金融支撑，缓解企业资金压力

建立济南市公共资源交易电子担保平台，为企业免费提供保证金代收代退、电子保函和"政采 E 贷"等"三项担保"金融服务。与 7 家银行合作提供投标保证金代收代退服务，2023 年以来，共收取保证金 86.87 亿元，转土地出让金 40.76 亿元，退付保证金 46.11 亿元，退付利息 15.81 万元；与 19 家保险机构开展电子保函业务合作，共开具电子保函 9720 笔，为企业释放占压资金 14.62 亿元；与 5 家银行合作开展中小企业融资服务，并扩容"政采 E 贷"线上融资业务，解决融资难、融资贵问题，2023 年以来"政采 E 贷"累计发放贷款 286 笔，贷款金额逾 24.9 亿元。

3. 推行"两项措施"精准落地，提升企业活跃度

简化政府采购项目企业法定资格的形式审查，不再要求提供财务状况、缴纳税收和社会保障资金等证明材料，2023 年以来为企业减免证明事项 38951 项；推行"承诺入驻"零门槛，齐鲁云采网上商城济南分站共入驻供应商 13967 家，中小微型 13810 家，占比 98.87%，成交订单数量占比 98.28%，进一步提高了中小微企业参与采购活动的活跃度。

4. 拓展"一网交易"应用场景，实现企业交易"零跑腿"

推行合同签订及变更"一网通办"，开发完善在线签发、随时查看、网上打印等多种功能，确保交易业务"随时办、随地办、随手办"，2023 年以来合同在线签订及变更已完成 1595 次，有效打通"不见面"交易"最后一公里"。拓展"市域内多地分散协同评标""远程

异地评标""BIM 辅助评标"等场景应用，推进实现各类交易主体投标不出门、开标不见面，共与青岛、淄博、洛阳、通辽等省内外地市共开展远程异地评标合作 70 余次，实现"线下不见面、线上面对面"的远程跨地域评标。

## （三）公共资源交易在全国影响力逐步扩大

济南市围绕"协同监管、智慧交易、数字赋能"等方面，推出了一系列全国领先的创新举措，进一步激发经营主体活力。2023 年 12 月，"全国公共资源交易平台整合共享暨招标投标专项治理现场会"在济南召开，集中展示了济南市公共资源交易领域创新改革工作，公共资源交易工作在全国影响力逐步扩大。

1. 全国首创公共资源交易绩效评估

济南市公共资源交易绩效评估科学研发了"$E = K + Z + P$"的评估模型，完善了绩效评估实施办法、实施细则、专家库及专家管理规定、经费管理规定等系列文件，开创了监管范围广、评估内容全、交易主体多的全新综合性监管方式。近三年，公共资源交易绩效评估累计评估房建、市政等项目 335 个，工程中标价逾 450 亿元，涉及各方交易主体 4160 人（家），并先后入选国家、省发展改革委"创新监管体制机制"和"深化公共资源交易平台整合共享工作"典型做法，面向全国、全省复制推广。

2. 成功入选国家水利工程建设项目电子监管试点城市

济南市积极推进纵向衔接、横向贯通的一体化水利工程电子监管体系建设，率先完成省、市水利监管平台 46 个接口对接，形成跨层级监管平台统一代码、唯一标识，推动招标投标交易数据、行政质疑投诉数据、主体信息数据等交易数据实时上行推送和数据分析监测结果及时下行反馈，纵向贯通了国家、省、市、区（县）四级水利招标投标监管数据，实现了水利项目交易数据可比对、过程可追溯、问题可监测，为探索实现水利行业招标投标行政监督"全国一张网"发挥了重要的先行先试作用。

3. 打造全国一流智慧化公共资源交易平台

公共资源交易平台是推进要素市场化配置改革的重要阵地，是有效市场与有为政府更好结合的重要载体。济南市深入推进"1＋1＋N＋大数据"公共资源交易电子平台建设，充分利用大数据、区块链、云计算、BIM 等现代信息化技术，创新引入交易场所一体化调度管理系统、人员轨迹定位系统、不见面开标舱、专家身份验证和在线支付系统等，实现了"云上开标""智慧评标""大数据分析"等数字化智能化场景应用，推进了公共资源交易平台从"有形市场"到"线上交易"，再到"智慧交易"的升级跨越，2023 年济南市公共资源交易总数为 82574 宗，同比上升 17.85%，交易总额为 3580.78 亿元，同比上升 17.63%，公共资源交易经营主体活力竞相迸发。

4. 公共资源交易典型经验持续推广

"济南市完善交易规则提升监管效能"典型经验入选《中国营商环境报告 2021》；"济南市积极破除招标投标隐性壁垒"典型经验入选《优化营商环境百问百答》；"战疫情保发展济南市开通防疫期重点项目招投标绿色通道"获国家发展改革委通报并向全国推广；"依托公共资源交易平台，实现电子营业执照在公共资源交易领域推广应用"创新做法被作为典型案例向全省推广；招标投标营商环境创新案例入选《济南市优化法治营商环境典型案例汇编》……一系列创新做法提升了济南在全国公共资源交易领域影响力。

# 三、 坚持 "＋公共资源交易" 提升济南城市软实力的对策建议

"硬实力让城市强大，软实力让城市伟大。城市既要有筋骨肉，更要有精气神。"公共资源交易作为城市软实力的重要组成部分，从法治化建设、区域化合作、数字化转型方面作用于城市软实力，促进城市法治更加完善，区域化合作更加深化，数字化服务更加强化，统筹推进城市软实力全面增强。

## （一）坚持"法治化建设＋公共资源交易"，提升城市法治软实力

法治是最好的营商环境。党的二十大报告指出，"营造市场化、法治化、国际化一流营商环境"。将法治思想贯穿公共资源交易全过程，推进公共资源交易工作全面纳入法治轨道是持续提升济南城市法治软实力的必然要求。一是强化公共资源交易领域立法工作，为保护交易主体权益、提升监管水平、提高服务效率夯实法律基础。二是完善公共资源交易领域制度体系，修订或出台交易监督管理办法、交易目录、信用管理办法等一系列制度文件，推进形成科学规范、系统完备的公共资源交易制度体系。三是持续优化公共资源交易法治化营商环境，加大监管、纪检、审计、公安等部门协同执法力度，凝聚公共资源交易领域监督合力，开展突出问题专项整治行动，全面推行"双随机—公开""绩效评估""标后评估"等事中事后监管，形成公开透明、规范高效的交易环境，推动城市法治软实力持续提升。

### （二）坚持"区域化合作＋公共资源交易"，提升城市合作软实力

加强区域合作是增强地区竞争力、提高城市软实力的必然选择。要深入贯彻党中央、国务院推进黄河流域生态保护和高质量发展国家战略，创新公共资源交易平台建设，推动黄河流域公共资源交易跨区域合作。一是加强与全国公共资源交易区块链、黄河流域高质量发展公共资源交易区块链联盟协作，逐步实现交易业务协同共享、交易数据存证可信、跨区域 CA 互认共享、金融普惠落地等应用共享。二是推进省内沿黄九市公共资源交易一体化市场建设，探索在全省沿黄流域先行先试开展绿色要素交易，破除经营主体跨区域交易隐性壁垒，以市场化配置方式引领和促进沿黄城市公共资源要素流动流通。三是探索公共资源交易跨区域一体化协同监管，建立跨区域经营主体信用评价共享交换机制，推动信用信息互联互通、信用结果互用共享。通过提升济南市公共资源交易区域竞争力，推进实现土地、劳动力、资本、技术和数据等要素聚集，以区域融合发展助力济南城市软实力提升。

### （三）坚持"数字化转型＋公共资源交易"，提升城市数字软实力

2022 年《中共中央、国务院关于加快建设全国统一大市场的意见》进一步明确了公共资源交易数字化转型的要求。公共资源交易的数字化改革浪潮奔涌，正在成为强化数字政府服务效能、推进要素资源市场化配置的重要抓手之一。[①] 一是持续完善数字化平台系统建设，推行进场

---

① 《2022 数字交易白皮书》重磅发布，公共资源交易数字化转型正当时 ［EB/OL］. 中国发展网，2022 – 11 – 08. https：//baijiahao. baidu. com/s? id = 1748919064801413650&wfr = spider&for = pc.

登记、场地预订、专家抽取、CA 办理、档案存档等服务事项全程网办，加快推动平台与国库支付系统对接和信息共享，依托全国一体化政务服务平台，加强相关审批部门信息共享，进一步深化电子证照在公共资源交易领域应用。二是持续提升交易数智化监管水平，优化升级自动预警违规线索技术及系统，推进实现从投标文件内容雷同、投标人抱团亲密度、投标报价偏离度、专家评分偏离度、中标率异常等方面自动预警，提升招标投标智能化、精准化监管水平。三是持续扩大数字化平台服务范围，积极创造条件服务交易目录外项目进场交易，持续放大交易平台数字化转型社会效益，以公共资源交易"小切口"带动城市软实力"大提升"，为彰显泉城软实力增添"公共资源交易"阳光底色。

（执笔：张娜）

# 新时代济南市慈善事业发展路径探究

济南市民政局

**摘　要：** 提升城市软实力是增强城市综合实力、核心竞争力的必由路径，而公益慈善事业是抬高城市发展底部，提升城市软实力的重要力量。近年来，济南市慈善事业发展态势良好：慈善组织数量日益增加，参与慈善的主体更加多元，慈善项目范围越来越广泛，慈善氛围日益浓厚。随着新时代的到来，结合当前济南市慈善事业发展存在的问题和新的需求，探究从组织领导、政策扶持、作用发挥、监督管理、打造慈善文化等途径，为进一步推动济南市慈善事业高质量可持续发展，助力现代化强省会城市软实力提升贡献力量。

**关键词：** 新时代；济南；城市软实力；慈善事业；发展路径

慈善事业是中国特色社会主义事业的重要组成部分，是实施第三次分配、促进共同富裕的重要途径，是社会文明进步的重要标志。发展壮大慈善事业，对塑造城市精神文化、深化城市软实力建设、提升市民幸福指数都发挥着积极深远作用。近年来，济南市各级民政部门在党委、政府的领导下，认真贯彻习近平总书记关于慈善事业发展的一系列指示批示精神，加强组织领导，加大培育力度，强化行业监管，走出了一条符合泉城特色的慈善事业发展之路。本文通过总结济南市慈善事业发展经验做法，结合当前新时代发展需求，调查分析目前济南市慈善事业发展存在的问题及同先进地区存在的差距，对进一步推动济南市慈善事业的高质量发展，擦亮城市软实力名片提出建议对策。

# 一、 济南市慈善事业发展概况

近年来，济南市慈善事业在市委市政府的领导下，慈善组织数量日益增加，参与慈善的主体更加多元，慈善项目范围越来越广泛，慈善氛围日益浓厚，慈善事业发展态势良好。

## （一）党委政府高度重视

2023 年济南市委常委会工作要点提出"大力发展公益慈善事业"。济南市政府工作报告提出"大力发展慈善事业，培育社区基金 100 个"，这是连续三年将慈善事业发展列入重点工作任务。首先，政府部门推进慈善领域制度体系不断完善。2020 年，济南市民政局制定发布《慈善组织信息公开指南》，对慈善组织信息公开等事项进一步明确，极大提升了全市慈善组织信息透明化水平。其次，慈善事业法治水平不断提升。全市各级民政部门连续 3 年开展慈善组织"双随机一公开"抽查，处罚 2 家慈善组织，举办慈善工作能力提升培训班，推进"依法行善、依法治善"，政府部门依法监督管理和促进发展，慈善组织依法开展活动、人民群众依法参与和监督慈善的观念基本建立起来。再次，政府对慈善事业的激励政策逐渐完善，财政、税务、民政部门积极联动，落实税收优惠政策，慈善主体活力进一步激发。

## （二）慈善主体力量日益壮大

党的十八大以来，济南市以慈善组织为代表的各类慈善力量迅速发展壮大，社会各界参与公益慈善活动的热情进一步激发。一是慈善组织快速发展。截至 2023 年 7 月，济南市慈善组织共 110 家，其中基金会 26 家、社会团体 17 家、社会服务机构 67 家（见图 1）。取得公开募捐资格、公益性捐赠税前扣除资格和评估等级 3A 及以上的慈善组织分别达到 15 家、9 家、20 家。"十三五"以来，慈善组织接收社会捐赠规模屡创新高。2016 年《慈善法》颁布当年，济南市慈善捐赠总额仅为 8232 万元，到 2022 年时增长到 3.6 亿元（见图 2）。二是慈善组织运行日趋规范。在慈善组织监管上，济南市持续推进慈善信息公开工作，不断提升慈善信息透明度和慈善组织公信力。2019 年以来，连续开展慈善组织信息公开专项检查、"双随机一公开"慈善组织抽查，慈善组织"慈善中国"账户开设率达 100%，年报率从 95.59% 提升至 100%。三是慈善新业态逐渐兴起。济南市慈善信托项目备案达 18 笔，信托合同规模达 1.22 亿元，信托备案数量和合同金额均为全省最高。网络募捐新形式发展迅速，济南市入选中华慈善总会"幸福家园"村社互助工程首批试点省会城市，通过工程网络募捐平台发起 700 余个公益慈善项目，累计筹款 4000 余万元，惠及群众 20 余万人次；社区基金从无到有，目前全市设立 261 支，基金总额达 171.12 万元，"小"基金激发"善"能量，社区基金作用逐渐彰显。

济南市慈善组织类别数量图（单位：个）
（数据截至2023年7月）

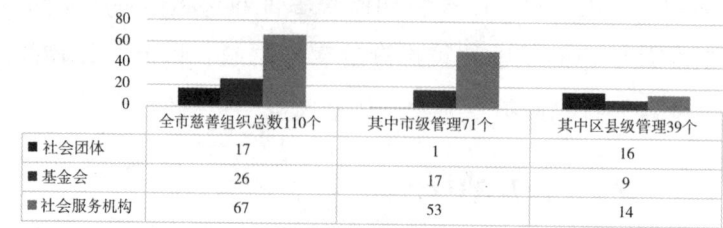

| | 全市慈善组织总数110个 | 其中市级管理71个 | 其中区县级管理39个 |
| --- | --- | --- | --- |
| ■ 社会团体 | 17 | 1 | 16 |
| ■ 基金会 | 26 | 17 | 9 |
| ■ 社会服务机构 | 67 | 53 | 14 |

图1　全市慈善组织类别数量图

2016年—2022年济南市慈善组织捐赠总额图（单位：亿元）

| | 2016年 | 2017年 | 2018年 | 2019年 | 2020年 | 2021年 | 2022年 |
|---|---|---|---|---|---|---|---|
| 全年捐赠总额 | 0.8 | 0.2 | 0.9 | 1.4 | 3.8 | 3.8 | 3.6 |

图2  2016 年—2022 年全市慈善组织捐赠总额图

## （三）慈善功能作用有效发挥

济南市慈善组织在围绕扶贫济困、扶老救孤等领域开展传统慈善活动的同时，主动聚焦脱贫攻坚、乡村振兴、黄河流域生态保护和高质量发展等重大国家战略，积极应对自然灾害、疫情防控等公共危机，彰显了独特的价值和使命。"利奇马"台风期间，济南慈善总会、章丘慈善总会发起台风灾区慈善募捐项目，共筹集救灾捐款 3757 万元，用于灾后重建和受灾群众、困境老人、儿童及其他困难群众的帮扶救助，有力支援了抗灾救灾和灾后重建工作。2020 年新冠肺炎疫情发生后，济南市慈善组织主动作为、迅速行动，广泛动员社会各界捐款捐物支援疫情防控工作，全市慈善组织接收疫情防控捐赠达 1.14 亿元；受疫情防控捐赠推动，当年济南市慈善捐赠总额 3.8 亿元，创历史新高。济南市慈善组织策划开展了"慈馨＋""最美康乃馨""关爱老兵行动""为无名烈士寻亲""梦想星工坊"等涉及困难群众帮扶、残疾人保障、关爱退役军人慈善项目，多领域、多维度帮助困难群众。

## （四）慈善氛围日益浓厚

发展慈善事业，需要依靠社会力量，必须加大慈善宣传，弘扬慈善文化，增强公众慈善意识，营造"人人慈善"的社会氛围。近年来，济南市注重加强慈善宣传工作，连续 3 年联合市委宣传部、市直机关工委、济南日报报业集团等部门单位开展"一城大爱暖泉城·爱涌泉城"公益评选活动；围绕"中华慈善日"主题宣传，连续 2 年向济南市民发送 4 万余条慈善宣传公益短信，开展"泉城论善"主题研讨、慈善展览、慈善普法宣传等活动，培育打造"泉心向善"慈善品牌；建成并启用近 300 平方米的全省唯一反映地方慈善发展全景的综合性展室——济南慈善展室，成为促进济南慈善文化发展的全新阵地。同时，历下区连续多年举办公益慈善市集；市中区打造"市中慈善号"公交专线，市区县上下联动、同向发力，多形式、多途径传递慈善温暖，传播慈善文化。党的十八大以来，共有 24 个单位、个人获评"山东慈善奖"。泉城慈善已潜移默化融入城市发展的血液里，为提升城市文明、加快城市软实力建设提供不竭动力。

## 二、 济南市制约慈善事业发展因素

济南市慈善事业发展态势良好的同时，面对社会转型时期新时代慈善事业发展与建设"强新优富美高"新时代社会主义强省会要求，在推动传统慈善向现代慈善转型、充分践行社会主义核心价值观要求、推进慈善事业高质量发展上，仍面临着不少困境和挑战。

### （一）慈善事业统筹谋划推动力度不足

一是慈善工作协调机制存在短板。《中华人民共和国慈善法》（以下简称《慈善法》）《山东省慈善条例》明确规定"县级以上人民政府应当建立慈善工作协调机制，统筹、协调、督促和指导有关部门在各自职责范围内做好慈善事业扶持发展和规范管理工作",目前省内青岛、济宁、临沂3市建立了慈善工作协调机制。济南市慈善工作组织协调机制还不够健全,部门之间未形成工作合力,对于推进济南市慈善事业高质量发展缺乏有力支撑。二是配套政策有待进一步完善。广州、成都等地市人民政府出台了有关促进慈善事业发展的规章,这些均为促进地方慈善事业的发展提供了更细化的规范,济南市目前缺乏市级层面关于推进慈善事业发展的相关规章文件,对慈善领域的税收优惠、激励措施、监督管理等配套措施不够细化,在慈善事业发展整体谋划推动方面有所欠缺。

### (二)慈善主体力量需进一步激发

随着《慈善法》的颁布,济南市慈善组织不断增长,但是发展不平衡不充分的问题仍较为突出。一是慈善组织整体规模偏小。济南市慈善组织数量在全省地市中虽然排名首位,但全市慈善组织数量仅占全市社会组织总量1.74%,在全省排名第3名,与第1名东营市2.65%相比还有不小差距,较深圳、杭州、成都等地市有更大差距。二是慈善组织发展不均衡,活力不足。一方面济南市慈善组织大多为市管组织,区县慈善组织培育力量不足;另一方面,社会服务机构等中小型慈善组织多,基金会等较大规模资助型组织少,能够提供专业服务的服务型组织少;部分慈善组织常年不开展慈善活动,或开展慈善活动不规范,缺乏慈善活力。三是慈善组织发展缺乏行业引领带动作用。在全国层面,民政部成立有中国慈善联合会,许多慈善组织发展好的地方,如广州、深圳、杭州、宁波等市,都成立了慈善行业联合组织,为推动慈善组织规范化运作、促进慈善事业高质量发展,发挥了重要作用。目前,济南市市级层面还没有建立慈善行业组织,缺乏枢纽型、具有示范带动作用的慈善组织。四是慈善信托力量发挥不足。虽然济南市备案慈善信托数量、规模逐渐壮大，但目前备案慈善信托项目落地济南仅2单，济南市本土群众对慈善信托的认知度还不足，对于本土慈善信托工具使用及发挥作用有一定限制。

## （三）慈善监管体系需要进一步健全

一是"依法行善"能力不足。根据调查研究，济南市慈善组织从业人员约204人，兼职人员约639人，人员数量不少，但大多从业人员慈善相关法律意识、职业素养有待提升，应急处置能力、专业能力不高，缺乏慈善组织管理理念和专业水平；有些慈善组织内部管理制度不健全，未严格履行重大事项决策、执行、监督职责，在确立自身优势和定位上模糊不清，缺乏明确清晰的可持续发展规划。二是"依法治善"水平不足。据统计，在实际工作中，济南市基层慈善监管和执法工作人员平均不足2人。《慈善法》施行以来，济南市民政局针对慈善组织违法违规行为实施行政处罚共4起，除此之外，区县均为"零处罚"。不少区县民政部门反映，现有工作力量很难对慈善组织活动进行全方位监管。三是"民众监督"作用发挥不足。虽然济南市民政部门制定出台了系列慈善组织信息公开政策指引，但部分慈善组织还是存在信息公开不及时、不完整等问题，政府通过平台、媒体等创新渠道搭建社会监督渠道不够畅通，难以发挥好社会公众监督作用。

## （四）慈善事业宣传力度有待进一步加强

一是慈善法规的宣传力度需要加强。2016年，我国出台《慈善法》意义重大，为慈善事业健康发展提供了法律依据。2021年，《山东省慈善条例》施行，立足山东实际，对《慈善法》及其配套政策中的一些重要制度进行整合、细化、补充，对促进济南市慈善事业发展有重要的引领作用。但目前全市对《慈善法》《山东省慈善条例》等法规政策宣传有限，社会公众对慈善事业的理解也容易存在偏差。二是慈善文化需要进一步挖掘。慈善文化能够增强社会慈善氛围、凝聚各种慈善力量、提高群众慈善意识，很多地市在慈善文化建设上先行一步进行了探索。如南通建设了南通中华慈善博物馆，苏州打造了"乐善苏州"慈善品牌，湖州市举办"南太湖慈善论坛"，与以上先进地市相比，济南市在慈善文化打造宣传上还有很大的空间。

## 三、 新时代济南市慈善事业高质量发展创新路径

济南市要深入贯彻落实习近平新时代中国特色社会主义思想，紧紧围绕中国式现代化特征和要求，明确党的二十大报告"扎实推进共同富裕，引导、支持有意愿有能力的企业、社会组织和个人积极参与公益慈善事业"发展方向，进一步激活城市软实力发展活力，推动慈善事业高质量发展。

### （一）坚持党对慈善事业的全面领导

推进慈善事业发展，必须旗帜鲜明地以习近平新时代中国特色社会主义思想为指导，坚持和加强党对中国特色慈善事业的全面领导，牢牢把握慈善事业的政治性、人民性和公益性，不断加强对慈善组织的党建引领。同时，各级党委、政府要加强对慈善事业的领导和支持，推动从政府层面建立慈善工作协调机制，由市领导担任市慈善事业促进工作领导小组组长，市直各相关部门参与，强化对慈善工作的统筹规划、协调指导、督促检查，协调解决慈善事业发展中遇到的突出困难和问题，发

挥好慈善力量服务国家重大战略工作和党委政府中心工作作用。

**（二）完善慈善事业发展扶持政策**

目前《慈善法》《山东省慈善条例》为济南市慈善事业发展初步建立起一套完善的慈善法律体系。济南市可以基于国家、省级层面法律规章起草一些规范性文件，完善相关制度。通过制度规章对慈善工作相关机制、慈善组织发展路径、慈善捐赠和慈善服务、慈善活动的监管及慈善事业协同发展等作出规定，为泉城慈善事业高质量发展制订"路线图"，助推济南市慈善事业法治化发展。

**（三）推动慈善组织作用充分发挥**

首先，通过慈善领域系列培训、政校合作人才培养输送、监督管理体系打造等方式推动慈善组织加强内部治理，完善法人治理结构，坚守公益慈善理念，打造公益慈善品牌，提高募捐动员能力和资源整合能力。其次，推动设立济南市慈善组织联合会，制定行业标准，充分发挥联合会的桥梁和纽带作用，提升慈善事业发展水平，督促指导慈善行业组织建立健全行业规范，强化行业自律。最后，探索构建慈善组织"结对帮带、双向促进"工作机制，搭建政府、企业、慈善组织交流平台，加强资金募集与项目打造，促进慈善组织共同提质增效。

**（四）建立多元监督管理机制**

多元监督机制打造有利于增强慈善事业透明度和公信力，进一步激发和保护捐赠积极性，是推动慈善事业健康有序、高质量发展的有力保障。探索将慈善组织评估检查列入政府购买社会服务目录，鼓励支持各级政府及部门委托第三方机构对慈善组织进行评估检查，进一步充实慈善监管工作力量，提升监管效能。注重新闻媒体等新媒体力量，畅通社会公众监督机制，充分发挥民众的监督作用，完善政府部门、行业组织、群众全方位的慈善监管体系，提升慈善公信力，打造透明的监督体系。

### （五）打造慈善文化，疏浚慈善源流

首先，慈善文化打造要以慈善普法为基底，要通过《慈善法》《山东省慈善条例》等法规积极宣传，让慈善理念、慈善项目、慈善文化真正走进人民群众心中。其次，要挖掘济南本土慈善文化元素、济南本土慈善名人等慈善素材，做好慈善事迹传播，加强具有济南本土特色的慈善文化传承及创新，加深社会公众对慈善的认识。再次，鼓励通过公益年会、慈善宣传周、慈善市集、"慈心一日捐"、慈善开放日等群众性的慈善实践活动，让人民群众"参与慈善、了解慈善、支持慈善"，营造浓厚的社会慈善氛围；大力发展社区慈善，通过社区基金设立将慈善延展至基层，不断助力和改善基层民生。最后，要注重慈善品牌的打造，建立慈善文化宣传阵地，培育打造具有时代特征、泉城特色的慈善品牌，鼓励发展移动互联网公益慈善载体，丰富慈善形式，提升慈善传播力，在"慈善无处不在，慈善人人可为"的氛围中涵养慈善意识、弘扬慈善文化。

（执笔：苏楠、岳长胜、贾继华、王喜春、张晴晴、王娟）

# 济南市垃圾分类：提升城市软实力的绿色发展探索与实践

济南市城市管理局

**摘　要：**实行垃圾分类，关系广大人民群众生活环境，关系节约使用资源，关系形成绿色发展方式和生活方式，是落实新发展理念、推动绿色发展的重要举措，也是社会文明的一个重要体现、城市软实力的题中要义。济南市将垃圾分类作为提升城市软实力的重要抓手，通过法治立基、重构体系、创新处置模式、加大宣教动员等措施，提升精细化治理水平、提高市民个人素养、厚植绿色低碳理念，促进社会文明，凝聚城市品格和价值共识，彰显济南"诚信、创新、和谐"的城市精神。根据当下垃圾分类工作实际，结合全市城市软实力整体安排，下一步济南将在推进数字化建设、深挖资源化潜能、注重减量化引导和强化大众化宣教等方面下足功夫，让垃圾分类成为城市文明的"培养基"、城市软实力提升的"助推器"。

**关键词：**垃圾分类；绿色发展；城市软实力

党的十八大以来，济南作为历史文化名城、创新驱动之城、生态宜居之都，乘势而上，顺势而为，逐步建立并不断完善垃圾分类政策制度体系、管理评估体系、社会动员体系和保障支撑体系，大力推进垃圾分类投放、收集、运输和处理全链条能力建设，形成以法治为基础、政府推动、全民参与、城乡统筹、因地制宜的垃圾分类制度，在改善人居环境、推进社区治理、促进资源节约等方面取得积极成效，有力助推了济南生态文明建设和城市软实力提升。

## 一、 政策引领与实践探索： 济南市垃圾分类与城市软实力建设的发展渊源

2016 年 12 月，习近平总书记在中央财经领导小组第十四次会议上强调"要加快建立分类投放、分类收集、分类运输、分类处理的垃圾处理系统，形成以法治为基础、政府推动、全民参与、城乡统筹、因地制宜的垃圾分类制度，努力提高垃圾分类制度覆盖范围"。2017 年 3 月，国务院办公厅转发国家发展改革委和住房和城乡建设部《生活垃圾分类制度实施方案》，要求包括济南在内的 46 个重点城市先行强制实施垃圾分类制度。2019 年 3 月，习近平总书记对垃圾分类工作作出重要指示，强调"实行垃圾分类，关系广大人民群众生活环境，关系节约使用资源，也是社会文明水平的一个重要体现"。2020 年 9 月，新"固废法"正式实施，"国家推行生活垃圾分类制度"上升至法律层面，垃圾分类成为推动"构建基层社会治理新格局、促进生态文明建设、提高社会文明水平"的重要载体。

进入 21 世纪以来，济南市经济社会快速发展，群众生活消费水平不断提升，生活垃圾总量增长迅猛，2023 年济南市共清运处置生活垃圾 323 万吨，比 2013 年的 186 万吨（含原莱芜市）翻了近一番，年均

增长率在 5.7% 以上的高位。提升生活垃圾治理能力和治理水平，成为济南抓好城市建设管理的一道亟解之题。2017 年，济南成功迈进"全国文明城市"行列，市民的归属感和自豪感达到空前高度，对城市环境卫生水平、城市文明程度有了更高的期待。开展垃圾分类处置，同时成为摆在济南面前的一道改善人居环境、提高城市生活品质、维护城市形象的必解之题。

"硬实力让城市强大、软实力让城市伟大。城市既要有筋骨肉，更要有精气神。"2022 年，济南开启了全面提升软实力的全新实践，出台《关于提升城市软实力创建文明典范城的实施意见》，全面部署推进城市软实力提升，与北京大学共建全国首个城市软实力研究院，全面推进"无废城市"建设，着力打造引领全国提升城市软实力的核心引擎和示范样板。

作为"无废城市"的"必答题"，垃圾分类实践主体是个人，分类结果是资源循环利用和无害化处理，最终目的是带动全民参与践行绿色生产生活方式，首当其冲成为济南探索生态软实力富民价值的关键。走出全民素质提升的关键步伐，垃圾分类通过规则引导公众参与，进而形成社会环境保护、资源循环的新风尚，不仅体现了城市治理水平，还起到了引领、指导和规范社会精神文明建设的重要作用，彰显了济南"诚信、创新、和谐"的城市精神。

## 二、 济南市以生活垃圾分类助推城市软实力建设的主要做法

作为城市软实力提升的重要抓手，垃圾分类从概念到实践，从实践内化成环保理念、外化成生活习惯，成为社会新风尚，离不开制度保障，离不开创新举措，离不开社会动员。

## （一）法治立基，强化环境责任，为生态文明建设提供保障

依法治市是城市软实力的重要标签。2021 年 5 月 1 日，《济南市生活垃圾减量与分类管理条例》（以下简称《条例》）正式实施，标志着垃圾分类工作全面进入法治新阶段。

1. 立法目的紧扣生态文明建设

济南市垃圾分类地方性法规跳出一般专项工作立法目的的局限性，将"减少垃圾产生、节约资源、保护环境、促进生态文明建设"作为立法的根本原则和最终目的，是济南市贯彻落实习近平生态文明思想的具体工作实践之一，体现了济南市垃圾分类工作开展的价值导向和精神文化追求。

2. 源头减量符合高质量发展理念

《条例》是全国 46 个重点城市中唯一一个将"垃圾减量"写入立法名称的地方性法规，充分显示了济南市将垃圾分类全面提升到高质量发展、生态文明建设层级的决心和信心。《条例》提出了生产、流通、消费等领域的源头减量机制，贯穿于社会生活中的各领域，促使居民自觉履行环境责任，践行绿色发展理念。

3. 配套政策紧围法规实施

围绕《条例》实施，按照垃圾分类全流程梳理，细化完善前端各场景设施设置标准和管理标准，济南市制发《九场所垃圾分类指南》《设施配置标准》《分类收运规范》《执法保障指导意见》等政策标准、技术规范 40 余项，形成了一套较为完善的垃圾分类投放、收集、运输、处理全周期管理法规体系，为推动城市精细化治理和"无废城市"建设提供了制度支撑。

### （二）重构体系，完善城市功能，为城市精细治理夯实基础

垃圾分类事关千家万户，关乎民生公益，考验城市治理能力，也是城市品质的重要体现。济南市紧紧扭住全链条体系建设这一关键环节，大力推进垃圾分类投放、收运、处置能力建设。

1. 撤桶并点，大幅改善居民投放环境

"撤桶并点"是将大量的、分散的垃圾桶撤除，按照垃圾分类要求合并放置在专门的点位，实现垃圾分类精准投放、集中管理的一种新型模式。济南市将原有的近5万个"分散混投桶点"撤并至当前的1.7万余个"集中分类投放点"，其中60%以上为亭房结构，基本实现了居民小区分类投放设施设置的全覆盖。"撤桶并点"后，管理维护成本降低、标准提升，与周边环境协调一致的外观设计、摆放干净整洁的投放收集设施，极大改善了居民投放环境。据调查了解，超过90%的居民认可本小区的垃圾分类投放设施布局，74%的居民表示小区内整体环境卫生在"撤桶并点"后得到了较大改善。

2. 创新收运，大幅提高居民满意度

济南市设计垃圾分类标识系统，按类别对车辆进行外观形象喷涂，加强密闭功能改进，强化洁净、防洒漏管理，一改市民对原有垃圾车"破、脏、臭"的刻板印象。在餐饮业户比较集中的小吃街、门面房等，按照标准沿街配置可回收物、其他垃圾两分类果皮箱，便于居民随行投放；撤除沿街垃圾桶（240L塑料制），还路于民；开通"音乐专线"，对沿街商户产生的各类垃圾进行定时沿街收运。针对大型餐饮单位、食堂产生的餐厨垃圾以 BOT 的模式由处置单位进行"行业专线"收运；老旧小区、农贸市场（菜市场）等产生的垃圾实施"公交专线"分类收运。当前，济南市共开通分类收运专线428条，撤除沿街垃圾桶

3200 余处，惠及商户 2.4 万余户，居民获得感、游客满意度大大提高，济南干净整洁城市形象深入人心。

3. 补强末端，大幅提升环境承载能力

垃圾处理是保障城市正常运行的安全工程，处理能力和处理水平体现当代城市发展水平，是衡量城市品质和软实力的关键内容。济南加大投入，科学选址，补齐补强处理设施，新增焚烧设计处理能力 4550 吨/日，总能力达到 6550 吨/日，新增厨余垃圾处理能力 1200 吨/日以上，总能力达到 1500 吨/日以上，完全满足济南当前的垃圾分类处置需求和城市发展需要。

**（三）因地制宜，创新处置模式，为绿色低碳发展提供助力**

一座城市对垃圾的处理方式，体现着这座城市文明程度。根据四类垃圾的特点形成完整有效的处置流程，最大限度减少对环境影响，最大程度对资源进行循环利用，是济南市推进垃圾分类工作的关键指导。

1. 针对有害垃圾量少、危害大的特点，创新"月宣传收集周"制度

以社区为单元，每月第一周集中开展宣传收集活动，同时以小区为单位设置收集桶辅助收集。收集后统一归集暂存，由专业公司按照危险废物相关规定运输处置，每月收集量达 4—5 吨。

2. 针对厨余垃圾量大、易腐烂特点，创新构建"集中＋就地"处理格局

出台规范性文件《关于推广厨余垃圾就地资源化处理的实施意见》，明确厨余垃圾就地处置的准入门槛、建设标准、运行要求等，规范推进厨余垃圾就地处理体系建设。城区范围主要通过设置小型厨余垃圾就地处理机的方式进行就地资源化处理；农村范围主要采取多村合建

阳光堆肥房、镇域实施生物养殖等方式实现厨余垃圾的就近就地资源化处置。因地制宜采取厌氧发酵、好氧堆肥、生物养殖等多种处理方式，通过沼气提纯天然气、发电、沼渣堆肥、生物高蛋白提取等实现最大化资源化利用，收集处理量超过 1500 吨/日。

3. 针对可回收物易储存、价值高等特点，灵活采取线上线下相结合的方式扩大回收效率

在依托传统再生资源回收网络进行可回收物回收的同时，根据区域和人员特点，灵活采取智能设备随时回收、定时定点上门回收、电话或 App 预约回收等模式，扩大回收覆盖面，回收利用量约 3000 吨/日。

4. 针对其他垃圾包容性强、量大、处理模式成熟的特点，推进焚烧发电全量处理

当前，济南已实现原生垃圾"零填埋"，全部焚烧发电资源化利用。同时，济南市建立完善生活垃圾异地处置生态环境补偿机制，由生活垃圾输出区按照标准缴纳环境改善资金，专项用于垃圾处置设施所在地的环境美化、市政配套设施建设和维护等，有力地促进了输出区"控增量、促减量"，大大降低了输入区环卫设施的"邻避效应"。

**（四）宣教动员，培养习惯养成，为社会文明进步做出贡献**

全面提升城市软实力，"人"始终是重中之重，垃圾分类说到底就是做"人"的工作。培养良好的文明习惯、公共意识和公民意识，提升城市凝聚力，是济南推进垃圾分类宣传教育的初衷和目的。

1. 以科普教育基地为载体，以根植无废城市理念为目标，深化国民教育

编制垃圾分类教育活动指导手册，全市中小学校全部将垃圾分类纳入教学体系，组织开展教学活动，推进垃圾分类校园教育走实走深。同

时，以街道为单位打造科普宣传基地，联动学校常态化开展"跟着垃圾去旅行"主题研学活动，让师生近距离走进垃圾分类设施、了解垃圾分类流程，收获新奇环保体验。

2. 以技术培训为载体，以城市精细化管理为目标，提升工作标准

依托高校资源，成立全省首个专业化垃圾分类培训基地——山东省暨济南市生活垃圾分类培训学院，搭建垃圾分类宣教与实践相互转化的重要载体，构建集宣传动员、教育培训、理论研究、研学实践、咨询服务于一体的教学研一体化宣教培训体系。对习近平生态文明思想、双碳理论、绿色发展理念等进行传达学习，对社区基层治理体系、城市品质内涵、城市软实力提升等进行专项解读，对垃圾分类投放、收集、运输、处置技术、标准规范等进行业务辅导。自成立以来，已培训人员近8万人次，为山东省规范推进垃圾分类实践落地和生态文明建设提供了有力支持。

3. 以打造志愿服务品牌为载体，以引导全民参与为目标，促进全民共识

习近平总书记给上海市垃圾分类志愿者回信，肯定了志愿者对垃圾分类工作的独特作用，重申了垃圾分类的重要意义，对持续做好垃圾分类工作，推进生态文明建设，提高全社会文明程度发出了有力号召，提出了明确要求。济南市以此为遵循，以"泉"为心，打造"'泉'心全力"垃圾分类志愿服务体系，传递暖心、有益故事，传播绿色低碳生活理念，引导社会各界关心、关注垃圾分类。通过搭建志愿服务平台，开展精彩有序的志愿服务活动，为城市的稳定、发展和进步提供源源不断的动力，"泉"心全力涵养城市软实力。

## 三、 以城市垃圾分类助推城市软实力的提升方向

健康、安全、宜居是城市软实力建设的永恒主题。垃圾分类源头上连着千家万户，清运上影响环境卫生，处置上关乎城市安全运行，正确的垃圾分类措施可以减少环境污染、保障公众健康、维护城市洁净，实现资源的有效循环利用，为社会可持续发展注入驱动力，正是城市软实力建设的题中要义。经过近几年的探索与实践，济南垃圾分类工作取得了积极进展，社会各界对于垃圾分类的讨论度、关注度居高不下。但从整体来看，济南垃圾分类还存在分类精准度不高、智能管理水平不足、居民投放行为难以持久等问题，尚需持续推进，做实做细，久久为功。

### （一）推进数字化建设，智慧赋能全周期精细化管理水平，提升城市善治力

优化垃圾分类基础设施"硬环境"，提升全流程精细化水平，增强市民的信任感，是城市软实力提升的重要保障。济南将加大前端收集设施、中端运输车辆的物联感知硬件设备，迭代升级现有垃圾分类智慧系统，建立健全市区街三级垃圾分类全程监管体系，实现垃圾分类投放、清运、处置以及循环利用的实时数据显示，最大限度实现产生源头与收运企业、收运企业与处置企业互相监督以及各级管理部门抽查监管行为的可追溯、可监督，逐步构建起全时段、全类别、全覆盖的数字管理平台，让垃圾分类智慧管理成为赋能城市软实力提升的重要"助推器"。

### （二）深挖资源化潜能，推动城市内涵式发展，提升城市向心力

弘扬节约精神，推进节约型社会的形成，是城市软实力的应有之

义。垃圾分类的目的之一就是回收资源，随着垃圾分类工作的进程，济南市将更加注重废旧物资的回收利用，并重点攻坚玻璃、塑料、纺织等低价值物品的回收利用，综合运用线上与线下相结合的回收方式，开展预约交易、智能回收箱自助回收等多种方式，规范引导市场形成有效的闭环回收系统，增加社区回收的便捷性，让居民的废旧物资回收更省心省力。增强居民对垃圾分类资源化的参与感、体验感，引导居民从精神追求的高度去认识垃圾分类，形成节约资源的社会风潮，筑牢城市可持续发展根基。

## （三）注重减量化引导，涵养绿色低碳新时尚，提升城市吸引力

泉城"无废"，城市更美！彰显城市对外吸引力，绕不开垃圾治理。减量化是垃圾治理的基本原则和核心目标，是建设"无废城市"的重中之重。济南将健全政策体系，积极推广净菜进城、净菜上市，鼓励市民落实光盘行动，避免舌尖上的浪费，减少垃圾产生。同时，支持生产企业积极探索和采用有利于减少废弃物产生的材料和工艺，加大产品过度包装整治工作，促进快递包装物的减量和循环使用，鼓励广大市民减少一次性产品使用，推进生产、流通、消费等领域的清洁生产、绿色消费、包装物减量等，减少垃圾的产生和资源浪费，让"绿色"成为济南推进高质量发展最动人的底色。

## （四）强化大众化宣教，全民参与共促社会文明进步，提升城市凝聚力

人文素质是城市软实力的重要方面，垃圾分类成效如何，直接考验一个城市的人文素质。济南将进一步创新宣传方式，持续加大引导力度，提升宣传工作的有效性、针对性。综合运用多媒体多渠道进行高频

次宣传，加强入户宣传引导，组织志愿者和基层工作者对分类方法、分类设施设置、法律责任等内容进行阐释指导。持续强化校园教育，通过组织"垃圾分类进校园"活动，以生动活泼的方式引导青少年参与垃圾分类教育实践，通过"小手拉大手"，带动更多家庭参与垃圾分类。全力打造"'泉'心全力"垃圾分类志愿服务品牌，引导更多居民将分类意识转化为行动自觉，把低碳绿色理念贯穿于日常生活，让垃圾分类志愿服务成为济南文明城市最温暖的亮色。

党的二十大擘画了以中国式现代化全面推进中华民族伟大复兴的宏伟蓝图，提出到2035年基本实现社会主义现代化，到本世纪中叶建成富强民主文明和谐美丽的社会主义现代化强国。中国式现代化，是物质文明与精神文明相协调的现代化。到2035年，我国基本实现社会主义现代化，物质文明、政治文明、精神文明、生态文明将全面提升，社会文明程度将达到新的高度。济南市将保持充足的耐心和定力，持之以恒地抓好生态文明建设工作，引导全社会共同参与垃圾分类，自觉践行绿色低碳生产生活方式，让绿色发展理念与城市软实力内核融合共生，让泉城沐绿而居，产业因绿而兴，生活踏绿而行，不断增强城市吸引力、凝聚力、传播力，以精神文明建设凝魂聚气，助力济南城市软实力不断提升，济南城市文明向更高水平进阶！

（执笔：蒋霞）

# "公园 +" 释放服务新动能
# 助力提升济南城市软实力

济南市园林和林业绿化局

**摘　要：** 党的二十大报告提出要不断提升国家文化软实力和中华文化影响力。城市是我国国家文化软实力提升的主要载体。2022 年 4 月，济南市第十二次党代会报告指出：硬实力让城市强大，软实力让城市伟大。济南市园林和林业绿化系统依托城市公园优质生态空间和惠民公共空间特点，深入分析公园在城市软实力提升中的应有作用，将公园形态与城市生态、生活、生产有机融合，大力推进"公园 +"探索实践，在公园中融入更多新服务、新业态、新场景，不断盘活公园资源、更新公园功能，在促进生态价值转化中激发城市内生活力，助力济南文化繁荣兴盛，使城市软实力全面提升。

**关键词：** "公园 +"体系；城市软实力；体系构建与实践

　　党的二十大报告强调"人与自然和谐共生"是全面建设社会主义现代化国家的内在要求，同时提出要不断提升国家文化软实力和中华文化影响力。公园作为城市中具有良好生态景观和配套设施，具备美化环境、休闲游憩、科普文化等功能的公共空间，在承载人民群众宜业、宜居、宜乐、宜游的美好生活向往，彰显城市精神、城市文明、城市文化、城市形象等方面有着不可或缺的载体和聚合作用。济南市园林和林业绿化局深刻理解"硬实力让城市强大，软实力让城市伟大"的精神实质，瞄定新时代社会主义现代化强省会建设"六字目标"，坚持以人民为中心的发展思想，聚焦市民群众对公园景区的新期盼新需求，突出政治性、把握时代性、体现人民性，创新开展"公园＋"探索实践，不断开拓公园功能边际，在市属公园中升级新业态、打造新场景、增添新体验，努力让公园成为城市服务体系中"最公平的公共产品和最普惠的民生福祉"，构成彰显泉城精气神，提升济南城市软实力的重要一环。

## 一、探索 "公园＋"： 城市软实力提升的新路径

城市是我国国家文化软实力建设的主要载体，城市软实力是新型城镇化建设的重要组成部分。城市发展的核心在人，城市软实力的提升也必然要从人民群众的满意与共鸣中获得动力。城市公园作为城市发展建设中的基础性、前置性配置要素，是城市的重要组成内容，更是"诗意栖居"的理想人居环境的关键组成。不断优化公园的生态环境品质、延展公园的公共服务内涵、提升公园的文化承载能力，是在城市软实力提升中的应有之义。开展"公园＋"实践，就是围绕践行以人民为中心的发展思想，将公园功能升级作为打造"人城境业"和谐共生、新时代城市发展高级形态的重要抓手。以公园优美绿色生态环境为本底，以"政府有为塑造，公众有效参与"为路径，将公园形态与城市生态、生活、生产有机融合，在公园空间中叠加更多生态价值、生活价值、美学价值、文化价值、发展价值和社会价值，全面打造宜游宜学、宜养宜

业、美丽舒适、全龄友好的公园共享空间，在促进生态价值转化中激发城市内生活力，弥补城市软环境和软要素的短板，实现人人参与、人人享有、人人创造的公共服务建设目标，打造更具引领力、凝聚力、影响力的城市软实力。

## 二、 构建 "公园＋" 体系与城市软实力建设的关系及重要性

### （一）构建"公园＋"体系，是提升城市软实力过程中的重要一环

习近平总书记指出："我们既要绿水青山，也要金山银山""坚持人民城市人民建、人民城市为人民""突出公园城市特点，把生态价值考虑进去"。改革开放以来，我国城镇化建设取得举世瞩目的成就，在基础设施、经济总量、人口规模等硬要素方面的增长尤为显著，但在城市文化、品牌、吸引力、影响力等软实力方面还有较大提升空间。公园作为一座城市生态宜居环境的重要体现，其功能的更新与升级，既是城市硬环境改善的重要内容，更是城市软实力提升的重要方面。近年来，济南市持续加大公园绿地建设力度，因地制宜增补综合公园、山体公园、社区公园和口袋公园等各类公园，每年推进 50 个以上公园建设提升，至 2023 年，全市公园总数已经达 1241 个，人均公园绿地面积达 12.94 平方米，公园绿化活动场地服务半径覆盖率达 85.7%，多层级公园体系日益丰满。在公园数量提升的同时，如何通过不断盘活公园资源、更新公园功能，让公园生态价值实现高质量转化，让城市公共服务在公园里找到更广阔的开发空间，让人民群众的美好生活在公园中更加丰富多彩，以公园的提质增效助力整个城市更加"聚人、兴业、惠

民"，已成为城市发展绕不过去的问题和迫在眉睫的任务。

**（二）构建"公园＋"体系，是落实省级生态保护战略布局和制度安排的重要举措**

党的十八大以来，以习近平同志为核心的党中央高度重视新型城镇化工作，提出走"以人为本、四化同步、优化布局、生态文明、文化传承"的中国特色新型城镇化道路。《国家新型城镇化规划（2021—2035年)》把建设人文城市作为城市更新的目标之一，以城市为载体布局国家文化软实力提升。当前，济南正加快落实强省会战略。强省会之强，在于综合实力，综合实力之强，不仅仅是经济指标之强，更包含着文化、文明之强。公园作为一个城市公园的优质生态空间和惠民公共空间，也自然成为彰显城市魅力，助力城市软实力提升的重要着力点。2022年3月，住房和城乡建设部主导推出《公园城市评价标准》，将"公园＋"实施率纳入公园城市评价指标体系。2023年2月，住房和城乡建设部发布关于开展城市公园绿地开放共享试点工作的通知，推动城市公园绿化成果更多更好惠及全体人民。2023年6月，省自然资源厅等18个厅局单位联合印发《关于规范和支持社会资本参与生态保护修复的若干措施》，将城市公园体系和绿道网络建设作为重点领域。省级有关战略部署和政策安排，为济南市构建"公园＋"体系奠定了理论基础、提出了明确要求、指明了发展方向。加快公园从有没有向好不好转变、从功能单一向功能叠加转变，加速构建兼具绿水青山生态价值、诗意栖居美学价值、以文化人人文价值、绿色低碳经济价值、健康宜人生活价值、和谐共享社会价值的"公园＋"体系，是助力城市功能完善、品质优化、能级提升的重要举措。

**(三)构建"公园＋"体系,是满足人民对美好生活新期待的迫切要求**

随着经济社会发展,人民群众对美好生活的向往越来越丰富多彩。人们向往到公园绿地里舒缓压力、疗愈身心,享受独特生态环境下的餐饮、运动、娱乐、社交、购物、教育等普惠实惠的生活服务,以亲近自然的方式,挥洒对生活的热爱、对绿色的向往。对照人民群众对公园中美好生活的期待,济南市各公园不同程度存在游览内容单一、设施设备陈旧、服务业态落伍、文化内涵不足、体验场景缺乏等问题,公园综合承载力难以满足市民游客不断增长的多元化、人性化、品质化需求。面对新形势新需要,构建"公园＋"体系,营建更多可参与、可体验、可沉浸的公园新业态新场景,延伸包含"游娱学购、文化交流、赏玩康养"等内容的公园服务链条势在必行。通过"公园＋"诠释"绿色生态是最基本的民生产品和最普惠的民生福祉",让市民"到公园去"拥抱诗与远方,让"公园生活"逐渐成为人们生活方式的重要组成,既是适应新时期城市高质量发展要求的迫切需要,也是不断满足市民群众新期盼的迫切需要。

## 三、 济南市推动 "公园＋" 探索实践的基础优势

### (一)优越优厚的城市风貌

济南因位于古济水之南而得名,是一座有着2600多年建城史的历史文化名城。山、泉、湖、河、城交融的特色风貌,"城即园林"的城市景观格局,古往今来众多名士俊杰的文章故事,赋予这座城市与众不

同的独特气质。如今，济南的自然、人文、历史景观多在公园中被保护和传承，这为"公园＋"创新实践提供了深厚广袤的土壤，也为公园承载济南历史记忆、文化脉络、地域风貌、民俗特色，成为城市软实力的优质载体提供了良好的先天条件。

### （二）独一无二的生态本底

近年来，济南市园林和林业绿化系统按照市委、市政府的部署要求，以生态文明建设为引领，以改善市民生活环境、提升城市品位形象为目标，着力打造环境优美、秩序优良、服务优质、文化优秀的"四优"魅力公园，持续拓展绿色游览空间，提升生态景观环境，加强生态保护修复，推进公园景区游园功能、服务水平、文化建设、业态场景等软环境提升，为实施"公园＋"实践，进一步提升城市"颜值"和品质，增强群众的获得感和幸福感打下了坚实基础。

### （三）公园姓"公"的公信力保证

为加强城市公园的规划、建设、管理和服务，济南市制定出台了《济南市城市公园管理办法》《公园风景区国有资产有偿使用管理办法》等一系列公园管理制度，规范公园经营业态，强化各类服务功能，保障公园绿地的生态属性、公益属性、人民属性，在促进公园事业高质量发展的同时，推动公园公益资源更好发挥服务人民群众、服务绿色发展、服务城市升级的作用。

### （四）市民生活的优质共享空间

公园是城市绿化美化、改善生态环境的重要载体，随着生活水平和公园建设水平的不断提高，"去公园、到公园、在公园"已经成为市民群众生活的重要内容，我市各大公园景区客流量呈持续增长趋势。2023年，千佛山风景名胜区、动物园、植物园等九个市属公园景区全年接待游客 2800 余万人次，创近五年新高。越来越多市民游客选择到公园感受绿意、休闲放松，也希望在公园中享受更多种类、更新方式、更高品质的美好生活内容。

## 四、 推进城市软实力： "公园＋" 体系的构建与实践

习近平总书记指出，要把是否给人民群众带来实实在在的获得感，作为改革成效的评价标准。济南市园林和林业绿化局在推进城市软实力的提升方面，采取了理论与实践相结合的策略，充分利用市属公园的资源优势，以游客喜爱、群众欢迎、人民满意为目标，积极邀请文创企业、文旅单位、业内专家和市民代表共同参与研讨。通过持续的调查研究、探索试点和总结提炼，不断明确了 "公园＋" 体系的构建路径。

"公园＋" 体系的建设不仅注重生态价值的保护与提升，更是城市软实力的重要组成部分。在公园中植入创意空间、国风文化、特色市集、花事活动等多元功能复合场景，不仅丰富了市民的文化生活，也提升了城市的文化吸引力和影响力。通过开放共享的公园绿地，积极谋划 "公园＋" 新业态，济南市成功地将自然美景与文化元素相结合，为市民和游客提供了与自然 "零距离" 亲密接触的机会，让他们在享受美好时光的同时，也能畅享绿色福祉。

此外，"公园＋" 体系的推进还有助于激发城市的内生活力，促进传统园林的创新发展，让老公园焕发出新的活力。这种融合生态与文化、传统与现代的创新实践，不仅得到了市民游客的广泛好评，也显著提升了济南市的城市软实力，为城市的可持续发展和文化繁荣兴盛奠定

了坚实的基础。通过实践，济南市展现了其"诚信、创新、和谐"的城市精神，进一步推动了城市软实力与生态价值的融合提升。

## （一）不断丰富"公园＋"体系内涵

以满足市民群众多元美好生活需求和普惠共享服务为目标，加快营造美丽舒适、体验感强、全龄友好的公园共享空间和业态场景。通过增添非遗、民俗、古风等元素，开展文化资源创造性转化，引入高质量文化活动等方式，加快公园游园活动焕新升级，全面折射泉城的文化积淀、历史传承、民风民俗、城市温情。着力突破看景、散步、健身"老三样"公园游览方式，通过引入文创、阅读、简餐、音乐等多元叠加创意空间，为"老公园"植入"新玩法"、注入新活力，把"高人气"转化为"吸引力"，把"客流量"转化为"消费力"，形成品牌效应和独家IP。以济南市入选全国首批城市公园绿地开放共享试点城市为契机，突破公园管理中的传统思维、习惯做法，释放更多公共绿地空间，让市民可以更多走进绿地，开展帐篷露营、休闲野餐、儿童游乐、运动健身等活动，享受自然美好时光。以2024年全市自然教育基础年牵引，瞄定回归自然、改善人与自然关系的主旨，升级公园科普教育功能，构建以植物、动物、历史人文为主题的自然教育体系，吸引儿童青少年走进身边公园绿地去了解自然，激发他们热爱自然、探索自然、保护自然的热情。

## （二）着力加强"公园＋"推进保障

一是加快思维转变。发动和引导全系统干部队伍充分认识"公园＋"实践的重要性、必要性和可行性，自觉由生态景观产品的提供者向多元服务场景供应商转变，由公园绿地的守护者向品质公园生活的经营者转变，由城市公园的建设者向公园城市建设先行者转变，以思想大解放促进事业大发展。二是完善软硬设施。充分利用财政资金，撬动社会资本参与，全面高标准改造公园景区内基础设施和景观设施，提升综合承载能力；健全完善公园景区经营业态准入、消费权益保护、安全体系化监管、共享绿地轮休等配套制度。三是强化数字赋能。加快"智慧公园"建设，为市民游客提供更集成、更便捷、更可感知的公园游览数字化服务平台，以科技手段进一步扩展"公园＋"服务边界，支撑"公园＋"体系深入构建。四是注重传播宣导。利用多媒体对"公园＋"创意产品、人气活动、竭诚服务、温情瞬间进行穿透式、多维度传播宣导，打造网红打卡新地标，努力让全网看到不一样的风景，在全国范围内形成影响力。

## （三）扎实迈好"公园＋"实践步伐

经过一年多的不懈努力，"公园＋"探索实践取得了初步成效，截至目前，已成功落地创意业态 4 个，举办系列游园活动 200 余项，开放共享绿地 12 处，推出文创产品 10 余个系列近 200 款，正在打造自然教育园区 4 处，市属公园的吸引力、美誉度和发展活力明显增强。

### 1. 游园活动绽放出新魅力

在千佛山新春游园会、"三月三""九月九"山会等活动中融入鱼龙福灯、宋词布景、古风市集、宋风服饰等宋代美学元素，传统曲艺、章丘铁艺、皮影表演、面塑泥人等非遗元素，舞狮锣鼓、丰收晒秋、佛山赏菊、怀旧游戏等民俗元素，精致塑造沉浸式古风民俗体验场景；对大舜文化、商埠文化、花卉资源、动物资源等进行深入挖掘，创新推出千佛山"大舜巡游""2024 花朝节十二花神赏花"、动物园"卡通动物大巡游"、中山公园"商埠拾忆"历史文献展等富有新意的主题游园活动；积极将有品位、有热度、有氛围的文化活动引入公园，连续两年在千佛山景区落地"礼衣华夏"汉服模特大赛，在泉城公园结合森林文化周举办森林音乐会，在各公园常态化引入主打济南特色林果产品的"园·林"市，公园游园活动的内容品质、文化底蕴明显增强。

2. 公园业态焕发出新活力

将泉城公园原有公园书屋融入文化阅读、简餐咖啡、休闲聚会、创意潮玩等多种功能，升级为 park + 书享艺术空间，经常性举办诗歌沙龙、音乐快闪、主题派对等新颖活动，成为深受年轻人喜爱的打卡地标场所。以济南动物园大熊猫"雅吉""华奥"为主题，在大熊馆开辟创意空间，推出专属济南动物园的 10 个品类 40 余款文创产品，搭配熊猫文创小车、熊猫主题茶饮等特色内容，进一步满足游客走近"国宝"的需求。将千佛山历史文化与现代创意相结合，在历山院传统院落中植入文创中心、汉服体验馆、茶食坊等更具体验感、创意感的游览业态，设计打造以大舜、鲁班、秦琼等历史人物典故为灵感的文创产品 7 个系列 130 余款，推出"大舜"系列国风茶饮、创意美食，汉服妆造、汉服摄影等体验项目，让游客沉浸式感受传统文化的魅力。

3. 公园绿地释放新功能

以大面积草坪、林下空间为主，开放共享城市公园绿地 79 处 31.4 万余平方米，配齐配优服务设施、使用细则、管养机制等配套功能，满足市民群众休闲娱乐、运动健身、观赏游憩等户外活动需求，并积极策划举办露营节、帐篷节、花间宴、草坪婚礼、团建拓展、自然教育、科普研学、义务植树尽责等绿地主题活动，让开放共享绿地给广大市民群众带来更多惊喜体验。

4. 公园科普升级新内涵

以公园动植物资源和科普教育功能为依托，全力升级和构建公园自然教育矩阵。在济南植物园，按照"春季花叶、夏季竹园、秋季果实、冬季温室亚热带植物"主线，加快开发四条自然教育观察径，升级竹园自然教育书屋，开发特色课程，目前已开发自然教育课程 12 项，开展科普活动 36 场。在济南动物园已初步建成白鹭馆鸟类自然教育观察径，并开展"鸟岛探秘"等 10 余项活动；在济南森林公园打造"花溪"水系自然教育观察径，同步打造"探自然·向未来"自然教育品牌，开发 7 大自然科普系列 60 个主题课程，花草纸系列、自然手作等科普文创产品；在千佛山景区打造舜文化和森林文化自然教育观察径，目前方案正在完善中，已先期开展大舜人文自然教育研学、"拓春记"自然课堂等活动。

在"公园＋"中不断焕新、出新、上新的济南各个传统公园景区，背后映射的是济南这座城市敢拼敢干、主动出击的澎湃动力，是善于将传统之美和现代审美进行融合的文化"两创"之心，是不知不觉中提升的文化包容性和自信心。有关专家指出，"公园＋"是一项创举，既适应了当前文旅产业发展的新需求，也赋予了公园更多的可能性，对于彰显城市文化、体现城市气质、提升城市颜值，都具有十分重要的意义。

（执笔：周栋、胡春媛、贺红燕）

# 提升营商环境软实力　激发城市发展新动能

济南市行政审批服务局

**摘　要：** 营商环境是城市软实力的重要体现，良好的营商环境能够吸引信息交互、资金流入、人才汇聚，增强发展内生动力，促进经济社会高质量发展。近年来，济南始终把打造一流营商环境作为稳增长稳预期、推动高质量发展的关键环节，以提高经营主体获得感和社会公众满意度为导向，坚持创新引领、数字赋能，打造公平便捷、舒心满意、公正规范、诚信包容、协同联动的营商环境，经济社会发展已和营商环境形成了互促共进的良性循环。本文旨在分析建设一流营商环境与提升城市软实力的内在联系，探索以营商环境助推城市软实力提升的实践路径。

**关键词：** 营商环境；城市软实力；高质量发展

党的二十大报告指出，要"完善产权保护、市场准入、公平竞争、社会信用等市场经济基础制度，优化营商环境""营造市场化、法治化、国际化一流营商环境"。良好的营商环境能有效促进资源整合、人才集聚，改善创业环境、提升城市口碑、增强城市传播力。新时代新济南，面临着贯彻落实黄河流域生态保护和高质量发展重大国家战略的机遇，肩负着加快建设"强新优富美高"新时代社会主义现代化强省会的重要使命，必须扛起优化营商环境、提升城市软实力的使命担当。

# 一、 优化营商环境与提升城市软实力的联系及启示

营商环境是城市软实力的重要体现，良好的营商环境能为企业生存发展提供丰沃土壤，可以聚人心聚企业，使创新驱动、转型升级的源泉得以充分涌流。

## （一）优化营商环境与提升城市软实力的内在联系

1. 优化营商环境是一座城市软实力的重要体现

营商环境，是指企业等经营主体在市场经济活动中所涉及的体制机制性因素和条件，涉及企业"全生命周期"，包括市场环境、法治环境、政务环境、人文环境等方面。良好的营商环境能够加速要素聚集，吸引更多经营主体投资兴业，激发城市发展新动能。文化底蕴、城市形象、品牌影响力等城市软实力的提升可以为企业提供更多的商业机会和优越的营商环境，吸引更多的企业和投资者进驻，促进经济发展和持续创新。2024 年伊始，多地将"新春第一会"聚焦高质量发展、营商环境优化、民营经济发展等话题，释放出持续打造一流营商环境、服务市场加快发展的强烈信号。究其根本，在于营商环境是一个城市、地区乃至国家综合竞争力的重要体现。

2. 营商环境是新一轮改革开放、实现经济高质量发展的内在要求

营造一流营商环境，是政府提供公共服务的重要内容，也是坚定推进新一轮改革开放、实现高质量发展的重要基础和关键一环。优化营商环境是市场经济健康发展的需要，世界银行数据显示，营商环境整体指数提升 1%，可带动投资率增长 0.3%、GDP 增长 0.36%。近年来，营

169

商环境经历了从中央重视到地方推进的过程，优化营商环境不仅成为各地发展地方经济的重要突破口，而且成为地方政府行政职能转变的重要着力点。济南市始终坚持问题导向，加快推进重点领域和关键环节改革，优化营商环境取得明显成效。随着经济社会发展，优化营商环境工作面临新要求新挑战。打造良好的营商环境能够为企业创造安心谋发展的便利条件，促进公平竞争、激发市场活力、创造社会财富，是新形势下社会公众的迫切愿望。

3. 优化营商环境是在区域竞争中抢占先机、赢得主动的客观需要

城市是现代经济社会活动的中心，聚集了大量的人口和社会资源，国家之间的竞争也越来越体现为城市或城市集群之间的竞争。2024 年，北京、上海、广州、杭州等全国营商环境创新试点城市已相继进入 7.0 时代。北京市以深刻转变政府职能为核心，以建设服务型政府和数字政府为主抓手，近年来累计出台 1270 多项营商改革举措；上海市连续第七年将营商环境作为"新春第一会"主题词，营商环境建设从聚焦"政府能提供什么服务"转变到聚焦"企业想获取、能获取什么服务"；杭州市营商环境改革从指标突破到系统性综合改革，7.0 版改革瞄准对标国际高标准经贸规则、深化国家营商环境创新试点、开展自主改革、借鉴先进地区实践等四个维度。实践表明，营商环境越来越成为城市综合实力竞争的关键因素，营商环境好的城市，产业体系完备、市场规模较大、主体活跃度高，这些城市往往具有更强的发展韧性。

**（二）优化营商环境助推城市软实力提升的启示**

1. 优化营商环境要坚持"以人民为中心"

营商环境是地方政治生态、社会生态的综合反映。营商环境改革的目的是更好地服务企业，让企业拥有更大的发展空间、更好的发展机

会。在优化营商环境的进程中，尽管有多元主体的参与，政府无疑是最为关键的角色。优化营商环境，提升城市软实力，既要以制度创新为主攻方向，着力降低制度性交易成本，营造更加良好的国际化、法治化、便利化营商环境，不断提升制度环境软实力；又要立足经营主体所需所盼，在政策惠企、政务服务、金融服务、诉求解决等方面积极探索、大胆创新，切实提升服务软实力。营商环境建设需坚持"以人民为中心"发展思想，千方百计为企业和群众排忧解难。

2. 实现"有效市场""有为政府"双向奔赴

党的二十大报告指出，"充分发挥市场在资源配置中的决定性作用，更好发挥政府作用"。有效市场与有为政府在高质量发展进程中各有其不可替代的作用和功能，二者缺一不可，要建立统一开放、竞争有序的市场经济体系，减少政府对资源的直接配置和对微观经济活动的直接干预。一方面，良好的营商环境，能让经营主体更加便捷地进行交易、获取信息、拓展市场，促进市场的繁荣发展。另一方面，良好的营商环境能够高效配置生产要素资源、助力经营主体提质增效、推动企业技术创新和推进高水平对外开放，为市场提供更加稳定和可靠的发展环境，降低市场的风险和不确定性。

3. 营商环境应助力产业高质量发展

产业是城市经济发展的根基与命脉，完整的产业链，关乎城市吸引力、企业竞争力。要构建以"国际国内大循环为主体，国内国际循环相互促进"的发展新格局，需要依赖于产业发展，而产业发展的重要前提就是营商环境改善。持续优化营商环境是一项系统工程，涉及多领域、多层次的配合联动，需要整体谋划、系统推进。要从传统的招商引资竞争过渡到营商环境竞争新阶段。优化营商环境工作点多、面广，牵一发而动全身，需要各部门统筹协作、同向发力，共同研究新情况、总结新经验、出台新举措、解决新问题，协同配合，整体推进。通过优化营商环境，强化产业链上下游协同，提升资金、人才、数据等各类要素保障能力，助推产业高质量发展。

## 二、 济南市优化营商环境助推城市软实力提升的工作实践

近年来，济南市委市政府把打造一流营商环境作为稳增长稳预期、推动高质量发展的关键环节，以提高经营主体获得感和社会公众满意度为导向，坚持创新引领、数字赋能，持续打造一流营商环境。2023 年济南市地区生产总值突破 1.27 万亿元①，荣获 2023 年我国高质量发展十大标杆城市、高质量发展营商环境最佳城市、国际化营商环境建设标杆城市等一系列称号，城市影响力持续扩大，经济社会发展已和营商环境形成了互促共进的良性循环。

### （一）坚持高位推动，强化高效协同的工作体系

1. 强化统筹机制

市委市政府始终将优化营商环境作为"一把手"工程，建立市委书记、市长双组长、市政府领导牵头任各领域"总指挥"的优化营商环境和推进政府职能转变领导小组，形成上下贯通、纵横联动的工作体系，推动优化营商环境重点任务落实落地。

2. 完善制度体系

制定《济南市优化营商环境条例》，提供有力的法治保障；出台

---

① 刘彪. 我市 2023 年 GDP 达到 12757.4 亿元［N］. 济南日报，2024 - 01 - 27：A01.

《济南市"十四五"时期优化营商环境规划》,从产业发展全链条、企业发展全生命周期出发,强化顶层设计;接续实施营商环境创新突破、创新提升行动,每年制定出台优化营商环境实施方案,列明任务清单和工作台账,逐步建立"条例+规划+方案+清单"四位一体制度体系。

3. 强化监督保障

大力实施"清风护航"行动,出台构建"亲清"新型政商关系实施办法,制定政商交往正面清单,集中开展联系服务企业中的形式主义官僚主义专项整治。打造党风政风行风正风肃纪民主评议与12345市民服务热线、作风监督面对面(电视问政)、电台问政多位一体的监督平台体系,有力保障经济社会高质量发展。

### (二)坚持创新引领,聚焦重点领域持续改革攻坚

1. 深入推进市场化改革,持续降低企业经营成本

开办企业实现"半日办结",涉企事项100%容缺受理。持续深化工程建设项目全链条改革,"分段限时联合验收"等经验在全国推广。在全国率先实现"水电气暖讯"一码缴费,有效降低企业成本。获批全国首个科创金融改革试验区,制定出台"科创金融十条"。创新推出知识产权质押融资闭环式管理服务模式,被国家发改委等部门在全国复制推广。上线全国首个"人才有价"评估平台,以金融赋能人才创业创新。

2. 构建公正透明的法治保障体系,促进企业公平竞争

在全国首创公共资源交易绩效评估,创新实施"四项免收""三项担保"等措施。依托"数字执法办案"和"数字执法监督服务"两大平台,实现行政执法全过程全链条"闭环式监督",细化裁量标准。全国首推行政处罚"四张清单"持续推进审慎精准执法。"府院联动"机

制常态化运行，实现行政与司法良性互动，探索实施公益清算强制注销机制，破解"空壳公司"退市难题。

3. 打造黄河流域对外开放门户，持续提升国际化水平

聚焦增外资扩外贸、建设开放平台、促进人文交流等重点，持续推进贸易和投资自由化便利化。2023 年，济南市有进出口实绩的外贸主体 5959 家，比上年增加 393 家①，创历史新高。打造"链上自贸"保税展示交易平台，智能终端全产业链逐步形成，保税维修等新业态迅速发展。中欧班列突破 1000 列，通达 21 个国家、48 个城市②。

### （三）坚持数字赋能，持续提升服务效能

1. 加强数据汇聚融合

打造全市统一的大数据平台，数据应用范围覆盖交通、医疗、卫生、就业等民生保障服务重点领域。政务办事、酒店入住等场景实现"居民码"扫码即享，入选中国大数据应用样板工程案例。深入推进"无证明城市"建设，电子营业执照已在涉税办理、公积金登记、不动产登记、医保社保登记等事项中全面应用。深入推进"一网通办"，全市依申请政务服务事项可网办率达 99% 以上。

2. 全面提升服务效能

深化重点领域便民利企改革，在全国率先推出二手房"带押过户"新模式，实现"用新贷还旧贷"。推行增值税"留抵退税确认制"，90% 以上办税事项可远程办理。建立市政府领导与企业常态化沟通交流

---

① 张茜. 去年全市进出口总值达 2161 亿元［N］. 济南日报，2024－01－25：A01.

② 王采怡. 2023 年济南中欧班列通达 21 个国家全年开行量突破千列［EB/OL］. 中新网，https：//www. chinanews. com. cn/cj/2024/04－25/10205914. html.

机制，常态化开展政企沟通交流活动。建立市、区两级市民诉求办理闭环机制，实行"2110"快速响应。"泉惠企"平台与12345热线"接诉即办"平台协同联动，及时化解企业发展和项目推进过程中的堵点难点问题。

3. 构建服务企业新生态

以企业需求为导向，建载体、拓渠道、聚资源，通过增值化服务为企业赋能增效。成立国内首个省会城市市级企业服务中心，提供全链条政务服务、政策服务、要素服务、人才服务等，解决服务资源"碎片化"和涉企政策"兑现难"等问题。打造"泉惠企"济南市企业服务综合智慧平台，上线全国首个集元宇宙大厅漫游、数字人智能导办、远程云端帮办、智慧受理即时办于一体的政务服务"云大厅"，为企业群众提供7×24小时"一站式"数字化办事体验，该做法入选全国政务服务效能提升典型经验案例。

# 三、 当前优化营商环境提升城市软实力存在的问题

尽管我市营商环境建设取得显著成效，城市软实力和吸引力极大增强，但与高质量发展的要求，与广大经营主体和市民群众的期待相比，还存在差距和不足，部分重要领域和关键环节还有一些改革举措需要持续推进。

## （一）思想认识需进一步解放

营商环境是一项涉及多个部门的系统工作，现有制度规定不可能囊括所有分歧事项，部门职责交叉不清，容易出现推诿扯皮现象，在推进营商环境优化方面的协同合作力度不够。此外，尽管国家、省、市各级

出台了一些容错纠错机制、正面清单等，但要从根本上打消干部思想上的顾虑，尚需较长时间和案例去转变观念。需要完善营商环境领域容错免责机制，鼓励地方、基层和群众大胆探索，加强重大改革试点工作，及时总结经验，宽容改革失误，为敢闯敢试者撑腰鼓劲，鼓励各级干部积极改革创新。

### （二）政策供给不够精准有效

营商环境集成式改革创新的力度有待加强。目前各业务主管部门使用的法律法规规章多由各个国家部委局牵头起草，政策的协同性和集成度有待进一步提高，市县级在制定落实政策时同样存在相应问题；且有的事权法律法规规定仍由上级部门实施，在法律框架下推进改革存在一定的法律限制。有的部门制定政策时，前期调研不深入不细致，门槛设置不够合理，宣传推介不够精准到位，导致"好看不好用"。各级各部门收集回应企业群众关切的意识越来越强、渠道越来越多，收集的问题复杂程度越来越大，特别是一些历史遗留问题，相对难以协调解决，经营主体满意度偏低。

### （三）数字化营商环境建设有待提升

"数字"红利释放不足，数据价值挖潜不够，数字化应用场景覆盖需进一步拓展。宏观层面，在政府数字化转型提供服务和数据资源体系汇聚融合等方面仍需深化，强化数字赋能、优化政务服务、全力推动"高效办成一件事"仍是努力的方向。微观层面，企业希望在办事过程中只需面对一个人，即可统筹全部问题，但各部门设置多个服务企业平台，均具有线上申报、政策兑现、咨询服务等功能，也分别组建了服务团队，但对企业来说，多头服务反而带来效率问题。

# 四、 以一流营商环境助推城市软实力提升的实践路径

当前，济南肩负着加快建设"强新优富美高"新时代社会主义现代化强省会的重要使命，全面推进项目深化、加快高质量发展，需要有综合承载力强的城市作支撑。营造更加稳定、透明、规范、可预期的营商环境，将有力助推城市软实力的提升，推动营商活力与城市发展同频共振。

## （一）强化系统集成，增强政策稳定性和可预期性

### 1. 树立整体政府理念

健全部门面对面协调解决问题机制，多领域多部门协同发力，打通彼此之间的阻隔，在制度融合、业务耦合上求突破，避免出现"碎片化""分散化""单打独斗"的现象，强化制度创新的集成效应，激活高质量发展动力。

### 2. 完善社会参与政策制定机制

强化多元主体共同参与，供给侧、需求侧"双向奔赴"，在改革创新政策制定、落实、监督、评价等环节，建立向企业家问计求策的工作机制，强化政府、社会、市场三侧协同，推动制定的政策更加符合企业群众期待，持续激发经营主体活力。

### 3. 提升政策执行力

发挥跨区域、跨部门、跨领域协同效应，提升政策执行效率和质量。建立政策信息发布、解读、回应三联动制度，及时公开政策措施，加大政策解读力度，促进政策措施执行落地。完善经营主体问题反馈机制，形成更加科学规范、系统完备的优化营商环境规则体系。

### （二）强化数字赋能，推动营商环境再升级

#### 1. 持续提升"一网通办"水平

以一体化在线政务服务平台为依托，推动政务服务事项标准化成果在桌面端、移动端、窗口端、自助端多渠道输出应用，实现前端展示、窗口收件、业务办理三侧事项同源、数据同源、服务同源，各渠道办理结果归集入库。深入推进系统融合、数据整合，推动系统间数据信息贯通，完善数据目录和数据资源更新机制，确保数据资源及时共享更新。

#### 2. 持续丰富数字化应用场景

顺应数字治理趋势，以区块链、人工智能、大数据、云计算等新一代信息技术为支撑，重塑政务服务体系的管理架构、服务模式、办事流程，全力推进"互联网＋政务服务＋多场景便民应用"数字化改革，打造一批好用、实用、管用的政务服务应用场景。持续深化"无证明城市"建设，持续深化电子证照跨部门、跨层级、跨区域深度应用，推动更多事项实现减证办、免证办。

#### 3. 深化"高效办成一件事"

主动顺应政府数字化转型的历史契机，积极探索"数据要素"与政务服务改革深度融合的应用场景，积极探索治理主体间的系统治理、依法治理和协同治理的内在规律，加快形成系统完备、科学规范、运行有效的制度体系，逐步提升政府治理的数字化、协作化、精细化和智能化水平，加速实现数字时代政府决策科学化、社会治理精准化和公共服务高效化。

### （三）聚焦便民利企，推动精准服务再升级

#### 1. 持续提升精准服务能力

强化线上线下网厅融合，提升服务"温度速度"。打造集线上咨询

引导、智能帮办等于一体的政务服务云大厅，为企业群众提供方便快捷的智慧服务。聚焦企业群众办事需求，在每个阶段尽可能拓展服务的广度和深度，打造集政务服务、政企沟通等于一体的现代"政务综合体"。

2. 畅通诉求渠道

进一步畅通 12345 服务热线、政务服务好差评、政务服务平台、投诉电话、单位门户网站、微信公众号等企业群众意见建议收集渠道。持续完善企业诉求闭环解决机制，针对疑难复杂问题强化部门联动，确保诉求件件有回复。强化数据分析，针对投诉建议热点焦点问题提前关注、超前预判，提前研究制定解决办法。

3. 提高诉求解决质效

坚持问题导向和结果导向，加强部门间的沟通协调和配合联动，特别是针对职责不清、管辖争议等疑难复杂问题，严格落实首问负责制，建立健全问题受理、综合研判、协同处置、多方监督的处理机制，从点上突破，完善跨部门协同的各项制度措施，实行全链条、全方位协调联动。

（执笔：张婉音）

# 自贸制度创新提升城市软实力研究

山东自贸试验区济南片区管委会

**摘　要：** 自贸试验区作为助推城市软实力发展的重要抓手和开放平台，创新特征愈发鲜明、服务实体经济稳步提升、赋能特色产业发展迅速。山东自贸试验区济南片区大力发展生物医药、科创金融、国际贸易、数字经济等主导产业，创新赋能产业发展作用持续提升。济南片区累计推出实施810余项制度创新举措，形成330余项制度创新成果，"网络货运平台涉税服务管理'票e真'模式"成功入选全国第五批"最佳实践案例"，29项制度创新成果获得国家部委认可，60项制度创新成果在全省范围内复制推广。实现进出口额787.3亿元，同比增长7.6%，实际使用外资10.5亿美元，同比增长9%，新设企业1.8万余家，累计达到7.5万余家，核心经济指标领跑全省自贸试验区，成为推动高质量发展、高水平开放的强力引擎。

**关键词：** 自贸试验区；特色产业；开放发展；制度创新

建设自由贸易试验区，是以习近平同志为核心的党中央在新时代推进改革开放的一项战略举措，在我国改革开放进程中具有里程碑意义。党的二十大报告提出要"加快建设海南自由贸易港，实施自由贸易试验区提升战略"。自2013年9月建立中国（上海）自由贸易试验区以来，我国自贸试验区布局不断优化扩容，先后 7 批设立 22 个自由贸易试验区及具有世界影响力的海南自由贸易港，实现自贸试验区"沿海、内地、沿边"全覆盖，发展成为覆盖东西南北中的改革开放创新格局、陆海统筹开放的新态势。十年来，全国自贸试验区推出了一系列首创性实践，实现了一系列突破性进展，一大批改革开放制度创新成果复制推广到全国，充分发挥了自贸试验区作为改革开放试验田的作用，向世界亮明了"中国开放的大门只会越来越大"的鲜明态度。目前，21 家自贸试验区已经向全国复制推广了 349 项制度创新成果，涉及投资便利化、贸易便利化、金融开放创新、事中事后监管、国企改革等方面，以深化改革赋能城市软实力显著提升。

# 一、 自贸制度创新与提高城市软实力辩证关系

制度创新是培育和提升城市软实力的重要途径，创新的目的是通过"破"和"立"，建立完善的体制机制，解放和发展生产力，为提高城市软实力提供强大的动力。制度创新是全国自贸试验区的核心任务，各自贸试验区共计形成了 2000 余项制度创新成果，349 项已在全国范围内复制推广。2022 年，21 家自贸试验区高新技术产业实际利用外资同比增长 53.2%，增速远超全国平均水平。2023 年上半年，21 个自贸试验区吸收外资 1296.6 亿元，增长 8.2%，占全国比重达 18.4%。外商投资准入负面清单经过 7 次缩减，由最初的 190 项缩减至现在的 27 项。海南自由贸易港推出了全国第一张跨境服务贸易负面清单，实现了服务贸易管理模式根本性变革。制度创新是推动城市软实力提升的关键因素，而城市软实力的提升又进一步促进了制度创新的深化和完善。

### （一）制度创新是提高城市软实力的助推器

城市软实力主要体现在文化、教育、科技、人才吸引力等方面，而这些方面的提升都离不开制度的保障和支持。例如海南省坚定不移加快建设海南自由贸易港，在服务构建新发展格局的战略大局中引领对外开放，奋力把海南自贸港打造成为新发展格局中重要的交汇点，先后在教育、科技、人才等方面出台 180 多项政策文件。广东推动粤港澳制度"软连通"，"港澳药械通"打通了创新药械快速进入内地的通道，解决在大湾区内地工作生活的港澳同胞及内地居民临床急需用药用械需求；"湾区社保通"打造网上平台实现服务事项"湾区通办"，超 30 万人次港澳居民参加广东社保。山东联合黄河流域沿黄 9 省（区）组建黄河自贸试验区联盟，全力打造黄河流域对外开放门户，在文化贸易、新一代信息技术等五大产业签署十四项合作协议，建立集产业、平台、项目、市场多层次合作机制。

### （二）城市软实力的提升进一步加速制度创新

随着城市软实力的提高，城市的国际影响力、文化吸引力等不断增强，这要求城市在制度层面进行更多的创新和优化，以适应新的发展需求。例如在优化营商环境方面，《海南自由贸易港知识产权保护条例》《海南自由贸易港公平竞争条例》《海南自由贸易港市场主体注销条例》均于 2022 年正式施行。推动《中华人民共和国外商投资法》出台，实现外商投资管理方式由"逐案审批"转为信息报告制。多地通过负面清单授权、差异化授权等多种方式不断向自贸试验区下放省级管理权限，各自贸试验区共承接省级部门下放的近 3000 项管理权限，率先实施了"证照分离"、外商投资准入体制改革等创新做法，初步建立以信用为基础的事中事后监管体系。

### （三）制度创新促进城市可持续发展

制度创新作为推动城市发展的核心动力，对提升城市软实力具有不可替代的作用。通过在法律法规、优化行政流程、加强监管机制等方面推出众多制度创新措施，构建公平、透明、高效的制度环境，为提升城市软实力提供坚实的制度保障。如作为城市软实力的核心组成部分的文化产业，济南片区打造了全国首个自贸片区国家文化出口基地、国家对外文化贸易基地"双基地"，为中小文化企业提供文化出海全链条服务，助推沿黄流域文化创意产品走出去。通过加强文化设施建设、鼓励文化创新，为城市文化的传承与创新提供有力支持，有助于培育城市独特的文化特色，增强城市的文化软实力。通过不断推进制度创新，不断提升自身的城市软实力，增强吸引力和竞争力，实现可持续发展。

## 二、 全国自贸制度创新赋能城市软实力典型案例分析

在当今全球化的时代背景下，城市软实力已成为衡量一个城市综合竞争力的重要标准。制度创新作为推动城市发展的核心动力，对提升城市软实力具有不可替代的作用。全国各自贸试验区通过不断探索和尝试，积极推动产业结构的优化升级，促进新兴产业的崛起，为提升城市软实力注入源源不断的动力。

### （一）天津自贸试验区打造融资租赁集聚区

天津市融资租赁业一直保持全国领先，租赁资产总额占全国四分之一以上，飞机、船舶、海空平台等租赁业务总量在全国占比达到80%

以上。天津自贸试验区东疆片区作为国家租赁创新示范区，已成为全球第二大飞机租赁聚集区、全国最大的海工平台租赁承载区，成功打造上中下游全覆盖的万亿级租赁产业链，形成东疆集聚效应，被业内称为"无东疆不租赁"。

### （二）浙江自贸试验区打造油气全产业链集聚区

浙江自贸试验区是我国唯一一个由陆域和海洋锚地组成的自由贸易试验区，舟山片区形成了以油气为核心的特色产业链，推动大宗商品贸易投资自由化便利化。积极创建全国成品油非国有贸易出口资质和配额试点，制定出台保税船用燃料油混兑调和加工贸易出口退税、保税船用燃料油供应管理平台数据协同共享、保税船用燃料油经营企业优胜劣汰机制等系列政策，在全国率先开展跨关区直供、港外锚地供油、不同税号保税船用燃料油混兑等多项创新举措。

### （三）河南自贸试验区打造跨境电商产业集聚区

河南省为全国首个跨境电商零售进口药品试点地区，河南自由贸易试验区郑州片区充分发挥跨境电商制度创新领先优势，在全国率先开展跨境电商零售进口药品试点，通过设计全新的通关申报系统、打造药品溯源系统及商业运作模式，建立了高效有序的进口药品流通体系。商品从申报到放行缩短至 5 分钟，峰值业务量达每天 3000 万单以上，达到了每秒通关 500 单的"河南速度"。在全国率先实行口岸监管模式改革，探索建立了"跨境电商多模式综合监管制度"，极大地激发了企业发展动力与活力，吸引了阿里巴巴、京东、小红书、聚美优品等国内跨境电商巨头区域总部落地。

# 三、 山东自贸试验区济南片区创新赋能产业发展实践

借鉴学习全国各自贸试验区的特色产业创新制度，济南片区立足自贸试验区功能定位和自身特色产业优势，在充分汲取其他自贸片区先行先试、创新探索和提升城市软实力的经验基础上，围绕生物医药、科创金融、国际贸易、数字经济等产业，展开了一系列的创新实践。

在全球化与信息化驱动的竞争时代，城市高水平对外开放的意愿和能力不断增强，对国家开放战略的服务和支撑作用日益凸显，成为全面开放格局形成的重要平台，也是国家展现综合国力和国际竞争力的重要载体。顺应新时代全球化城市发展趋势，山东自贸试验区济南片区大力发展生物医药、科创金融、国际贸易、数字经济等主导产业，创新赋能产业发展作用持续提升。以更加开放之姿全面提升城市软实力，增强城市国际化水平与国际吸引力、感召力、影响力和话语权，挖掘城市竞争新优势，为济南当好"三个走在前"排头兵、建设强省会奠定坚实基础，在中国式现代化新征程上谱写鲜活的自贸实践。

## （一）制度创新赋能生物医药产业发展

1. 全国首创山东自贸试验区先进医疗技术临床转化产业服务平台

构建以临床转化为目的，专家委员会和伦理委员会为支撑，国家临床试验机构为载体，政策咨询和行业监管为保障的公共服务体系。平台已实现国内首个生物人工肝临床治疗创新突破，助推济南市生物医药前沿技术领军企业从研发到应用实现"零的突破"。签约香港毅柏视网膜影响慢病评估体系临床应用项目等 22 个高端创新前沿技术项目入驻，切实提升济南国际化医疗服务水平。

2. 以制度创新加速推进产业项目落地

对接香港全球化医疗资源和优质企业，推动鲁港医疗项目创新合作，加速推进全省首个港资医疗机构落地济南片区，引领鲁港医疗健康领域全方位合作。打造全国首个全链条创新药研发支撑平台，构筑创新药"研发—中试—临床—检验检测—上市—生产"全流程服务机制，加快推进细胞治疗、基因治疗等领域新药研发与应用。

3. 加强与海南自贸港产业协同联动

与博鳌乐城先行区建立济南—博鳌特许医疗"自贸直通车"，在跨区域医疗合作平台建设、博鳌—济南特许医疗共享、医疗保险联动等方面推动合作，打造全省跨区域联动合作典范案例。

**（二）推动科创金融产业模式创新**

1. 承接金融创新试点，为科创企业提供政策保障

一是承接资本市场金融科技创新国家级金融改革创新试点。推动片区内资本市场行业机构数字化转型升级，在智能投顾、精准营销、智能风控、投研服务、债券估值等资本市场各业务领域为新一代信息技术开拓应用场景。二是承接数字人民币国家级金融改革创新试点。推动片区内银行机构通过多种渠道搭建消费支付场景，探索数字人民币在文旅消费、民生普惠和科创金融等场景的创新应用。落地首笔"绿色供应链票据＋数字人民币"贴现业务，实现数字人民币贷款发放 3040 万元。

2. 打造金融新模式新业态，为科创企业提供创新动能

一是探索"科创经纪人"科技成果转化模式。聚焦科技金融高效融合，推进与高端科研院所开展深度合作，与中科院苏州医工所开展合作，构建全要素、闭环生态的"科创经纪人"成果转化模式。二是全省首创"诉前调解＋赋强公证"金融解纷新模式。制定《诉前调解赋

强公证办事指南》，在诉讼前进行纠纷调解，调解成功后，公证处按程序出具具有法律效力的公证和解协议书。通过赋强公证模式化解金融纠纷 762 件，为金融机构实现债权约 1.7 亿元。三是推动开展标准仓单质押融资业务创新。支持片区内金融机构探索开展标准仓单质押融资业务，目前累计放款 537 笔，累计放款金额 11.37 亿元。

3. 开展金融理论创新，为科创企业提供创新模板

撰写《金融创新服务实体经济勇当黄河流域高质量发展排头兵——山东自贸试验区济南片区推动金融业高质量发展的实践探索》一文，介绍济南片区金融产业发展成效，从创新跨境金融模式、拓宽融资渠道、先行发展绿色金融、推动科创金融创新等多个方面总结提炼了济南片区金融改革创新的典型做法，与上海、海南、重庆四个自贸试验区一同入选贯彻习近平经济思想典型案例，在丛书《开放是当代中国的鲜明标识》专辑上刊登，将济南片区金融创新工作经验在全国印发复制推广。

## （三）国际贸易产业集聚提升城市竞争力

### 1. 推动国际贸易数字化转型升级

推动"交互式"国际运贸服务平台优化升级。创新智慧仓储监管系统，打通生产企业助力国际物流大通道建设。推动建设集装箱辅助管理平台，利用数字孪生技术，将济南董家镇集装箱作业情况以及海关监管场站内货物情况等数据流，1∶1 转化为元宇宙动画，实现董家镇现场作业情况在数字平台上的同步映射，具备"24 小时无人值守卡口""集装箱箱区箱位管理"以及"箱号与车架号自动匹配"等实用功能。

### 2. 培育新业态新模式

一是打造保税维修业态，延伸制造业产业链条。重点引进无自有厂

房、成长性强、营收在 5000 万以上、进出口业务为主的企业，向加工制造、仓储物流、一般贸易延伸。二是推动跨境易货贸易试单常态化。推动制定跨境易货贸易试点方案，明确海关、商务、税务、外管部门的审核职责和监管任务，理顺跨境易货贸易试单工作流程，对试单的业务真实性、产品品种、贸易关系等做出要求，推动跨境易货贸易试单常态化。

3. 深化国际经贸合作

聚焦日韩重点区域，加强科创、商贸等领域合作。依托绿地（济南）全球贸易港项目等开放平台，推动引进日韩优质产品、科研成果、人才、技术等要素，在商贸、科创、医疗等领域加强与日韩国际产业链合作。主动对标国际先进经贸规则，率先开展先行先试探索。以国家对外开放战略政策方向为指引，主动学习研究 CPTPP、DEPA 等高标准国际经贸规则，结合片区产业发展实际，探索部分规则的合理实施路径。

**（四）数字经济业态创新加快形成新质生产力**

1. 建设全省首个跨境数字服务平台

聚焦跨语言服务、算网融合、数据交易等前沿领域，整合跨境信息服务、数据登记交易、超级算力服务、智能机器翻译四大功能模块，建设"山东自贸试验区跨境数字服务平台"，在第六届进博会"一带一路"国际经济合作论坛上进行专题推介，助力中小微企业拓展国际业务、拓宽业务渠道、提升发展能级。

2. 出台全省首个数据要素产业促进措施

发布《关于推进中国（山东）自由贸易试验区济南片区数据要素产业创新发展的若干措施》，围绕强化数据运营管理、促进数据要素价值释放、推动数据跨境有序流动等三方面，发布 12 条创新发展措施，为片区数据要素创新发展提供政策支撑。

3. 探索开展跨境数据流动创新

积极对上争取在济南片区全域建设国际互联网数据专用通道,切实提高片区企业访问国际互联网性能和数据跨境流动监管效能。围绕具有核心知识产权的中小微企业面临的融资难、融资贵等问题,聚焦数据知识产权质押融资、数据资产质押融资等新兴业态领域,构建涵盖优秀企业、数据交易平台、第三方评估机构、金融机构等融资全链条体系,以链条式发展促进模式业态创新。

# 四、 以制度创新提升济南城市软实力的对策建议

## (一) 推进高水平制度型开放,增强国际创新力

济南片区将以高水平制度型开放增强各类发展要素集聚辐射能力和城市发展动能,培育提升参与国际经济合作和竞争新优势。推进贸易便利化改革。积极参与全球治理体系变革。以强化全球资源配置功能、科技创新策源功能、高端产业引领功能、开放枢纽门户功能为引领,着力推动规则、规制、管理、标准等制度型开放。更好发挥自贸试验区试验田作用,实行更大程度的压力测试,在若干重点领域率先实现突破。

## (二) 打造国际化法治化营商环境,提升城市吸引力

借助自贸试验区制度优势,对标世界银行营商环境评价指标体系,坚持市场化、法治化、国际化原则,着力构建国内国际双一流营商环境,更大力度吸引和留住外国投资者。济南片区持续打造市场化、法治化、国际化营商环境,全面优化综合服务环境,把自贸试验区建设全国成为贸易投资最便利、行政效率最高、服务管理最规范、法治体系最完

善的区域，吸引更多国际机构组织、会议、活动入驻，塑造、提升城市的国际竞争力和国际交往能力。

### （三）持续推进体制机制创新，加大区域创新力

着力推进体制机制创新，深化"放管服"改革，实施"零差别受理""无人政务服务"等创新举措，将行政审批与企业服务有机结合，建立基于大数据信用体系的事中事后监管体制。建设全国一流的自贸企业服务中心，积极引进国际生产性服务机构，解决企业生产经营中的各类问题。创新金融管理体制和跨境合作机制，消除贸易投资壁垒，促进贸易与投资便利化。济南片区将全力打造行政高效、投资贸易便利、社会服务便捷、具备国际竞争力的一流生态体系。

### （四）加强改革系统集成，培育产业新质力

加强跨部门、跨领域、跨行业统筹协调，增强先行先试的系统性、完整性、协调性，顺应当前新产业、新模式、新业态不断涌现的态势，进一步在提升贸易投资自由化便利化水平的基础上，加强制度集成创新。聚焦新一代信息技术、生物医药等领域，探索制度创新，以制度创新助力加快建设现代化产业体系，维护中国产业链供应链安全稳定。济南片区深入贯彻实施创新驱动发展战略，找准制约产业发展瓶颈，聚焦"卡脖子"问题进行创新突破。围绕科技赋能的绿色低碳、高端前沿的生物医药、变革核心驱动力的人工智能等特色产业，在技术攻关、自主研发、科技创新等方面加快高端要素集聚，持续引进能够填补空白、突破"卡脖子"技术的产业项目。

（执笔：吕品、吴昊淼）

# 搭建 《共治》 平台　助力社会治理

济南广播电视台

**摘　要：**党的二十大报告提出："完善社会治理体系，健全共建共治共
享的社会治理制度，提升社会治理效能"；"建设人人有责、
人人尽责、人人享有的社会治理共同体"。济南广播电视台在
市委政法委、市委宣传部的指导下，于2023年4月推出山东
首档社会治理全媒体栏目《共治》，将"共建共治共享"平台
搭建在社区居民身边，探索媒体参与社会治理的新路径，赋能
城市软实力提升。

**关键词：**共治；全媒体；社会治理；新路径；城市软实力

　　城市软实力是指一座城市传统文化与现代文明、价值认同与品质认
可、内在形象与对外影响、政府服务与社会治理等多种非物质元素聚
合，显示出来的软力量。济南市第十二次党代会提出，"硬实力让城市
强大、软实力让城市伟大"。2022年8月，济南市委书记刘强调研宣传
思想文化工作时强调，要进一步构建具有济南特色的媒体传播模式，为
提升城市软实力、建设现代化强省会贡献力量。山东首档社会治理全媒
体栏目《共治》聚焦"宣传也是生产力，正能量要有大流量"，采用大
型户外现场录制方式，将群众、基层政府代表以及法律嘉宾、基层社会
治理嘉宾等请到社区、村居现场，协调解决市民群众关心关注的"急

难愁盼"问题。自开播以来，《共治》共回应群众诉求 5 万余人次，现场解答各类问题 200 余个，达成各类解决方案 100 余个，平均收视份额居济南地区同时段第一，全网累计传播量上亿次。

# 一、 特大型城市基层治理现代化的媒体探索

特大型城市的基层社会治理是一项复杂而艰巨的任务。特大型城市基层社会治理体系和治理能力现代化建设，主流媒体应该怎样扮演好自己的角色？《共治》在选题、策划、摄制过程中，积极探索创新，有效提高节目的传播力、影响力、引导力、公信力。

## （一） 理念创新

### 1. 聚焦"公"字做文章

与解决个人家庭财产等方面矛盾纠纷的调解类节目不同，《共治》聚焦广大市民群体关心关注的公共领域话题，选题来源于城市发展中亟待解决的老旧小区停车难、广场舞噪音扰民、电动车上楼充电等群众"急难愁盼"问题，此类问题看似都是"小切口"，却事关群众的幸福感和获得感。《共治》选取典型案例深度剖析，力求"解剖一只麻雀"、破解一类问题、推动一项工作，从点上破题寻策，在面上开花结果。

### 2. 聚焦"共"字做文章

搭建平台，集众力、汇众智。《共治》突出"共建共治共享"，定位于平民视角、平等对话、开放姿态，由心理专家、法律专家等组成调解团，基于法、理、情三个维度，用独特的表达方式，化解分歧，达成共识，营造温暖、积极、务实的对话氛围，在市民、公共领域、政府政策之间架起沟通桥梁。

### 3. 聚焦"互"字做文章

公共信息的传统传播方式单向性较强,手段和方式相对单一。在现实生活中,很多公共事务仅靠一两条新闻报道说不清楚、讲不明白、解决不了。越来越多的市民群众希望通过公开的、平等的对话沟通方式表达诉求、解决问题。《共治》冲破传统媒体"传话筒"角色,通过构建多维交流沟通的"解困式"平台,让城市管理者、专家学者与市民群众围绕着事关社会民生的话题在"犀利交锋"中化解问题。

### (二) 机制创新

机制有恒,才能行稳致远。《共治》在运行初期探索市委政法委、市委宣传部、12345 市民服务热线、济南广播电视台四方协同,协调相关资源的机制,逐步实现选题统筹、数据共享、方案共商。如某房地产项目突然停工,引发多次群体性信访事件。《共治》节目组历时一个月,广泛收集业主诉求,协调多个职能部门形成合力、加强监督,最终实现复工。

《共治》平台在市委政法委指导下,采取由市委政法委、市委宣传部、市委社工部推荐相关方面专家、面向社会征集专家、邀请践行"枫桥经验"先进人物和相关领域知名专家等方式,组建专家库。入库专家通过现场录制、电话采访、视频连线等方式参与节目,为解决问题提供了理论支持和实践经验,进一步提升了节目质量。

### (三) 方法创新

作为"共治平安基层行"活动的重要载体,《共治》与济南市法律援助中心联合打造"流动沟通车",组织法律、心理、社会治理等方面专家深入区县、村居,送普法知识,送法律援助。另外,《共治》还搭建"第二沟通室"定分止争，当录制现场出现当事人情绪激动或矛盾双方僵持不下的局面时，将当事人请到"第二沟通室"，倾听他们的诉求，平复他们的情绪，推动方案达成与问题解决。

在做好公开报道的同时，积极围绕决策需求，做好内参工作，不断强化敏锐问题意识和社会治理思维，保持对倾向性、苗头性问题的高度敏锐性，第一时间发现研判舆情，充分发挥媒体在现代社会治理中的共建共治作用，当好党委政府的"眼睛"和决策大脑。

**（四）传播创新**

《共治》平台构建全媒体宣传矩阵，电视端由 5 个主要频道联播；新媒体端以直播、短视频、图文等形式全网播发，涵盖天下泉城等自有新媒体平台和抖音、微信、今日头条等第三方平台；在公交电视、地铁电视、户外大屏同步宣传。同时，走好网上群众路线，创新短视频传播体系，通过用户粉丝圈层助力，构建全方位、立体化的宣传推广体系。

## 二、 主流媒体参与社会治理的启示与思考

关注民生热点，参与解决民生领域的复杂矛盾和深层次问题，是媒体参与社会治理的重点和难点。新闻媒体参与城市治理，一方面要大力支持和配合职能部门、公共机构工作，帮助把法律法规、公共政策向群众解释清楚，让群众更充分了解政策和当地有关实际，另一方面，要更好地发挥舆论监督作用，推动公权机关、公共机构改进和完善工作，不断提高依法监管和公共服务水平，不断推进政府自身改革和转变政府职能。2024 年 3 月 6 日，市委书记刘强专门调研《共治》栏目，对相关工作给予充分肯定，要求始终坚持以人民为中心的发展思想，强化党建

引领基层治理，扎实办好《共治》栏目，画好"共建共治共享"同心圆，不断提升社会治理水平。

## （一）坚持党媒姓党，夯牢"压舱石"

习近平总书记在党的新闻舆论工作座谈会上明确指出，"党的新闻舆论工作坚持党性原则，最根本的是坚持党对新闻舆论工作的领导"。济南广播电视台牢记"党媒姓党"是开展一切工作的出发点和落脚点，聚焦全市中心工作找选题、选角度，做好政策民意的下达上传，推动《共治》取得了良好社会效果。

## （二）走好群众路线，激发"主动性"

媒体工作就是群众工作。《共治》平台自创办以来，坚持深入基层、深入群众、深入实际，聚焦市民群众关心关注的难点、痛点和堵点问题，探索新形势下矛盾纠纷多元化解新路径，以最大的善意体谅群众的疾苦，以最大的诚意帮助群众解决实际问题，实现了"群众问题当面讲""政府政策及时达""疑问嘉宾现场解"，促成了"纠纷各方合力化"，市民由治理的"观望者"变为"行动者"。中国人民大学亚太法学院副院长周漪青表示，创新基层社会治理的机制和共建美好生活，需要"强心剂"，而这些《共治》节目都已具备，所以，这是一档办在老百姓心里的节目。

## （三）打造"四全"媒体，提升"软实力"

习近平总书记指出，全媒体不断发展，出现了全程媒体、全息媒体、全员媒体、全效媒体。《共治》平台充分发挥媒体融合发展优势，牢牢把握新时代特大城市发展和治理规律，思"破题"之策，寻"解题"之法，行"答题"之道，引领舆论导向，满足用户需求，提升市民的幸福指数，以"善治之力"助力济南城市软实力提升。来自不同圈层、不同年龄的居民纷纷为节目打下"五星好评"，"这个节目确实是很接地气的一个节目，也是一个很创新的节目，关键是能够通过这个节目解决问题，而非制造矛盾。"济南市大观园街道居民郭思源如此表示。

**（四）聚焦各方合力，奏响"大合唱"**

《共治》节目主动寻找问题，深挖群众需求，以民本取向关注千万个家庭都会遇到的问题。经过实践探索，发挥党媒公信力优势，搭建平台，推动部门联动、社会协同的运行方式展现出了强大的推动力。中央广播电视总台社会与法频道原总监王广令表示，"把所有问题消灭在萌芽状态，让百姓每天心情舒畅地去工作、生活，这样会更有利于社会共同进步。（我）对这一创意和决策和这种担当、勇于解决问题的精神，表示敬意"。

## 三、 画好 "共建共治共享" 同心圆

共建共治共享的社会治理制度，是我们党在长期探索中形成的、被实践证明符合国情、符合人民意愿、符合社会治理规律的科学制度，是习近平新时代中国特色社会主义思想的重要内容。健全共建共治共享的社会治理制度，是推进社会治理现代化的重要制度保障，对于维护国家安全、社会安定、人民安宁意义重大。《共治》将坚定不移走媒体工作与群众路线相结合之路，精心做好选题筛选、案例成效拓展等工作，推动节目在提升社会治理水平中发挥更大作用。

### （一）网格化管理

《共治》网格化、基层化的管理模式，让资源在一线汇聚、服务在一线强化、平安在一线实现、共识在一线达成。通过建立"共治"专家库，不断扩充专家队伍、提升专业化水平；在市级层面建立联席会议制度；在区县层面，通过建立区县"共治"联席办公室，实现覆盖面更广的网格化管理。

### （二）平台化打造

着力提升新媒体端的影响力，把全媒体链条做通，将其打造成为"党委领导、政府负责、民主协商、社会协同、公众参与、法治保障、科技支撑、媒体助推"体系下的公共服务平台、营商交流平台及社会治理宣传发布平台。在矛盾纠纷调处、维护社会稳定等方面，动员各方力量、倾听多元声音、共同解决问题，提供法律咨询、公益帮扶等方面服务。

### （三）品牌化创建

立足内容更硬，聚焦济南市"项目深化年"主题和百姓急难愁盼问题深挖选题，着力营造公平竞争的社会环境；立足样态更新，构建平等对话的场景，塑造有血有肉的基层干部形象。通过内容和样态创新，将《共治》打造成为全国领先的"媒体助力平安建设、社会治理"品牌，推动形成问题联治、工作联动、平安共创的良好氛围，提升"共建共治共享"的社会治理效能。

# 四、 统筹基层社会治理与城市软实力提升

优化基层治理效能，是全面提升城市软实力的重要体现。作为全国首批市域社会治理现代化试点城市，济南市将社会治理作为提升城市软实力的重要内容。除《共治》平台，济南广播电视台近年来还在有关部门的指导帮助下，重点打造《问政》《商量》《有话好好说》等"解困式"宣传服务平台，采取问政、民主协商、人民调解等形式推动问题解决，构建网上网下一体、内宣外宣联动、宣传服务并举的主流舆论格局，努力在加强创新社会治理和推动城市软实力提升中发挥重要作用。

## （一）打造问政监督平台

配合市纪委、监委开办《作风监督热线》《作风监督面对面》，举办电视问政直播，以"直面问题，践行承诺"为主题，以公众广泛参与为基础，以广播、电视、新媒体等为载体，以解决群众普遍关注的民生问题为导向，邀请县区政府和市直部门主要负责同志上线接受问政，倒逼整改落实。上线融媒体"掌上问政"平台，接受用户爆料，并对其受理、处理过程等进行全过程跟踪，进行舆情分析和风险防控。开设监督类专栏，构建电视、广播、移动端、内参片"四位一体"全时空舆论监督格局。

## （二）打造民主协商平台

配合市政协打造《商量》平台，全面贯彻"有事好商量，众人的事情由众人商量"精神，充分发挥主流媒体的公信力和主渠道优势，

邀请政协委员、部门代表、专家、市民群众交流互动，着力在服务中心大局、广泛凝聚共识、助力社会治理方面发挥更大作用。

### （三）打造人民调解平台

作为山东首档电视调解类公益栏目，《有话好好说》自开办以来，秉承"化解矛盾纠纷，构建和谐社会"的宗旨，为市民群众调解养老、房产、婚姻等方面矛盾纠纷。依托于节目，在市司法局指导下，成立"有话好好说"人民调解委员会，发起全市首个"人民调解公益联盟"。由于调解程序严格规范、调解形式喜闻乐见、调解过程广泛参与、节目形态全媒互动、调解格局协同推进、调解协议具有法律效力，《有话好好说》在社会治理中发挥了积极作用，起到了"调解一案、教育一片"的良好效果。

习近平总书记在山东考察时强调，要坚持和发展新时代"枫桥经验"，这为我们办好宣传服务平台提供了根本遵循和前进方向。我们将紧跟时代改革步伐，强化资源要素保障，积极打造集《共治》《问政》《商量》《有话好好说》于一体的全媒体服务品牌，助力新时代"枫桥经验"创新发展，助推全市社会治理体制、治理方式、工作布局的现代化建设。

（执笔：侯宇鹏、邹晓伟）

# 文化 "两创" 中的大美育特色实践

山东省济南第二中学

**摘 要：** 一座城市的崛起，离不开历久弥坚的文化根脉和精神品格；一所学校的常新常青，离不开美育的浸润和城市软实力的提升。美丽泉城、魅力泉城、美育泉城，实施美育不仅仅是提升城市软实力的内在需求，更是一座历史文化名城、现代化省会实现城市精神重构，促进城市高质量发展，赋能城市美好人居生活环境，更好地满足市民精神文化新需求和对美好生活新期待的应有之义。

**关键词：** 大美育实践；城市软实力；文化 "两创"

党的二十大报告指出，要全面贯彻党的教育方针，落实立德树人根本任务，培养德智体美劳全面发展的社会主义建设者和接班人。习近平总书记给中央美术学院 8 位老教授的回信中强调， "做好美育工作，要坚持立德树人，扎根时代生活，遵循美育特点，弘扬中华美育精神，让祖国青年一代身心都健康成长。" [1] 教育部要求要以美育浸润学生，全面提升学生文化理解、审美感知、艺术表现、创意实践等核心素养，丰

---

[1] 习近平给中央美术学院老教授回信强调做好美育工作弘扬中华美育精神让祖国青年一代身心都健康成长 ［EB/OL］. 中国文明网，http：//www.wenming.cn.

富学生的精神文化生活，让学生身心更加愉悦，活力更加彰显，人格更加健全。

## 一、"美育" 实践意义

美育，是审美教育，也是情操教育和心灵教育，不仅能提升人的审美素养，还能潜移默化地影响人的情感、趣味、气质、胸襟，激励人的精神，温润人的心灵。美育能促使个体间和谐相处，更好地融入社会；又通过对个体行为的促进作用，进一步对人类社会产生积极的影响。在"四个自信"中，文化自信是更基础、更广泛、更深厚的自信，是更基本、更深沉、更持久的力量。以美育的力量来影响人、教育人，是我国振兴教育、提高全民素质的重要环节，是传承中华民族优良传统、树立文化自信的重要途径。充分利用中华优秀传统文化审美教育资源，充分挖掘和运用蕴含其中的哲学、艺术美育资源、民族审美特质、民俗审美传统、学科审美资源，对于帮助和引导青少年正确树立世界观、人生观、价值观，培育积极健康向上的具备中国传统审美特质的审美价值观，提升发现美、鉴赏美、创造美的综合实践能力，牢固树立文化自信，大力弘扬中华美育精神具有重要推动作用。

中华优秀传统文化审美教育是未来社会发展与学校教育对学生重要的培养方向，也是贯彻落实"大美育"的时代诉求。通过中华优秀传统文化审美教育实践研究，贯通和衔接高校审美教育与中小学审美教育意义重大。大美育实践旨在以中华优秀传统文化审美教育实践研究为统领，深度融合传统美育与现代美育，主要以中华优秀传统文化审美教育为着力点，构建贯通中小学段以学校为主，家庭为辅，社会为大课堂的一体化审美教育体系。

近年来，山东省济南第二中学在文化"两创"方面开展了一系列可操作、可借鉴、开创性的实践：创造性构建了以美育人课程体系，将齐鲁文化、大舜文化、小清河文化、商埠文化、红色文化、二安文化进行审美解读，让师生在文化浸润中进一步提升对泉城文化的认同感。创新性开展"审美课堂"实践研究，挖掘学科中的泉城文化元素，让学生将书本知识与身边的文化融合起来，切实增强城市文化自信；结成"美育"大中小全学段一体化审美教育联盟，广泛凝聚大美育实践团队力量，学校被评为"2023 济南城市软实力榜样"中的文化"两创"榜样。

## 二、 美育与城市软实力的关系

美育与城市软实力双生互促。城市软实力的"软"，有似水之德，利泽万物而不争，遇物赋形而不泥；善以弱胜强，以柔克刚，在城市综合实力提升方面，常有"四两拨千斤"之奇效。济南谓之泉城，泉水、泉文化就是泉城之魂。美育对于涵养市民审美情趣，提升城市文化品位，促进人与城的双向奔赴，都具有不可替代的作用。注重学校、家庭、社会三位一体的大美育，其特点就在于浸润，润物细无声。美好生活离不开"美"的滋养，美育能够帮助人们深化对美的感知与理解，坚定追求更美生活的信念，激励向上的精神状态，最终让人与城的生命都焕发出勃勃生机。

美育是连接城市历史和未来的文化纽带。济南拥有厚重的历史地理及人文资源，史前文化——龙山文化发祥地之一、大舜文化、二安文化等皆在济南；大舜、曹操、秦琼、苏辙、曾巩、辛弃疾、李清照、老舍等一众文化名流皆与济南有着不解之缘；济南这个名称，最早可追溯至汉，其中历下、历城的地名历史更为久远；济南还是拥有"山、泉、湖、河、城"独特风貌的旅游城市，是国家历史文化名城、首批中国优秀旅游城市。历史作为人类社会生活的真实记录，体现了祖先在向往美、追求美、创造美、享有美的交替中不断进步的过程，可以说，历史蕴含着丰富的美育素材。济南无与伦比的历史地理文化资源，赋予美育贯通纵横千年、光耀繁星璀璨的文化纽带作用。

以美育增强城市软实力，用城市软实力重塑城市精神。大力实施美育浸润行动，构建起大美育实践的科学新格局，城市要为美育提供更为广阔和丰富多样的资源和平台。一方面，济南作为省会城市，在文化、科技、健身、娱乐等公共厅堂场馆设施方面，有着得天独厚的优势。这些公共资源要更多地为市民，特别是学生提供更为优质的服务。另一方面，要坚持美育、城市、人才相互促进，努力打造文化自信自强的泉城样本，注重把更多优秀传统文化，特别是泉水元素、建筑元素、艺术元素应用到市民素养提升、学生教育成长、城乡规划建设中，高度重视"城市之美"对青年和人才的吸引力，塑造有审美、有特质、有温度的公共文化空间，用城市美育凝聚审美共识，进一步丰润城市软实力。

# 三、 美育实践发展目标与挑战

## （一）发展目标

推动中华优秀传统文化创造性转化、创新性发展，弥补普通高中中华优秀传统文化审美教育实践研究的空白，不断增强中华民族凝聚力和中华文化影响力。贯彻中华优秀传统文化的审美理念，重点培养学生的审美情趣和创造力，为学生提供多元化的审美体验，让学生能够逐步形成自己的审美之眼和个性化的审美标准。

落实全环境立德树人要求，构建以学校为主，家庭为辅，社会为大课堂的一体化审美教育体系。通过全面落实全环境立德树人，形成更好地向青少年和广大公众传播中华优秀传统文化的魅力，提高人们的审美观念和品位，促进中华优秀传统文化与现代文化的交融，实现文化传承和繁荣。

基于学校美育特色，打造中华优秀传统文化审美教育品牌。达成以美育人、课程育人、全面育人的目标，通过课内课外、校内校外、立体化的中华优秀传统文化审美教育，促进学生全面而有个性地发展，培养学生发现美、鉴赏美、创造美的能力和情感美、行为美、心灵美的个性品质。

## （二）面临的挑战和困难

探究将中华优秀传统文化审美基因融入学校教育细微处的有效途径，畅通和拓展中华优秀传统文化审美教育资源创新性转化、创造性发展的多元化渠道，构建学生喜闻乐见、易于学习和应用的多样化平台。培养一支对中华优秀传统文化审美教育具备理解、鉴赏和传播能力的专兼职教师队伍；开发一系列体现或融入中华优秀传统文化审美特质的校本课程；营造浓厚的中华优秀传统文化审美教育学校文化环境。师生对中华优秀传统文化审美认识水平较低，要实现快速整体提升困难较大；中华优秀传统文化审美教育理论层面缺乏专业性指导，可借鉴实践及优秀经验较少；中华优秀传统文化审美教育实践研究课题申报与确立范围窄、空间小，存在一定现实困难。

# 四、 改革思路及做法

## （一） 加强顶层设计，完善美育体制机制

学校成立了美育研究中心，聘请高校美学专家担任美育副校长，引领美育教育教学实践专业化发展。同中央美院、江苏南菁中学等国内知名美育特色学校实现互动交流，构建美育一体化联盟，贯通从小学、初高中到高校实施美育的路径，打造一体化美育实践与研究新格局。

## （二） 凸显审美文化特质，构建新时代大美育课程体系

中华优秀传统文化包罗万象，四书五经，诸子百家，含有无数的贤者智慧；诗词歌赋，琴棋书画，倾诉着中国人对美的追求；亭台楼阁，小桥流水，蕴含着诗情画意；太极八卦，衣食住行，体现着自然天道……它们是民族文化的灵魂，也是五千年历史之所以生动传神的原因。

教育部《全面实施学校美育浸润行动》的通知，给学校带来了更大的发展机遇，也让百年老校焕发出了新能量。目前，不少学校都在积极开展美育工作，但主要还是依托美术、音乐学科，培养学生的审美能力，这是"小美育"的范畴。济南二中已经提前筹划，提出了"大美育"概念，积极探索"课程＋实践"模式，将美学知识普及、艺术美鉴赏、项目化学习、学科渗透、审美课堂、实践活动等用美育有机融合，形成并不断完善大美育课程体系，切实增强师生文化自信，让美育精神浸润教师专业成长，助力学生实现个性化需求培育和综合素养全面发展。

### （三）以美育课程和创新实践激发优秀传统文化活力

将中华优秀传统文化与学校课程体系相融合是实践大美育的必由之路。学校开设了中华优秀传统文化审美教育校本课程，主要包括审美通识课、中外艺术史鉴赏等；开设了美育鉴赏课程，主要包括中国古典音乐赏析、中国民歌赏析、中国话剧赏析、中国诗词赏析、中外古建筑文化赏析等；开设了跨学科项目化学习，如皮影戏《老鼠嫁女》涉及美术、音乐、舞蹈、通用技术和3D打印（皮影撑杆个性化定制，消除阴影）、语文（戏剧文学研究）、物理（支撑结构及应力研究）、化学（染色）等诸多领域；开设了综合实践活动课程，如传统剪纸艺术课程、《红楼梦》服饰初探研究性学习课程等；开展了与美育密切相关的多彩实践活动，如最美学子评选、书画比赛、志愿服务、影视教育、传统节日食育、劳动最美等，倡导中华优秀传统文化审美教育与综合实践相互融合，引导学生将课堂理论学习、生活感悟用到具体实践；以中华优秀传统文化审美特质为统领，深入探究青少年"礼仪"教育和"修身"教育实践研究，促进学生养成"知行合一""勤朴诚敬""崇德修身"的道德品质和行为习惯。构建了审美课堂，积极发掘学科美育元素，探索美育新课堂模式，实现中华优秀传统文化审美教育的学科渗透，挖掘各学科中优秀传统文化审美资源，创造性贯彻中华优秀传统文化的审美理念，创新性激发学生学科学习积极性；组建了与中华优秀传统文化相关的各类学生社团，定期开展丰富多彩的社会实践活动，让美育精神浸润校园，助力学生成长。开办了家长学校，普及中华优秀传统文化审美教育，弘扬优良传统家风，形成教育合力；探索构建中华优秀传统文化审美教育科学的评价体系和反馈机制。

## （四）文化"两创"的大美育开出实践之花

学校充分依托南邻小清河，东傍华不注山的文化区位优势，以板桥码头、盐仓码头、五柳闸的发展历史为例，深入挖掘小清河文化中体现的济南开埠史；以市委党组织重建地为例，挖掘小清河文化中所蕴含的济南革命史，接受红色文化洗礼。在此基础上，开发了小清河文化研学课程，多年来坚持开展"美丽小清河徒步实践活动"，将学校百年历史与小清河悠久历史相结合，激发和鼓励学生的爱国之情和报国之志。

济南二中通过市教育局会同市文化和旅游局遴选，已成为全市 25 所开设非遗项目校本课程班的学校之一。学校聘请了济南皮影戏第四代传人李娟老师为济南皮影校本课程授课教师，常态化开展济南皮影文化校本课程。如今，"二安"诗词鉴赏、家乡文化研学展评、"文物会说话"、学科知识达人赛、"红色研学""行走的思政课""我们的节日"等活动都广受学生欢迎。师生通过剪纸、刀刻的方式创作的《红楼梦》中的人物，还原并制作"十二钗茶品"一经发布便引来诸多网友点赞。这些实践和作品充分体现出了学生对剪纸艺术丰富内涵的深刻体会，寄托着大家对生活的美好追求、对中华优秀传统文化的热爱。

2023 年起，学校重点加强了与高校合作，聘请山东师范大学文学院美学专业李红春教授为学校美育副校长，山东师范大学教育学部周海银教授为学校客座教授，全方位指导学校"以美育人"特色建设。专门聘请美育副校长，这在全省普通高中学校尚属首次。

"审美课堂"在学校各学科组轮番上演，老师们在一次次的"头脑风暴"中创新求变，将中华优秀传统文化、学科知识点巧妙结合，让学生不断地收获"惊喜"。也正因大家的不懈努力，2024 年，济南二中普通高中中华优秀传统文化审美教育实践研究被济南市教育局确立为济南市基础教育教学改革项目；济南二中一体化美育理念下高中艺术教育传承中华优秀传统文化实践研究被济南市教育局确定为济南市 2024 年度教育综合改革项目。

## 五、 发展展望

美丽泉城、魅力泉城、美育泉城，实施美育不仅仅是提升城市软实力的内在需求，使一座历史名城、现代都会实现城市精神重构，更是提升城市发展力，赋能城市美好人居生活环境，更好地满足市民精神文化新需求的应有之义。下一步，济南二中将进一步完善贯通中小学至高校，以学校为主，家庭为辅，社会为大课堂的一体化审美教育实践体系，充分利用泉城优秀传统文化审美教育资源，深入挖掘和运用蕴含其中的哲学、艺术美育资源、民族审美特质、民俗审美传统、学科审美资源，推动中华优秀传统文化创造性转化、创新性发展，弥补普通高中传统文化审美教育实践研究的空白。我们将帮助和引导更多的师生，乃至市民培育积极健康向上的具备中国传统审美特质的审美价值观，提升发现美、鉴赏美、创造美的综合实践能力，牢固树立文化自信，大力弘扬中华美育精神，为魅力泉城软实力的提升添砖加瓦。

（执笔：袁伟）

# 济南科创软实力发展研究报告

济南市科学技术情报研究院

**摘　要：** 塑造科技创新优势，激发科技创新力，强化科技创新策源功能，是济南提升城市软实力和培育新质生产力的必然选择。本文从比较的视角，立足济南发展的现状和需求，提出培育发展科创软实力的对策建议、探索增强高质量发展动能的提升路径，以期通过以科技创新引领产业创新，构建现代化产业体系，探索以济南科创软实力助推新质生产力发展的新路径。

**关键词：** 科创软实力；城市软实力；现代化产业体系；新质生产力

科创软实力①是特指国家对科技资源的柔性运作，以推动科技实力、综合国力提升的能力，包含科技创新能力、科技价值观等非硬性要素的科技软实力。科技软实力的提升能有力促进城市科技创新策源能级，扩大城市高水平科技供给，增强城市软实力，也是推进可持续发展的"助燃剂"。2024年全市科技工作会议再次明确了创新对济南发展的重要性，把"优化提升科技创新体系整体效能，有效增强科技创新综合实力，争创国家区域科技创新中心"作为接下来的重点工作深入推

---

① 周文泳，熊晓萌. 中国10省市区域科技软实力的制约要素与提升对策［J］. 科研管理，2016，37（S1）：281–288.

进。如何增强济南城市创新能力，推动济南科创软实力再上新台阶，促进经济社会的繁荣发展，成为当前亟待解决的问题。

# 一、 济南市提升科创软实力的现实基础

济南是国家历史文化名城、黄河流域中心城市、济南都市圈核心城市、环渤海地区南翼中心城市。当前，科技创新正以中流砥柱之姿持续赋能强省会建设，使济南城市能级不断提升，创新平台体系逐步完善，高层次科技人才数量众多，产业链大中小企业融通创新的资源丰厚，科技创新获得了丰富的应用场景和发展空间。2023 年，济南市在全球科研城市榜单中居第 32 位；在国家创新型城市中排名第 15 位，在全国城市创新能力百强榜中排名第 15 位；综合科技创新水平指数连续五年全省第一。技术合同成交额、全国重点实验室等 12 项科技创新关键指标居全省第一。

## （一）高端创新平台加速集聚

加快建设多层级实验室体系，合肥国家实验室济南基地正式获批，济南超算中心被纳入鹏城国家实验室网络节点，2023 年新获批全国重点实验室 6 家（总数达到 11 家），省重点实验室达到 112 家。中科院济南科创城落地院所争取国家、省重点研发计划、自然科学基金等项目 127 项，孵化或新注册企业 130 多家，横向合同额突破 10 亿元，集聚科研人员超 2000 人。省级新型研发机构达到 75 家，省级技术创新中心达到 35 家，省级院士工作站达到 77 家。

## （二）科技创新企业梯次培育

2023 年，累计备案国家科技型中小企业 8323 家，高新技术企业总

量达到 6917 家；加快构建"众创空间—孵化器—加速器—科技双创园区"全链条科技创业孵化服务体系，全市拥有各类科技创业孵化载体240 家，其中科技企业孵化器 70 家、众创空间 162 家、大学科技园 4家、加速器 2 家、科技企业孵化链条试点建设单位 2 家，现有孵化服务创业导师 3944 余人，在孵企业 4690 家。

### （三）科技成果转化持续加速

推进济南"1＋6＋N"科技成果转化平台建设，挂牌项目 1169 宗，成交金额 11.16 亿元。2023 年全市技术合同成交额 915.92 亿元，同比增长 49.04%，总量连续五年保持全省首位；全市规模以上科学研究和技术服务业 473 家企业实现营收 546.7 亿元。涌现出山大华天三维计算机辅助设计软件、舜丰生物高油酸大豆等一批"山东好成果"。

### （四）创新生态环境逐步优化

拥有完善科技政策体系，2023 年出台《济南市科技成果转化"倍增计划"行动方案（2023—2025 年)》《济南市加快技术转移转化若干措施》《济南市科研诚信管理办法》等政策文件 9 项，兑现省市级企业研发费用补贴资金 3.5 亿元。推荐入选国家海外人才引进计划 32 人，居全省首位，实现数量、质量双提升；省级泰山系列人才工程入围 20人，居全省前列。

### （五）关键核心技术不断突破

大力实施科技计划"揭榜挂帅"工程，组织实施省重大科技创新工程和科技示范工程项目，支持关键核心技术攻关，"光谱式高通量自动化血培养仪"通过了国家创新医疗器械的审批，打破了外国的长期技术垄断；成功发布全国首个双碳模拟器，为我国众多城市实现碳达峰目标和碳中和愿景保驾护航。获批全国首个基因编辑安全证书，实现了我国基因编辑核心技术的首次出口。这些前沿技术的突破，尖端科技的进步，为济南这座城市的发展插上了翅膀，成为引领济南科创软实力提升的肯綮。

## 二、 济南城市创新能力的比较优势与不足

《国家创新型城市创新能力评价报告 2023》[①] （以下简称《报告》）显示，济南在 101 个国家创新型城市中排名第 15 位（在非直辖市类城市排名中排名第 12 位），在全国城市创新能力百强榜中排名第 15 位。济南市在创新型城市的排名从 2019 年的第 17 名上升到 2023 年的第 12 名（按照统一口径，2019—2022 年直辖类城市不参与排名），提高 5 个位次；在全国城市创新能力百强榜的排名从 2021 年第 17 位上升到 2023 年的第 15 位，提高 2 个位次。

---

[①]《国家创新型城市创新能力评价报告》，是由科技部直属的中国科学技术信息研究所开展创新型城市建设重大问题及监测评价指标体系研究。《国家创新型城市创新能力评价报告 2023》于 2024 年 1 月发布。

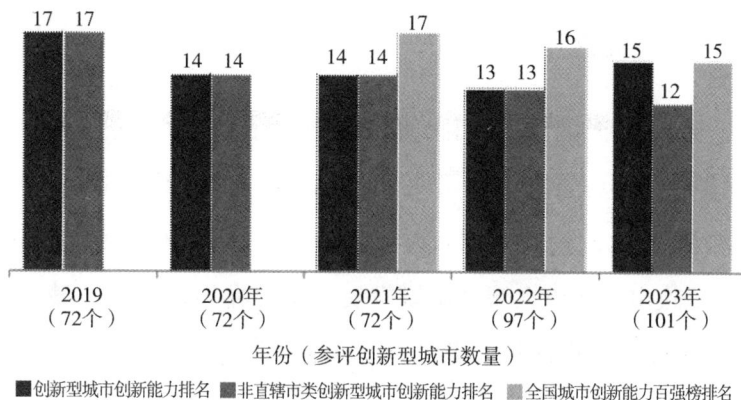

图 1 济南市创新能力排名情况

## （一）比较优势

从具体指标分析，位于全国前列指标（排名前 15 位）有 4 个。

1. "规上工业企业新产品销售收入与营业收入之比"指标排名第 3 位（49.99%，同比增长 43.81%），较上年提升 16 位（青岛为 37.87%，排名第 14 位），反映出济南市在新产品开发方面优势突出。

2. "万人普通高校在校学生数"指标排名第 9 位（743.44 人/万人），实际排名较上年下降 1 位（青岛为 385.53 人/万人，排名第 32 位），反映出济南市作为省会城市，拥有山东大学、济南大学等高等院校，教育资源丰富，在人才培养方面优势突出。

3. "高新技术企业营业收入与规上工业企业营业收入之比"指标排名第 10 位（86.06%，同比增长 5.09%），实际排名较上年提升 3 位（青岛为 62.35%，排名第 24 位），反映出济南市在高企营收方面优势突出。

4. "高水平科技成果数"指标排名第 15 位（62.40 项当量），实际排名与上年持平（青岛为 50.05 项当量，排名第 16 位），反映出济南市在高质量成果产出方面优势突出。

### （二）不足之处

**1. 有待提升的指标（排名后 40 位）有 4 个**

（1）"城乡居民人均可支配收入之比"指标排名第 95 位（2.54，同比下降 2.68%），实际排名与上年持平（青岛为 2.31，排名第 78 位），反映出济南市在城乡协调发展方面存在短板，虽然城乡居民收入相对差距逐年缩小逐年下降，但缩小幅度与沈阳（下降 3.72%）、大连（下降 3.18%）等城市相比仍有差距。

（2）"PM2.5 年平均浓度"指标排名第 78 位（40 微克/立方米，同比改善 20%），实际排名较上年提升 9 位（青岛为 28 微克/立方米，排名第 29 位），反映出济南市在空气质量改善方面存在短板，虽然PM2.5 年平均浓度逐年改善，排名也有大幅提升，但与先进城市相比仍有差距。

（3）"地区生产总值与固定资产投资之比"指标排名第 44 位（1.83，同比提升 5.78%），实际排名较上年下降 10 位（青岛为 1.29，排名第 71 位），反映出济南市在固定资产投资效率方面存在短板，虽然较上年有所提升，但增长幅度与广州（增幅 74.4%）、深圳（增幅 37.78%）等城市相比仍有差距，导致排名下降。

（4）"单位地区生产总值能耗"指标排名第 41 位（0.37 吨标准煤/万元），实际排名较上年下降 4 位（青岛为 0.45 吨标准煤/万元，排名第 54 位），反映出济南市在节能降耗方面存在短板，能源利用效率与北京、常州等城市相比仍有差距。以上 4 项指标均属于一级指标——"创新驱动力"，故"创新驱动力"指标（第 46 位）排名不理想。

**2. 排名下降比较大的指标有 3 个**

（1）"技术输入合同成交额与地区生产总值之比"指标排名第 20

位（4.28%，同比下降17.21%），实际排名较上年下降12位（青岛为2.2%，排名第60位），此指标虽然整体排名靠前，但与上年相比，下降幅度较大，与西安等城市相比仍有差距，反映出济南市企业科技创新能力仍需提升，无论是在本地成果转化方面，还是在吸纳外市科技成果方面，都要进一步加强。

（2）"地区生产总值与固定资产投资之比"指标排名第44位，实际排名较上年下降10位（此指标前面已提及，不再重复赘述）。

（3）"技术输出合同成交额与地区生产总值之比"指标排名第30位（3.71%，同比提升11.75%），实际排名较上年下降5位（青岛为2.19%，排名第53位），此项指标数值逐年提升，但与先进城市相比仍有差距，反映出济南市高校、科研院所等研发主体，在科技成果转化为现实生产力方面，仍有较大提升空间。

表1　2020—2023年济南市创新能力指标数据排名情况

| 序号 | 一级指标 | 二级指标 | 2020年 | 2021年 | 2022年 | 2023年 | 相比2020年实际提升位次 | 相比2022年实际提升位次 |
|---|---|---|---|---|---|---|---|---|
| 1 | 创新治理力 | 全社会研发经费支出与地区生产总值之比 | 16 | 30 | 33 | 36 | -17 | 0 |
| 2 | | 财政科技支出占公共财政支出比重 | 48 | 30 | 36 | 41 | 10 | -2 |
| 3 | | 万名就业人员中研发人员 | 19 | 31 | 28 | 30 | -8 | 1 |
| 4 | | 万人普通高校在校学生数（2022年新增指标） | — | — | 8 | 9 | — | -1 |
| 5 | | 人均实际使用外资额 | 26 | 31 | 41 | 39 | -9 | 6 |

| 序号 | 一级指标 | 二级指标 | 2020年 | 2021年 | 2022年 | 2023年 | 相比2020年实际提升位次 | 相比2022年实际提升位次 |
|---|---|---|---|---|---|---|---|---|
| 6 | 原始创新力 | 基础研究经费占研发经费比重 | 23 | 25 | 23 | 21 | 5 | 5 |
| 7 | | 高层次科技人才数（2022年新增指标） | — | — | 19 | 23 | — | 0 |
| 8 | | "双一流"建设学科数（2021年起由"中央级普通高校和科研院所数"指标拆分） | — | 17 | 12 | 16 | — | 0 |
| 9 | | 高水平科技成果数（2020—2022年：国家级科技成果奖数） | 13 | 16 | 12 | 15 | 1 | 0 |
| 10 | 技术创新力 | 规上工业企业研发经费支出与营业收入之比（2020年：规上工业企业研发经费支出与主营业务收入之比） | 4 | 16 | 25 | 23 | −19 | 2 |
| 11 | | 上市科技型中小企业数（2020—2021年：科创板上市企业数；2022年：科创板和北交所主板上市企业数） | 14 | 11 | 15 | 22 | −18 | −4 |
| 12 | | 高新技术企业数 | 17 | 15 | 16 | 19 | 2 | 1 |
| 13 | | 万人发明专利拥有量 | 15 | 21 | 21 | 23 | −6 | 0 |
| 14 | | 技术输出合同成交额与地区生产总值之比 | 20 | 12 | 22 | 30 | −7 | −5 |

（续表）

| 序号 | 一级指标 | 二级指标 | 2020年 | 2021年 | 2022年 | 2023年 | 相比2020年实际提升位次 | 相比2022年实际提升位次 |
|---|---|---|---|---|---|---|---|---|
| 15 | 成果转化力 | 技术输入合同成交额与地区生产总值之比 | 18 | 13 | 7 | 20 | −1 | −12 |
| 16 | | 国家级科技企业孵化器、大学科技园、双创示范基地数 | 10 | 10 | 11 | 16 | −2 | −1 |
| 17 | | 国家级科技企业孵化器、大学科技园新增在孵企业数 | 27 | 22 | 25 | 30 | 1 | −1 |
| 18 | | 高新技术企业营业收入与规上工业企业营业收入之比（2020年：高新技术企业营业收入与规上工业企业主营业务收入之比） | 2 | 4 | 11 | 10 | −6 | 3 |
| 19 | | 规上工业企业新产品销售收入与营业收入之比（2020年：规上工业企业新产品销售收入与主营业务收入之比） | 26 | 13 | 19 | 3 | 23 | 16 |
| 20 | | 国家高新区营业收入与地区生产总值之比 | 12 | 22 | 21 | 18 | −4 | 5 |
| 21 | 创新驱动力 | 人均地区生产总值 | 16 | 28 | 22 | 25 | −7 | −1 |
| 22 | | 地区生产总值与固定资产投资之比（2022年新增指标） | — | — | 32 | 44 | — | −10 |
| 23 | | 城乡居民人均可支配收入之比 | 67 | 66 | 91 | 95 | −24 | 0 |
| 24 | | 单位地区生产总值能耗 | 42 | 34 | 34 | 41 | 4 | −4 |
| 25 | | PM2.5年平均浓度 | 63 | 64 | 83 | 78 | −11 | 9 |
| 26 | | 居民人均可支配收入 | 18 | 19 | 21 | 23 | −3 | 0 |

# 三、 济南市科创软实力的发展路径

为提升济南科创软实力，培育新质生产力，济南市应着力在加强创新策源、突出企业创新主体地位、强化成果转化、优化创新生态、发展未来产业等五个方面持续发力，加速推进高水平科技自立自强，全面塑强科技创新优势。

## （一）着力打造创新策源高地，培育发展新质生产力新动能

加强多层级创新体系建设，构筑产学研融合发展的体制机制优势，加快形成重大创新集聚区，不断提升科技供给能力。一是发挥中科院济南科创城等重大创新平台作用，集聚高端创新资源，在技术研发、平台建设、人才引进等方面加大投入力度，聚力打造高能级科技创新策源引擎。二是完善多层级实验室体系建设，未来重点围绕量子信息、智能制造领域，开展多项卡脖子技术攻关，解决重大发展需求难题，支撑产业高质量发展。三是高质量建设新型研发机构，加快推动北京理工大学前沿技术研究院、山东中科先进院、山东区块链研究院等新型研发机构在植物基因编辑、脑机接口、区块链等领域开展技术研究，为现代化产业体系高质量发展提供有力支撑。

## （二）强化关键核心技术攻关，有效提升企业创新新能级

突出企业创新主体地位，注重发挥创新型企业紧密连接科技、经济的重要作用，集成人才、项目、资金等创新要素，开展关键核心技术攻关。一是壮大科技企业队伍。深入实施科技型中小企业创新能力提升工程、高新技术企业培育行动计划，加速形成科技企业"雁阵式"发展

格局。鼓励企业组建体系化、任务型创新联合体和产业创新联盟,推动产业链上下游联合攻关、产学研用融合和创新要素共享,形成科技创新体集群,为产业发展筑牢地基。二是部门协同推进机制,依托大数据梳理高新技术企业、科技型中小企业后备资源并建立数据库。落实好高新技术企业认定市级财政奖补、企业研究开发财政补助、"小升高"财政奖补等惠企创新政策,推动更多的企业进入科技型中小企业、高新技术企业阵营。三是深入实施研发投入提升专项行动,积极引导规上工业企业建立技术研发、产品创新、科技成果转化机制,支持规上工业企业建设各级企业技术中心、重点实验室、院士工作站等企业研发机构,有效提升规上工业企业研发机构比例。四是鼓励龙头企业联合高校院所针对"卡脖子"技术、关键核心技术和颠覆性技术难题,承担省级以上重大科技创新工程、科技示范工程、"揭榜挂帅"项目,实现产业关键核心技术突破,加速创新链产业链双向融合赋能高质量发展。

## (三) 全面打通成果转化链条,努力完善科技成果转化新模式

持续发挥"政产学研金服用"合力,坚持一手抓技术攻关,一手抓成果转化,推动"技术+人才+市场"有机整合,打造良好科技成果转化生态。一是依托济南科技成果转化"1+6+N"平台,建立科技成果转化服务体系,促进更多科技成果转化实现价值。推动省市区三方共建山东科技大市场,健全技术需求库和科技成果库。二是推动产学研用联动融合,完善驻济高校院所产业协同创新体系,充分激发驻济高校院所创新活力,积极探索"创新策源+成果转化"协同创新模式,构建未来产业生态圈。三是推动科技中介新业态发展,布局建设一批概念验证中心、中试熟化基地,支持建设未来产业创新平台和孵化器,畅通技术成果转化通道,全力助推更多科创成果走出实验室,转化为现实的

新质生产力。

### （四）不断优化双创环境，释放科技创新赋能新活力

夯实发展新质生产力的制度保障，充分发挥载体"助推器"的作用，创新创优服务举措，点燃"人才引擎"，建立市场对接资源的科技金融结合新机制，加快走出一条科技型创新创业新路径。一是加强体制机制创新。试点开展相关要素市场改革，推动人才、资本、数据、知识等优质生产要素协同投向新质生产力。畅通市场循环，疏通政策堵点，加大对关键核心技术、重点领域、新兴产业知识产权司法保护力度，持续完善新质生产力发展环境。二是着眼需求引进人才，加快建设专业水平领先、创新活力强劲、覆盖济南市重点产业领域的高层次人才队伍。同时，依托"海右人才"工程体系以及才聚泉城高校行、博士后创新创业大赛等活动，加强青年科技人才引进和培育，打造青年科技人才队伍。落实好人才政策，完善全生命周期人才服务体系，不断提升高层次人才服务质效。三是加快构建科技金融生态体系，依托齐鲁科技金融大厦，建立科技金融银企对接常态化路演工作机制，利用金融资本精准支持科技型企业，推动金融赋能科技型企业创新发展。

### （五）聚焦未来产业前瞻布局，加快抢占战略新兴产业新赛道

聚焦战略新兴产业，探索开辟未来产业新赛道，加快推动传统产业焕新，让未来产业成为现代化产业体系的重要支柱，实现传统生产力向新质生产力的跃迁。一是超前布局重点领域基础研究和应用基础研究，加快提升基础研发投入，引导企业与高校、科研机构等开展基础研究合作活动，鼓励社会资本进入基础研究领域，逐步提升基础研究占全社会研发投入比重。二是针对济南市先进电磁、固态激光、空天信息、基因

编辑等未来前沿产业领域方向开展技术调研和产业分析，抢先布局一批未来产业应用项目。鼓励企业、落地科研院所和各类实验室开展研究，对前沿技术进行多样化、多路径探索，形成一批技术领先的前沿技术成果。三是增加科技计划预算，围绕未来产业领域"卡脖子"技术难题，组织实施"揭榜挂帅"项目等，充分调动各方力量参与产业关键技术攻关，努力催生重大原创性、引领性成果，为新质生产力的持续发展蓄势聚力。

（执笔：叶权慧、董子良）

# Ⅴ 专 题 研 究

## 中国式现代化进程中
## 成都的文化传承发展实践研究

冯　婵*

摘　要：文化传承发展对于中国式现代化城市建设具有举足轻重的关键
　　　　作用和关涉长远的现实意义。积极探索中国式现代化进程中成
　　　　都的文化传承发展实践路径，加强文化保护传承发展政策支
　　　　持，构建遗产大保护格局，完善文化传承创新网络；以更好满
　　　　足人民文化新需求为圭臬，优化高品质公共文化供给；将
　　　　"文化"作为全面促进经济社会高质量发展的重要引擎，文化

---

*作者简介：冯婵，成都市社会科学院历史与文化研究所所长、副研究员。

赋能建圈强链，全面促进经济社会高质量发展；以改革促发展，持续深化文化体制改革创新，促进文化领域新质生产力发展。

**关键词**：中国式现代化；成都实践；文化传承发展

中国式现代化的城市建设不是简单的翻版西方城市现代化，而是在中国共产党的领导下，以习近平文化思想为指引的具有中国特色的城市现代化建设道路。文化传承发展对于中国式现代化城市建设具有举足轻重的关键作用和关涉长远的现实意义，它既是将保护文化遗产作为彰显城市个性的内在要求，是将筑牢中华文化根基作为涵养城市精神的现实需要，更是将创新发展传统文化作为推动城市进步、提升城市软实力的强劲动力。

# 一、 成都文化传承发展的现状基础

成都是国家首批历史文化名城、中国十大古都之一。结合考古发现和文献记载的"二重证据法"来看，成都平原有着 20 万年人类史、4500 年文明史、2300 余年建城史的悠久历史和厚重文化。① 这里名胜古迹众多，文苑英才辈出，有着丰富多彩、精妙绝伦的非物质文化遗

---

① 经 2020—2022 三次考古发掘，位于成都平原西南的眉山坛罐山遗址先后出土大量旧石器时代石制器，根据光释光测年，证明成都平原在距今 20 万年前，就已有人类在使用打制石器生产生活；位于成都新津的宝墩古城遗址，其建造年代大约在公元前 2550 年，距今 4500 余年的史前城址是成都平原进入文明时代的重要物证；《华阳国志·蜀志》云："惠王二十七年，仪与若城成都，周回十二里，高七丈"，公元前 310 年，张仪、张若仿咸阳制建成都城，距今约 2300 余年。（见于任乃强校注《华阳国志校补图注》，上海古籍出版社 1987 年版，第 128 页。）

产。成都当前以"三城三都"建设为主要抓手和支撑，以厚重的 4500 年历史文化积淀，创造了连续 15 届蝉联"中国最具幸福感城市"榜首的卓越成绩。成都正全面提升城市文化软实力，以建设世界文化名城作为战略目标，全面担负中央和四川省委关于坚定文化自信推进社会主义文化繁荣兴盛的城市使命。

## （一）历史积淀深厚，文化资源丰富

成都久远的历史渊源，广泛见诸《山海经》《史记》等古籍文献，据《华阳国志·蜀志》载："至黄帝，为其子昌意娶蜀山氏之女，生子高阳，是为帝喾。封其支庶于蜀，世为侯伯。"[①] 有据可依的"蜀"之历史足以上溯至公元前 2500 年的新石器时代。距今 4500 多年的宝墩古城遗址，开启了成都绚烂的文明史，此时，成都平原出现了长江上游最早的广袤稻田，古蜀人在史前城址中斜坡堆筑夯打起了高高的城墙，制作了各式各样的砖瓦生产生活器物。

其后，朝代兴衰、岁时更迭，成都历经风雨，有过"扬一益二"的繁华昌盛，也有过"十室九空、虎豹出没"的衰败凋敝，但其城名不改、城址不迁、文化从未间断。时至今日，据统计，成都拥有市级以上文物保护单位共 336 处，其中全国重点文物保护单位 41 处，省级文物保护单位 109 处，市级文物保护单位 186 处。古建筑、古遗址、古墓葬、石窟石刻等比比皆是。成都全市各级各类馆藏文物 400 余万件。其中，国有博物馆馆藏文物达 36 万件（套），珍贵文物 3 万余件。[②] 另有各类民间收藏等也保存了相当数量的金器、玉器、青铜器、陶器、瓷

---

① 任乃强. 华阳国志校补图注 ［M］. 上海：上海古籍出版社，1987：113.
② 成都市文物局. 成都馆藏文物精品 ［M］. 成都：四川美术出版社，2011.

器、石刻、书画等珍贵文物。成都市共有市级以上非遗代表性项目 230 项,其中国家级项目 25 项,省级项目 87 项,市级项目 118 项。

## (二) 文化氛围浓郁,公共服务完善

近年来成都将文化融入城市建设,在宽窄巷子、锦里等经典打卡街区之外,通过挖掘本土文脉、活化历史遗迹、营造沉浸式文化场景等方式,以"一街一品"的理念,逐渐形成了百年蜀韵华兴街区、中医特色枣子巷街区、祠堂街艺术社区、特色文旅消费文殊坊街区、酒吧时尚消费水井坊街区、音乐诗书特色望江坊街区、烟火市井幸福的猛追湾街区等一批别具天府意韵的特色文化街区。

成都先后建成了一批高品质的标志性重大公共文化设施,既丰富市民的精神文化生活,又彰显城市的文化地标。据统计,目前成都市共有博物馆 194 家,包括 6 家国家一级博物馆,其中国有博物馆 75 家,非国有博物馆 119 家,非国有博物馆数量位居全国城市第一,享有"中国博物馆之城"的美誉。同时,成都的美术馆、艺术空间遍布城市,据统计,全市目前拥有 120 余家各级各类美术展馆,建成城市音乐厅、四川大剧院、露天音乐公园等室内外大中型演艺场所 37 个,全市各类专业演艺场馆达 61 个,座位数突破 40000 个。

## (三) 文化创意新颖,消费市场蓬勃

作为联合国教科文组织批准的全国创意城市网络第 20 名和加入该网络的第二个中国城市,近年来,成都文化创意推陈出新,产业焕发活力,重大文化活动影响力逐步攀升,文化消费总量不断增长。2021 年,全市实现文创产业增加值 2073.84 亿元,占 GDP 比重 10.4%,同比增幅达到 14.83%,是全市新兴支柱产业和重要经济增长点,基本构建了

特色鲜明、附加值高、原创性强、成长性好的现代文创产业体系。

成都相继涌现出《哪吒之魔童降世》《十万个冷笑话》等颇受欢迎的动漫产品，孵化出舞剧《努力餐》、电影《家园》、川剧《烈火中永生》等文艺精品，打造了《伎乐24》、"蓉城之秋"、成都国际音乐季、国际友城青年音乐周等一批优秀原创音乐作品和品牌，《银河帝国》《万国崛起》等一批数字文创产品出海屡创佳绩。持续举办中国网络视听大会、中国成都国际非物质文化遗产节、成都创意设计周、世界文化名城论坛·天府论坛、国际诗歌周等城市文化品牌活动。网易成都数字产业基地、天府国际动漫城等创意经济亮点频出。

引领潮流、创新时尚的首店经济呈现蓬勃发展势头，据统计，2022年，成都全年引入708家首店，首展首秀66场，保持了首店经济第三城地位。① 各式各样主题展、品牌文化展等崭露头角，形式多样的销售体验、创意餐饮等时尚消费场景遍布全城。

## （四）"文化＋"融合共生，软实力显著提升

成都"文化＋"的发展态势良好，充分发挥文化的渗透性和关联性特点，在多种模式的文化融合中赢得新内容、新活力和新亮点。一是贯彻落实《关于推进实施国家文化数字化战略的意见》，全方位、立体式加强文化与科技的融合。早在20世纪初，成都在全国率先成立市数字娱乐产业发展推进领导小组，加大对软件、数字娱乐、动漫、移动互联网等相关业态的发展力度。先后建成科技部"数字娱乐产业化基地"、新闻总署"国家网络游戏动漫产业发展基地"、文化部"国家动

---

① 中商数据、成都零售商协会：2022年度成都首入品牌研究［EB/OL］. https：// k. sina. com. cn/article_ 1700648435_ 655dd5f3020016k8j. html.

漫游戏产业（四川）振兴基地"等国家级基地。逐步形成天府软件园、高新孵化园、菁蓉国际广场等园区的抱团发展之势，数字娱乐产业生态环境持续优化，赢得"游戏第四城""手游之城"美誉。积极推进文化设施数字化配套转型升级，探索建设"元宇宙"、5G 网络等新兴前沿科技深度融合的智慧化文旅设施，建成成都文旅大数据中心，以大数据技术研发、数据挖掘和应用创新等推进文旅产业高质量发展。

大力推进农商文体旅融合发展，截至目前，全市共创建国家 A 级旅游景区 94 家（其中 4A 级以上 53 家），国家（省）级旅游度假区 14 家，国家（省）级生态旅游示范区 13 家，国家（省）级全域旅游示范区 13 家，国家级旅游休闲街区 3 个，全国乡村旅游重点镇、村 11 个，获评国家夜间文化和旅游消费集聚区 5 个、国家级滑雪旅游度假地 1 个、首批国家级文明旅游示范单位 1 个，"国家级"旅游品牌数量稳居全国前列。2019 年被评选为"中国旅游休闲示范城市"，成为唯一入选美国 CNN 发布的"一生必去 50 个地方"的中国城市。2020 年，被文旅部授予首批"国家文化和旅游消费示范城市"，荣获"夜间经济十强城市""中国十大夜经济影响力城市"称号。天府国际机场正式投运，成都国际（地区）航线已达 131 条，2022 年上半年成都"两场"旅客吞吐量达 1584 万人次，居全国第一。腾讯位置大数据显示，2024 年春节国内城市人口迁入热度成都居全国第一位，武侯祠博物馆、杜甫草堂博物馆、金沙遗址博物馆分别在 2024 年春节国内热门博物馆热度 Top10 中分别占据第一、五、十位。

## 二、 成都文化传承发展中有待完善的现实问题

面临中国式现代化的城市建设新征程，在世界文化名城的建设之路

上，成都的文化传承发展还存在一些有待提升和不断完善之处。

**（一）文化遗产的整体性保护和文化资源的系统性阐释还有待提升**

成都目前的文化遗产保护表现为点状闪光的基本格局，除少量几处知名度较高的文化遗产，多数尚处在静态化原址保护的状态，文化保护形式相对单一，数字化、智慧化、特色化的保护手段和方式还有待加强。保护的整体性、系统性水平还有待提升，全域文化保护体系还有待进一步构建完善。文化保护机构及机制还有待进一步完善和健全，进而兼顾文化整体保护和活态传承。对于成都众多文化资源的系统性深度挖掘和详细阐释还较为缺乏，关于成都文化的起源、演变、亮点和阶段性特性的研究阐释还有待加强。

**（二）在文化"双创"的转化能力和高品质公共文化服务的供给力上还有待提升**

对于特色文化的创造性转化、创新性发展的形式还较为传统，较为单一。体现时代特征、地域特色的文艺精品较少，高品质的文化消费体验场景较缺乏，高水平的文化产品的供给能力还不足，文体活动、文博展览等的品牌性和知名度等还有待提升。深入社区、学校和企业等的各类公共文化服务的精细化、个性化水平还不足，人民群众的参与率和满意率还有待提升，在如何更好满足人民群众对美好生活向往的精神需求上还须下大功夫。

**（三）文化与产业融合和赋能经济社会高质量发展的动力性有待增强**

目前，成都文化与农体旅等产业的融合还停留在较为表面的层次，文化还有很大可开发、可利用的空间，其内生动力还未全方位激发，对于旅游业、创意产业、商贸业、制造业等一、二、三产业的黏合性和推动性作用还有待进一步发挥。

**（四）文化政策的创新性和保障措施的实用性还有待加强**

对于如社会参与大遗址保护的权益分配、绩效评估和补偿激励机制的建立，以及新媒体文化传播、文化数字化等新业态、新模式中的知识产权保护、交易及法律规范等方面的问题还有待完善和健全管理制度。政府对于文化保护、传承和发展的政策措施在创新度、灵活度及支持度还有待加强。在城市更新、旅游产业、创意产业等领域进行文化植入的跨行业合作机制有待完善，对于政府资金投入文艺作品创作、非遗项目保护传承、大型会展博览等方面形成无形资产的科学监督、绩效评估尚未形成专业性、可操作性管理清单和实施办法等法律法规。

# 三、 中国式现代化进程中成都文化传承发展路径

为深入贯彻党的二十大精神，认真学习贯彻习近平文化思想，全面加强文化遗产保护传承，更好担负起新的文化使命，为以中国式现代化全面推进强国建设、民族复兴伟业注入强大文化力量，① 积极探索中国式现代化进程中成都文化传承的高质量发展路径，提出以下建议。

**（一）构建遗产大保护格局，完善文化传承创新网络**

贯彻中央办公厅、国务院办公厅印发的《关于在城乡建设中加强

---

① 文化遗产保护传承座谈会在京召开 蔡奇出席并讲话 ［EB/OL］. 2023 – 12 – 19. https：//mp. weixin. qq. com/s/delGu4F1vE1rx2YNocF5TA.

历史文化保护传承的意见》，依据国务院颁布的《历史文化名城名镇名村保护条例》，结合城市历史文化特点及发展实际，成都编制《成都历史文化名城保护规划（2019—2035）》，按照"大历史观、大遗产观"的保护理念，以分层、分级、分类的方式，已提出构建"三层三级多要素"的保护体系，① 但与中国式现代化的文化形态要求还存在着相当距离。成都应重点聚焦系统性保护和创新性传承，从以下 3 个方面来全面推进文化保护和传承工作。

1. 动态健全法治保障，整合资源合力保护

在构建城市的文化大保护格局上，极其重要的一点就是要针对城市的历史积淀、建设实际等，制定覆盖全域、涉及全程的严密法律法规，构建全域文化整体性保护体系。力求做到依法依规保护，既在文化遗产保护上坚持"一张图"管理，又加大督查力度，建立跟踪评估的反馈机制，面向广大公众和从业者等定期开展相关法律法规实施效果意见征集，对不同时期颁布的《成都市文物保护管理条例》《成都市历史文化名镇名村和传统村落保护条例》《成都市历史建筑和历史文化街区保护条例》等进行动态评估和持续修订。文化遗产保护是一项耗时耗力的大工程，须在党委、政府的领导下，由市级、区级宣传部门统筹协调，文化主管部门发挥职能作用，广泛发动企业、社会组织、市民，尤其是非遗项目等从业者、遗址遗迹周边居民等多方合作共同参与。鼓励多方筹措建立文化遗产保护专项基金，并建立相关使用制度。

2. 强化系列研究阐释，注重"双创"兼顾开发

针对中国式现代化城市建设的新要求，加强对于成都文化的系统性

---

① 成都：历史文化名城保护规划（2019—2035）[EB/OL]. https：//mp. weixin. qq. com/s/0 - hOED5pE4hbS - BJcOed - Q.

研究，汇编历代古籍文献，深入阐释文脉传承，绘就清晰演进脉络，全面加强古蜀文明探源工程，鼓励与生态、农业、科技、商贸、制造业等领域的交叉性研究阐释。秉承"保护第一、传承优先"理念，兼顾文化整体性保护与持续开发利用。在尽可能保留城市历史原貌，充分结合中心工作，积极推进文化多种形式的创造性转化、创新性发展，盘活文化遗产，加强历史街区、历史建筑、古村古镇等多层次、多类别整体保护和活态传承，创新构建包括片区、线路、节点等要素的主题化、网络化展示利用体系。

3. 创新运用前沿科技，推进智慧精细管控

在已开展的出土文物、古籍文献数字化采集基础上，进一步利用无人机拍摄、3D 激光扫描、三维建模技术等前沿科技，推进全种类文化遗产的高清数字化采集，尤其包括摩崖石刻在内的不可移动遗址遗迹的数字化保护。在全覆盖采集、图像处理、三维建模等的基础上，构建包含古籍文献、出土文物、遗址遗迹、非物质文化遗产等重要资源在内的成都文化遗产云端数据库，形成持续更新、不断丰富的成都文化保护数字化基因库。探索运用 AI、AR、元宇宙等技术推进数字孪生文物、虚拟修复等创新性数字化文化保护项目。落实智慧城市建设相关要求，以数字科技优化文化保护管理机制，通过构建文保数据一体化管控平台和可视系统，对全域范围内，各级文保单位、文博、考古机构等进行智慧化精细分类管控，构建成都文化保护传承智慧网络。

**（二）更好满足人民文化新需求，全面推进文化繁荣兴盛**

作为连续 15 年荣获"中国最具幸福感城市"榜首的城市，成都正全力推进世界文化名城建设，以建设具有国际美誉度、全球影响力的"三城三都"为工作抓手。成都城市文化建设主要包括提升人民群众精

神文化生活的幸福感，优化高品质公共文化供给，创新推动文化消费蓬勃发展，全面提振城市国际文化能级等方面。

1. "以人为本"创新文化惠民，健全现代公共文化服务体系

与时俱进聚焦人民群众的文化新需求、新喜好、新关注，以政府购买的形式，鼓励第三方积极参与包括公共文化设施运营、项目打造、举办活动等公共文化服务。促进公共文化服务社会化发展，构建政府、社会、市场共同参与的现代公共文化服务体系新格局。搭建"全市公共文化设施社会化运营管理主体联盟"，鼓励灵活采用政府机关、国企、民企、学校、社区、社会组织、个人等多主体共建，免费或优惠开放城市书房、智慧图书室、生态画廊、音乐展演、体育运动等新型公共空间设施，提供社科讲座、学术沙龙、艺术培训、影视鉴赏、戏剧演出、节会赛事等多种形式的文化活动，创新提升错峰、延时、24 小时、自助等个性化服务，优化高品质公共文化供给，充分运用云展览、云阅读、云视听、云直播、云培训等技术手段，推动市级公共数字文化服务平台与其他政务平台的互联互通，真正实现公共文化服务数字化升级，构建易参与、易获取、易接受，且全域友好、全民友好、全龄友好、全时友好的高品质"15 分钟公共文化服务圈"。

2. "内容为王"升级文化体验，促进文化大繁荣大发展

大力推动天府文化创造性转化、创新性发展，切实提高彰显独特地域文化魅力优质产品的先进文化生产力。以债权融资、股权投资、路演孵化、金融科技等路径优化文创金融生态，为文创市场主体培育提供资金、政策、平台等多方面支持，持续推动扩大文创市场主体规模和市场份额。统筹协调、整合资源，对接全域范围内文创行业上下游产业链，形成以传媒影视、创意设计、现代时尚、音乐艺术、动漫游戏、会展广告、现代文博、文化装备等为重点的优势产业集群，优化全市文创产业

功能布局，健全门类齐全的现代文创产业体系和市场体系。

注重创新开发博物馆公共空间复合功能，在多元化衍生服务中引流增效。科技赋能、共享资源，加强全域博物馆联动，建立"成都博物馆数字联盟"合作，推动新媒体矩阵的文博推介、破解陈列周期更新难题。以 AR、VR、全息投影、虚拟导游等技术的广泛运用推进数字化博物馆建设，积极探索"在线＋在场"虚实共生的沉浸式文博新体验，构建高品质多元化的现代博物馆体系。突出古蜀文化、三国文化、诗歌文化、蜀道文化、非遗文化等跨区域打造世界级主题文旅线路，以绿道、林盘、音乐、美术、体育、农业、会展、商业、夜间经济等多种业态融合，加快公园城市多元空间文旅场景营造，培育文旅消费新爆点。以打造充分体现天府文化特色的大型沉浸式主题文旅综合体等重大项目为抓手，全面提升全市文旅产业能级，增强巴蜀文化旅游走廊极核城市的国际吸引力，推动成都文旅经济高质量发展。

3. "文明互鉴"扩大文化交流，提升城市国际美誉度

以 2024 年羽毛球汤姆斯杯及尤伯杯、2025 年第 12 届世界运动会、2024 成都世园会等世界级文化盛会为契机，积极推进大型国际赛事展会、节庆活动等的品牌化、持续化及永久落户。充分运用新媒体传播矩阵，与国际主流媒体、国际智库开展多元合作，打造文明互鉴数字一体化交流平台。发挥好成都作为"一带一路"和长江经济带交汇点及国家内陆开放高地的区位优势，针对国际叙事方式和对外话语体系，创新天府文化国际传播方式，加强国际友城持续互动，建强天府文化国际传播交流体系，努力建设国家对外文化贸易示范基地，深入开展城市文化国际营销，健全国际化营销体制机制，持续讲好中国故事成都篇章，持续扩大成都国际美誉度和影响力。

### （三）文化赋能建圈强链，全面促进经济社会高质量发展

"文化"是与"改革""科技"并驾齐驱的提高城市发展持续性的三大动力。① "文化"作为城市复杂化学反应的催化剂，通过赋能全面推动中国式现代化的城市发展。习近平总书记来川视察时强调："构建富有四川特色和优势的现代化产业体系"。深掘成都独特地域文化底蕴，创新打造系列高能级文化 IP，激发天府文化的经济潜能，在农商文体旅深度融合中，助力实现我市一二三产业跨领域联动，以"文化"为引擎全面促进经济社会高质量发展。

1. 深挖特色文化资源，创新打造现象级文化 IP

以课题征集、出版资助、学术研讨等多种形式，鼓励加大对于成都文化中"大熊猫""十二月市""芙蓉花"等具有深厚历史渊源和丰富文化内涵的资源的系统性、交叉性、应用性研究阐释。充分利用新媒体平台、数字化手段，建立多个成都文化专题云端数据库，组团式推进成都特色文化资源的深度解读和大力推广。成立成都文化 IP 品牌运营委员会，聘请海内外专家学者组成成都文化 IP 运营咨询顾问团，研判LOGO 设计、品牌运营等问题，加强成都文化特色资源的创新开发利用，推动文化资源转化为文化资本，构建设计新颖独特，具有较强视觉冲击力和艺术表现性的成都文化 IP 标识体系，及相关规范化运营机制。通过与非遗产业合作，丰富文化 IP 品牌内涵，多层次扩大营销力度，充分利用各级各类官网、大 V、社交媒体等推广引流，以自媒体宣传、"沉浸式"体验活动等吸引年轻群体参与，营造现象级 IP 文化盛况。

---

① 参见习近平著作选读：第 1 卷［M］. 北京：人民出版社，2023：415.

2. 加快文化价值转化，助推成都现代产业体系建设

以历史上声名远播的成都文化品牌赋能成都经济，全方位激发成都特色文化 IP 的产业聚合力和经济驱动力，推进优势产业的建圈强链，提升城市的区域影响力，使之形成促进成都中国式现代化实践的重要文化引擎。

如"十二月市"作为古代成都与包括欧亚大陆在内的"一带一路"区域商贸交流的重要平台，是历史上成都的"经济中心""文化中心""国际门户枢纽"等地位的重要支撑。当下应遵循商贸历史逻辑，让新"十二月市"成为助推成都打造中国西部具有全球影响力和美誉度的社会主义现代化国际大都市进程中的"顶流"文化 IP。由政府主导充分考虑新时代成都各特色产业的上下游关系及生产周期等重要因素，"每月一市"开展涵盖电子信息、装备制造、生物医药、轨道交通、航空航天等成都重点支柱产业集群的专业化大型商贸交易活动，形成年度周期的循环效应，推出的新"十二月市"。着眼生产要素高效自由流通，拓展全产业链增值增效，以展促产、展产融合。充分继承"十二月市"的综合属性，发挥好"节庆＋"效应。牢牢把握住周期性"月市"带来的大量物流、人流、资金流、信息流、技术流等重要因素，平衡兼顾专业性和大众性。通过新"十二月市"做强现代产业体系中尤其是制造业的节会交流合作、"双招双引"等工作，将其重点打造为加快建设国家制造业高质量发展示范区相关产业的信息交流、技术交流、商机挖掘、人才招引、生产要素流通等的重要抓手，引入国际先进产业合作展陈销售交流平台，致力于打造全域范围内现代化产业体系和产业深度融合等的新引擎。

**（四）持续深化文化改革创新，全面助推新质生产力发展**

针对制约文化发展中的难点、痛点和堵点，聚焦文化体制机制，以

改革促发展，面对新业态、新问题、新领域，与时俱进完善管理办法和监督制度等各项保障措施，在中国式现代化的文化形态新发展中发挥重要保障作用，促进文化领域新质生产力的大发展。

1. 全面深化改革，大胆推进文化体制机制创新

健全公共文化服务体系，提升现代化的综合治理能力，加强文化保护、传承和发展，将文化植入城市更新、创意设计、动漫游戏、会展博览等领域，积极探索建立市级部门、区（市）县间，跨部门、跨区域协同合作工作机制，大力推动"证照分离""一网通办"等文化产业营商环境改革工作，优化资源配置，提升工作质效，形成齐抓共管的文化发展新格局，努力创建国家文化产业创新实验区、文化体制改革创新试验区。

2. 聚焦新型问题，完善监管政策护航新发展

在区域链、大数据等新技术在文化领域上的运用，著作权、品牌等要素市场和产权市场的法治建设，在"互联网＋文化"项目的特殊管理股试点等新业态和新领域，积极探索监管"盲区"填补空白，健全管理办法，创新政策体系，加强支持力度。

面对政府财政投入文艺创作、非遗保护及会展博览等领域形成的巨额文化领域无形资产，缺乏专项管理方法、评估体系等的现状，建立健全全市文化领域无形资产管理数据库，明确无形资产产权界限。创新以信息化为平台的成都文化领域无形资产监管的方式方法，切实提高全市文化领域无形资产的登记率，积极推进无形资产评估计价标准、无形资产评估操作规则等建设。完善无形资产评估监督机制和管理绩效考核，强化特许权的经营与保护，支出预算与审核入账控制等重点内容，加快建立健全成都文化领域无形资产科学评估的法律法规体系。

3. 加强人才建设，提供复合型专业保障力量

充分整合资源，以新型智库的形式，大力引进有关国际组织、国内外知名专家等组建高水平的文化领域智囊团，为相关人才来蓉，营造宜居、宜业的良好发展环境。新业态、新领域、新问题等需要大量具备多学科专业交叉背景的复合型专业人才，应立足长远和可持续发展大力加强新复合型专业人才的培养，积极引导高校、党校、行政学院等开设新课程、新专业，加强相关文化人才的培养力度，增强高校人才培养与市场需求的指向性、适应性，提高人才的专业素养和综合能力，为成都的文化传承发展提供专业人才保障。

# 影视地域文化
# 推动济南城市文化软实力建设的路径研究

许明　李百晓　郭雪颖*

摘　要：随着媒介数字化、生活媒介化时代的到来，人们的工作场景和
　　　　生活休闲场景、物质生活与文化生活，正愈来愈深度地被媒介
　　　　塑造、影响。传统影视作品经与新兴媒介、数字技术的融合，
　　　　正在转变为视听媒介艺术，所产生的具身效应①在塑造人们的
　　　　认知和行为方面发挥着越来越突出的作用。独特的城市景观、
　　　　鲜活的城市人物形象、生动的城市故事通过影视作品的呈现与
　　　　诠释，再借助媒介化、切片化的传播，形成了独特的影视地域
　　　　文化，形成了 "引致旅游"② 效应，成为塑造城市形象、展现
　　　　城市魅力、构建城市文化软实力的重要方式。本文通过分析济
　　　　南影视地域文化发展现状，分析面临的挑战，从发展观念、影

---

*作者简介：许明，博士，山东女子学院传媒学院教研室主任、讲师；李百晓，博士，山东女子学院传媒学院院长、教授、硕士生导师；郭雪颖，博士，山东师范大学体育学院讲师。

① 具身效应（具身理论）：系法国哲学家梅洛·庞蒂研究和论述，德国哲学家胡塞尔、海德格尔对此亦有研究和论述。意指人们的身心为统一体，身体通过与外在世界的互动，受到外在环境、氛围等的影响和暗示，使自身的心理和行为出现相应变化的现象。

② 引致旅游：意指由影视作品传播带来的某一地点文旅热度提升的现象。

视创作、产业链、人才招引等方面提出建议和路径，既有助于推动济南影视地域文化建设，更有助于推动济南城市文化软实力打造和绿色、高质量发展。

**关键词**：影视地域文化；文化软实力；媒介化；济南

党的二十大报告指出，要满足人民日益增长的精神文化需求，巩固全党全国各族人民团结奋斗的共同思想基础，不断提升国家文化软实力和中华文化影响力。影视作品及其形成的影视文化是深受广大人民群众喜爱的文化形态和符号系统，对传承文化流脉、构建国家形象、打造文化软实力、建设文化强国具有十分重要的作用和价值。近年来，《"十四五"中国电影发展规划》《"十四五"中国电视剧发展规划》《"十四五"文化发展规划》等顶层设计相继出台，提出通过影视产业推动文化强国建设，特别是我国实施区域协调发展战略以来，在山东省深入贯彻"三个走在前"指示精神背景下，黄河国家重大战略成为沿黄城市立足黄河文化，发展城市文化软实力，实现绿色、低碳、高质量发展的指导思想，这为济南城市发展和文化软实力建设提供了新的机遇，为济南发展影视产业、建设影视地域文化指明了方向。

## 一、 媒介化时代影视赋能城市文化软实力的逻辑与机遇

### （一）内在逻辑

近年来，数字技术、人工智能技术的发展使人类社会的媒介化存在特征愈发明显和不可逆，这种趋势正在深刻地塑造着人们把握自我和外在世界的通路与方式。传统影视艺术与新型媒介、新兴技术的融合发

展，出现了影视作品的媒介化、场景化、切片化传播形态，人们一面将影视作品作为艺术欣赏的对象看待，一面又通过媒介化的影视去感知、了解和体验其所表现的对象及内涵，以获得一种在场感、体验感和价值感。比如，时下流行的短视频、微短剧，乍看去其媒介属性更为突出，细观则会发现其实质仍是以视听语言形式和手法生成的具有叙事、表演性质的，奇观化的、奇情化的"短剧""超短剧"，仍是通过作用于人们的情感与理智，来实现其文本价值的媒介化影视产品。

人们通过观看影像、视频，无形之中在虚拟世界中延伸建构出一种新的存在方式，即数字化、虚拟化存在，并在此过程中获得身体和心理的快乐感、满足感。电影理论家索伯切克提出"电影身体"概念，认为不仅是听觉、视觉，还有触觉、嗅觉和从本体感受层面感知到的人在世界上的维度，形成了一种认知上的统觉①。这种效应，可以使人们模糊现实与虚拟的边界，以场景化、体验化、价值化的方式存在。

## （二）时代机遇

习近平总书记指出，必须深刻认识全媒体时代的挑战和机遇，推动媒体融合发展。② VR、AI 大模型等新技术加速了媒体融合的深度与广度，增强了人们的体验感。学者托夫勒分析，体验经济将是继农业经济、工业经济、服务经济之后的主要经济形态③。截至 2023 年，我国

---

① ［美］索布切克．我手指所知道的一切：电影美觉主体，或肉身的视觉 ［J］．电影艺术，2021（05）：84.

② 中共中央宣传部编．习近平新时代中国特色社会主义思想学习纲要 ［M］．北京：学习出版社、人民出版社，2023：205.

③ ［美］阿尔文·托夫勒．未来的冲击 ［M］．北京：中国对外翻译出版公司，1985：196 – 208.

人均 GDP 为 8.94 万元，按照经济学规律①，我国正处于文化产业、服务业和消费经济的快速发展期、增长期。国家统计局最新数据显示，2023 年最终消费支出拉动经济增长 4.3%，对经济增长贡献率达82.5%②。文旅消费、文娱消费成为主要增长点。2023 年，国内出游48.9 亿人次，国内游客出游总花费 49133 亿元，同比增长 140.3%。③

2023 年，济南市 GDP 为 12757.4 亿元④，按全市 943.7 万常住人口计，人均 GDP 已超过 1 万美元。在此背景下，影视产业正好可以发挥其辐射面广、带动性强、赋能效应大、融合性优的内在优势，为文旅经济、体验经济等新经济、新业态带来原创性消费素材、场景和审美价值，增强人们文旅消费的沉浸感、体验感和满足感，释放内在消费潜力和需求。

以影视为媒，借力影视作品产生的具身效应，将剧中场景转变成网红地标，顺势开拓线下沉浸式文旅、消费新场景、新业态，构建线上、线下相融合，影像符号和现实体验、虚拟世界与真实获得相结合的城市新"景观"，改变城市在人们心中的"刻板印象"，增强城市的烟火气、人情味和内在活力，使城市的灵魂和精气神跃然而出。比如 2023 年的电视剧《去有风的地方》，带火了云南游，进一步巩固了云南在人们心中的魅力形象；随着电视剧《狂飙》《繁花》的播出，江门、上海游火

---

① 这里指的是经济学领域的一个规律，即当一国的人均 GDP 超过 1 万美元时，该国的消费需求开始从物质消费转向精神消费，这时文化产业、服务业迎来发展机遇。例如 1913 年左右，美国的人均 GDP 达到 1 万美元，好莱坞电影产业迎来黄金时期。

② 2024 年 1 月 17 日，在国务院新闻办公室举行的新闻发布会上，国家统计局局长康义公布，2023 年最终消费支出拉动经济增长 4.3 个百分点，对经济增长的贡献率达82.5%。中国网：https://china.com.cn，2024 - 01 - 17.

③ 据光明网数据，https://www.gmw.cn，2024 - 03 - 06.

④ 据济南市人民政府网数据，https://jinan.gov.cn，2024 - 01 - 27.

了起来，很多游客前往打卡拍照、驻足体验、购物消费。

影视剧情的展示、影视场景的媒介化传播，激活了很多城市的内在活力，以城之名，人因城而奔赴，城因人而活跃，"city walk"（城市漫步）成为时下城市游的新方式、新场景。媒介化时代，媒介技术和传播方式加深了影视作品之于人们的情感影响力和认知塑造力，通过这种具身效应，作为表现对象的城市及其景观、文化可以获得有效的传播与触达，形成城市文化软实力。

## 二、 济南发展影视地域文化的优势

### （一）丰厚的城市资源禀赋

济南作为山东省会和著名旅游城市，历史悠久、文脉绵长、人文荟萃，文化资源禀赋丰厚。济南城市拥有独特的地理构造和自然景致，趵突泉、大明湖、千佛山等组成的济南地理、自然标识成为济南的地理符号，正所谓"一城山色半城湖"，济南城市风貌和气质具有先天优势。

人文方面，李清照、辛弃疾带来的"二安"元素，刘鹗（老残）、老舍形成的"二老"概念，以及诸多文人墨客、贤达人士，如欧阳修、苏轼、曾巩、张养浩等曾经创作的关于济南的诗词名篇，都聚合成为济南的文脉资源。

### （二）鲜明的城市文化生态

城市是由人组成的、具有现代性的场域，城市里的人构建着城市的气质与灵魂。深受齐鲁文化熏陶的济南人有着坚守传统、开拓进取，尚贤贵仁、勇于担当的精神品质，又有着温厚、淳朴，知礼、守信的优秀品质。这些品质塑造着济南城市的气质和灵魂，形成了济南平静、安稳、低调、厚重的气质。走进济南，可以感受到特色鲜明的黄河（济水）文化、泉水文化、圣人文化和传统文化，以及厚重的革命文化气息，这些丰富了济南城市文化的内涵与外延。

近年来，济南形成"山泉湖河城"共融共生的生态格局，"泉·城文化景观"申报世界遗产工作有序推进，良好的文化生态禀赋为全市文化产业创新发展提供了源头活水。

### （三）济南城市与影视的互动

#### 1. 影视地域文化

文化是人们的生活方式与样态。城市作为众多影视作品表现的对象或影视场景的发生地，通过影视作品与观众之间达成的互动，逐渐形成了一种具有鲜明地域特征的影视文化，即影视地域文化，这是我国影视文艺事业的鲜明特征，也是影视赋能地域文化的中国案例。如，《渴望》《编剧部的故事》《情满四合院》《精英律师》等作品表征了京味文化，形成了京派影视文化；《围城》《孽债》《繁花》等作品标明了上海文化，构建了海派影视文化；《武松》《父母爱情》《红高粱》《三泉溪暖》等作品创出了鲁剧品牌，打造了鲁剧文化。

电影方面，《疯狂的石头》和《少年的你》，彰显了重庆地域文化的气质——对城市边缘人群的人文关怀；通过《耳朵大有福》《钢的琴》《南来北往》等，观众可以看到东北地区转型发展与社会变迁下普通人的生存状况和内心世界，感受到东北影视地域文化特有的人情味。

地域性的影视作品助力孕育地域影视文化，助力地域文化在受众心目中形成某种具有光环性质的形象，而且不易改变，沉淀为持久隽永的固定印象，成为城市文化软实力的重要意涵和标识。

2. 济南与影视的结缘

回顾济南与影视结缘的历史可以看出，有不少作品在济南取景或拍摄，如《八仙过海》（1985）、《还珠格格》（1998）、《闯关东》（2008）、《大宅门1912》（2013）、《意外的恋爱时光》（2013）、《安家》（2020）、《三泉溪暖》（2022）、《大道薪火》（2023，济南市委宣传部联合摄制）等。这些作品中，《还珠格格》《闯关东》《大宅门1912》的播出，使大明湖、趵突泉、超然楼、万竹园、珍珠泉、朱家峪等地成为热门景点。近年来的作品中，《青山遮不住》《三泉溪暖》与济南有关，前者在莱芜拍摄，后者以章丘三涧溪村为原型和拍摄地。

这些作品的拍摄与播映在一定时期和一定程度上提升了济南城市知名度。

表1　在济南取景拍摄或济南参与制作的影视剧作品

| 序号 | 作品名称 | 参与方式 | 播映时间 | 题材 |
|---|---|---|---|---|
| 1 | 《八仙过海》 | 取景拍摄 | 1985 | 古典神话 |
| 2 | 《甘十九妹》 | 取景拍摄 | 1996 | 武侠 |
| 3 | 《还珠格格》 | 取景拍摄 | 1998 | 古装 |
| 4 | 《闯关东》 | 取景拍摄 | 2008 | 年代 |
| 5 | 《大宅门1912》 | 取景拍摄 | 2013 | 年代 |
| 6 | 《新燕子李三》 | 取景拍摄 | 2013 | 武侠 |
| 7 | 《意外的恋爱时光》 | 取景拍摄 | 2013 | 爱情 |
| 8 | 《老农民》 | 取景拍摄 | 2014 | 年代 |
| 9 | 《安家》 | 取景拍摄 | 2020 | 现实 |
| 10 | 《吴来朝》 | 投资制作 | 2021 | 戏曲 |
| 11 | 《青山遮不住》 | 投资制作、取景拍摄 | 2021 | 现实、工业 |
| 12 | 《三泉溪暖》 | 投资制作、取景拍摄 | 2022 | 乡村振兴 |
| 13 | 《大道薪火》 | 投资制作 | 2023 | 重大革命历史 |

### （四）济南发展影视产业的顶层设计

为了鼓励、扶持影视及相关文化产业发展，近年来济南市出台了系列政策、意见，如《济南都市圈发展规划（2024—2030年)》《关于加快建设文化强市的实施意见》《关于在新旧动能转换中做大做强文化产业若干政策措施实施细则》等。

1.《济南都市圈发展规划（2024—2030年)》明确了城市定位：突出济南"山泉湖河城"一体的城市特色，塑造具有全球影响力的文化休闲环境和本土特色鲜明的城市风貌。

2.《关于加快建设文化强市的实施意见》对"怎么干"给出了指导意见：（1）推进国有文化资本向创意设计、数字内容、影视制作、动漫游戏、新媒体和现代文化娱乐等领域集中。（2）加强对非公有制文化企业的服务和监管，努力为民营资本和中小文化企业营造公平的竞争环境，支持非公有制文化企业做大做强。

3.《关于在新旧动能转换中做大做强文化产业若干政策措施实施细则》对"怎么扶"给出了具体举措：（1）对企业出品的原创电视剧（20集及以上）在央视、省级卫视黄金时间首播的，分别给予第一出品方一次性补助200万元、100万元。（2）对企业出品的原创电影（单部90分钟及以上）在国内院线首映，按每部20万元给予补助。票房达到1亿元以上的，每部补助100万元；票房达到3亿元以上的，每部补助200万元。

以这些政策为引导，借助影视、媒介的赋能效应，形成济南独有的影视地域文化元素和气质，可助力城市文化软实力提升和文化强市建设。

# 三、 济南影视地域文化发展面临的挑战

## （一）原创、城市题材作品较少

通过前述可以看出，关于济南的影视作品有以下现象：

1. 关于济南城市的影视作品大多年代久远

如前所述，《八仙过海》《甘十九妹》《还珠格格》《新燕子李三》《闯关东》《大宅门1912》这些曾在济南取景拍摄的影视剧作品距今年代久远，很多作品已经淡出人们的记忆，特别是年轻一代、Z世代的记忆，它们很难作为济南地域影视文化的符号、标识为济南带来吸引力、感召力。

2. 近年来关于济南的影视作品以主题叙事为主，缺少对城市文化、城市故事、城市人物的讲述

《安家》在逯家岭村取景，《青山遮不住》在莱芜旧厂区拍摄，《三泉溪暖》在三涧溪村拍摄，无疑可以使这些地区成为网红打卡地，但这些地点无法代表济南，无法为济南城市的文化内涵和气质注入活力、带来流量。

再比如像《三泉溪暖》《吴来朝》《大道薪火》这样的影视剧作品，主题宏大、特色鲜明，但无法对当代济南城市、济南人进行刻画和表现，无法让观众对济南城市文化产生亲近感、代入感。

可以看出，目前关于济南城市题材、职场题材、青春题材、黄河题材的作品不足，表现济南人的作品偏少，这成为制约济南影视地域文化发展的现实困境。每到节假日，来济的游客数量不少，但"流量"尚未充分转化为、沉淀为"留量"，使济南成为人们心目中的热点城市和

必去城市。

## （二）影视产业急需壮大

纵观当前中国影视行业头部公司，如博纳影业、万达影业、光线传媒、阿里影业、华策影视、腾讯影视、爱奇艺，注册地均不在济南。济南本地的一些影视公司，在人员、规模和知名度等方面与这些公司相比有一定差距。山东影视传媒集团作为山东省内影视龙头企业，为鲁剧品牌的创建作出过重要贡献，类似这样的标杆企业，济南应扶持起几家。

这方面，可以借鉴外省经验。如在浙江，由政府牵头、民企主导发展起来的影视产业逐渐成为中国影视生产、制作、发行、海内外传播的高地，其中以横店影视股份有限公司（东阳）、浙江华策影视股份有限公司（杭州）、东阳正午阳光影视有限公司（东阳）为代表，这些企业分别布局影视产业链的不同环节，有的侧重前期、中期（如华策、正午阳光），有的侧重后期和衍生产业开发（如横店集团），从而形成了影视产业链，再加上浙江在动漫、文创、电商、数字产业上的提前布局，使影视产业可以与这些相关产业形成发展合力，产业链与供应链、创新链和消费链集聚构建形成发展生态和格局。

## （三）影视高端人才供给不足

驻济高校有 52 所，但以影视专业见长的高校偏少。很多高校开设有影视、传媒类专业，但在经费投入、产教融合、校地合作、影视创作、影视节展创办等方面力度不够、亮点不多，尚没有形成浓厚的影视教育、研究、创作、传播氛围。目前济南没有专门培养影视、传媒类人才的高等院校，无法集中、成规模、成批次地培养影视、传媒类高层次专业人才。开设影视类专业的驻济高校集中在山东师范大学、山东艺术学院、山东女子学院。

与此同时，济南对影视高端人才的吸引力有限，无法吸引较多的外来影视人才在济长期发展、创业，形成人才集聚优势，这也是造成影视高端人才供给不足的原因之一。

表2　全国影视、传媒类专业高校及所在城市

| 序号 | 院校名称 | 所在城市 |
|------|----------|----------|
| 1 | 北京电影学院、中国传媒大学等 | 北京 |
| 2 | 上海大学（上海电影学院） | 上海 |
| 3 | 天津传媒学院 | 天津 |
| 4 | 浙江传媒学院 | 杭州 |
| 5 | 南京传媒学院 | 南京 |
| 6 | 山西传媒学院（山西电影学院） | 太原 |
| 7 | 河北传媒学院 | 石家庄 |
| 8 | 辽宁传媒学院 | 沈阳 |
| 9 | 武汉传媒学院 | 武汉 |
| 10 | 四川传媒学院、四川电影电视学院 | 成都 |
| 11 | 昆明传媒学院 | 昆明 |
| 12 | 西北大学电影学院 | 西安 |
| 13 | 海口经济学院（南海电影学院） | 儋州 |
| 14 | 青岛电影学院 | 青岛 |

## （四）影视产业发展尚不足以形成影视地域文化

如前所述，关于济南的影视作品大多年代久远，而且题材、主题多聚焦年代、乡村等，无法为当代济南的地域文化、城市文化发展贡献力量。当下，关于济南的现象级影视作品稀缺，表现济南的都市、职场、家庭以及黄河题材作品过少，省域外的观众无法通过影视作品观看、了解济南城市风貌和人文气质。

近些年通过短视频传播，很多城市成为"网红"，如西安、重庆、哈尔滨等，这些城市出圈靠的是地域文化元素，如饮食文化、历史文化、名胜古迹等。可以说济南皆有这些优势，应通过与影视产业、影视文化的结合获得长期的、可持续的传播推广与影响力打造。因为短视频营销虽可以在短时间内获得流量、关注度，但长期来看，如果没有一个让受众认同的"心理认知和定位"的话，无法转变为长期、恒久的关注度和好感度，即流量无法有效转化为"留量"和消费力。而影视作品通过拨动观众的情感心弦，以具象的呈现方式使观众获得长久的心理认知与记忆，这个记忆会定格为城市的"固定印象"，长期影响观众对对象的判断和接受度，从而影响人们的评价方式、行为方式。

## 四、 打造济南影视地域文化的实践路径

### （一）树立文旅＋影视融合发展观念

2024 年 5 月，习近平总书记对旅游工作作出重要指示，要"坚持融合发展"①。在文化强国、旅游强国建设背景下，应树立大文旅视野和发展观念，将传统文化产业观念拓维为文旅产业观念，着眼以文塑旅，再以旅彰文。"文"就是文化、艺术，指的是旅游的内容、主题，那么就可以把影视纳入文旅发展视域中，再将数字技术、媒介手段纳入其中，构建产业数字化、数字产业化背景下的文旅＋影视发展观念，实现文化和科技、文旅和影视的协同创新、一体发展。这样有助于实现影

---

① 习近平对旅游工作作出重要指示：着力完善现代旅游业体系加快建设旅游强国推动旅游业高质量发展行稳致远［EB/OL］. 中国政府网，2024 - 05 - 17. https：//www. gov. cn.

视、文旅两大产业的双向奔赴和互补发展，不但可以借助影视、短视频、微短剧等视听产业的创作和传播优势推广文旅资源、扩大文旅影响力和吸引力，还可以以文旅元素、主题和流量推动影视、视听主体创新发展，培育文化、数字产业新增长点，开发更多内容线上线下可视化呈现、效果人机互动化传播、主题意境沉浸化体验的新场景、新业态，助推地域文化发展和城市形象建设。

**（二）加强城市文化与影视文化的融合发展**

济南城市文化底蕴深厚，文化资源禀赋优势显著，城市特色元素鲜明，这些都可为影视创作提供素材和灵感源泉。

首先，在影视作品中植入更多济南元素。借助心理学"暗示效果"的运用，即通过含蓄的、抽象的符号化植入与展示对人们的心理和行为产生影响。这方面，影视作品正好可以借助其与生俱来的隐喻效果对观众施加暗示，使其对影视作品中的表现对象产生好感、认同度和美誉度。因此，可以通过在影视作品中注入更多济南元素来构建起关于济南的城市形象和文化内涵，比如通过植入泉水，可以让人从泉水的物质直观呈现联想到润泽感、灵动感和活力感，进而联想到济南城市的独特魅力；通过植入济南城市风貌和城市标志性符号，可以让人感受到济南的空间感、地貌感和人文性，从而增强代入感和认同感。

其次，以影视语言为例，通过影视作品的传播和建构，东北方言很出名，辨识度高，易于让人产生文化代入感和体验感。济南可以通过影视作品推广济南方言，增强济南城市在人们心中的存在感、辨识度。可将济南方言与山东方言融合，以济南方言代表山东方言，作为济南城市的语言标志。这方面，西安经验值得借鉴，西安方言不等于陕西方言，但人们在影视剧中（如《装台》《繁花》）听到西安方言后就认为体现了陕西乃至西北特色。

**（三）利用金融工具扶植影视产业**

加大金融对影视产业主体的支持力度，创设专门的风险投资、金融贷款、版权预售、赞助、基金等项目，用于支持城市影视产业链和影视文化培育。2014 年 6 月，国家出台的《关于支持电影发展若干经济政策的通知》提出，大力推进电影企业多渠道融资，鼓励电影企业发行企业债、公司债等金融工具。

目前济南已引进爱奇艺、乐酷匠心（优酷旗下）等全国头部影视、传媒公司在济设立子公司，应进一步加强政策的落实、落地力度，切实保障符合要求的影视公司在拍摄、后期制作和宣发等方面的利益诉求，让优惠政策真正落地见效，大力扶持本地公司发展壮大、做大做强。同时，各部门要着力构建与本土影视公司的亲清政商关系。

**（四）加大人才培养、招引力度**

第一，加大对各高校影视方面专业建设的支持力度。影视属于技术性、艺术性并重的专业，发展得好，不但可以带动技术创新，形成新质生产力，还可以赋能乡村文化、非遗传承保护、文物活化利用、文旅开发等场景应用，产生辐射、带动效应。

第二，加强人才引进力度。引进高层次、专业人才，落实人才政策，使其能够留得住、留得久、有发展、有成就。

第三，构建人才发现、扶持机制。建议开展济南青年网络视听、影视创意人才扶持计划，对在济落户、就业的影视、传媒类人才给予薪酬补贴、物质奖励。鼓励以创意、知识产权方式入股、投资，鼓励影视、传媒类人员灵活就业、创业，给予相关政策保障。

第四，创造多种机会为影视、传媒类专业学生提供实践机会。为影视、传媒类学子和青年从业者提供创作、展示、交流的平台和相关保障，充分调动、激发大学生、青年人的创造力、想象力和动手能力、传播能力，使其创意和才华得到竞相绽放、涌流。

### （五）打造济南影视 IP 和形象

城市 IP 是城市文化和城市软实力的重要符号与文化标识。依据影视理论，一部影视作品就是一个世界观、价值体系，就是一个故事世界，可以给人们提供足够的精神滋养、价值引领、审美想象。按照法国哲学家拉康的理论，人类正是生存于符号构成的象征界和由符号意义形成的想象界中，在此二界的交互作用下形成人类生存的真实界。影视作品与城市相结合，可以构建起关于城市文化、城市形象的符号体系，进而成为城市 IP，带给人们一种意义和价值形成的真实界——氛围、场景体验，使城市像人一样有自己的灵魂、气质。

作为全国著名的旅游城市、历史文化名城，打造有特色、能出圈、吸引人的济南城市 IP 成为当务之急。为此，应加强与影视剧创作者、制作公司的合作，借助影视剧创作与生产，将山泉湖河城、诗词文化、曲艺艺术、人文历史等要素融入，开发关于城市文化、形象的系列影视、微短剧作品，打造济南城市 IP，向外树立和传播济南的"现代感""时尚感""烟火气"，塑造城市形象，激活城市文化内涵和活力。

### （六）创办济南影视节展

近年来，国内很多城市在积极申办、承办大型体育赛事、文化活动，如成都 2023 年举办了大运会，又在 2024 年举办了汤尤杯比赛；上海在 2024 年迎回 F1 大奖赛上海站赛事；北京、上海每年都会举办国际电影节，电影节举办期间，会推出相关文化嘉年华、电影公益放映、文化惠民消费季等活动，带动文化服务产业发展和文旅消费，为城市注入活力，为城市增添人气和名气。近年来，厦门、西安、成都、青岛、郑州、乌鲁木齐等城市相继启动"一带一路"影视文化活动或创办一带一路主题电影节。这些赛事、节展活动的举办为城市文化、城市形象打造创造了机遇，为构建城市文化软实力作出了贡献。同时，这些活动还可为城市发展带来长期效应，例如赛事活动、节展活动会有力带动城市体育经济、夜经济、餐饮住宿消费等，还可为城市文化内涵提升和引领力打造提供隐形资源。

目前济南关于影视的项目有吴天明青年电影高峰会、编剧大师班等系列活动，可以在此基础上创办济南自己的影视文化周或季，经过培育发展，逐步升级为影视节，作为济南城市文化名片。

纵观中国影视发展历程，可以看出，中国影视与城市文化存在双生关系，独特的城市文化孕育着别致的影视地域文化；反之，影视又反哺着城市文化和形象的不断形成与更新。数智、媒介融合时代，发展影视产业、繁荣影视创作，可以为媒介化存在下的城市提供足够的想象空间和发展机遇，促进城市文化软实力的不断提升与蝶变。

# "大学生读城计划"
# 提升青年对城市认同度的调查报告

黄鸿　徐光*

**摘　要：** 文化是城市软实力重要组成部分，青年对城市文化的认同是提升城市人才竞争力、产业竞争力和文化竞争力的重要体现。本报告从济南市"大学生读城计划"案例的背景、做法和成效入手，通过问卷和访谈对案例进行深入分析，提出通过精准传播和沉浸式文旅体验，让大学生认同城市文化和城市发展，促成城市和青年大学生相互"牵手"，在此基础上二次传播并形成蝴蝶效应，最终积聚起青年对济南的无限"好感"，从"大流量"实现人才的"大留量"。

**关键词：** 大学生读城计划；城市认同度；城市文化；文旅融合

在数字时代的浪潮下，附网而生的大学生群体展露不容小觑的信息传播力，他们对城市的认同程度和归属感也成为评价城市竞争力的风向标。2023 年，济南市"大学生读城计划"正式启动，精准定位青年群体，带领高校学子开启一段文旅融合的读城旅行，让莘莘学子在读懂济

---

　　*作者简介：黄鸿，济南市旅游宣传推广中心高级经济师；徐光，济南市旅游宣传推广中心助理馆员。

南、选择济南的过程中，播撒下一颗传播济南城市文化和城市精神的种子。"大学生读城计划"与济南市引才育才的一系列优惠政策相辅相成，为大学生提供了诚意满满的全周期服务体系，确保大学生既可以享受"硬政策"前途无忧，更可以通过"软服务"来畅享愉悦生活，有力提升大学生对济南的认同感和归属感，为提升城市软实力贡献力量。

# 一、 济南市 "大学生读城计划" 背景

随着城市化进程的加速，城市与青年之间的关系愈发紧密。然而，许多青年对于所在城市的了解仅停留在表面，缺乏对城市深层次文化和历史的认知，从而影响了他们对城市的认同感和归属感。为了改善这一状况，济南市推出了"大学生读城计划"，旨在通过一系列活动，让大学生更深入地了解和体验城市文旅，进而提升他们对城市的认同感。

## (一)"大学生读城计划"着眼于提升城市文化认同力

近年来，济南致力于提升城市文化软实力，打造青年友好型城市，加快文旅事业和文旅产业高质量发展。据统计，2022 年济南市新增青年人才 14.5 万人，2023 年突破 20 万人，2024 年全市青年人口将突破300 万人。这组数字里蕴含着济南作为强省会创建"青年友好型城市"的机遇，也蕴含着底气。只有越来越多的青年人愿意去解读这座城市的前世今生，她的文化和历史才会得以传承和延续，文旅市场才能焕发新的生机。2022 年 4 月，济南市印发了《关于"提升城市软实力创建文明典范城"的实施意见（征求意见稿）》，《实施意见》提出，坚持以创建全国文明典范城市为统领，全面建设信仰坚定的红色之城、底蕴深厚的文化之城、闻名中外的天下泉城等"十城"建设意见。大学生读

城计划，围绕提升城市软实力总体目标，围绕文化和旅游融合发展，立足文化和旅游宣传推广，通过大学生读城，让青年学子感受城市文化魅力和产业发展动力，从而提升大学生对城市文旅软实力的认同感。

### （二）"大学生读城计划"着眼于"海右人才"招才留才

城市人才争夺战逐步进入白热化，天津、武汉、南京、杭州、西安、成都等城市，从人才的落户政策到资金补贴都是诚意满满，真金白银。在人才引进方面，济南市措施不断，筑巢引凤。2021 年以来，济南市连续三年以"最高规格"为大学生举办毕业典礼，市委书记诚邀广大学子"选择济南"，留在济南。今天的济南正在加快建设"强新优富美高"新时代社会主义现代化强省会，迫切需要青年人才共同加入城市建设队伍、共享新时代济南发展机遇。大学生读城计划，是抢人大战中的柔性方式，用更适合年轻人的方式，在更贴近年轻人的平台，向在校大学生讲述济南故事，提升大学生对济南的认同感和归属感，吸引大学生选择济南并留在济南。

### （三）"大学生读城计划"着眼于大学生与城市双向奔赴

济南拥有 52 所高等院校，在校青年大学生近 80 万，是全市常住人口十二分之一。一方面，高校汇聚了各类专家学者，形成了"文化济南"主力军，他们是济南历史文化的主要研究者和宝库发掘人，为大学生读城提供了智力支持。另一方面，驻济高校庞大的学生队伍，是"文化济南"生力军，他们是济南历史文化的享有者和传播者。"超然楼亮灯""淄博赶烤"都是在校大学生释放的流量伟力，可以说谁抓住了大学生，谁就抓住了流量密码。大学生具有较强创新能力和传播能力，把庞大的大学生群体激活，将形成势不可挡的文旅宣传推广传动力。

## 二、 济南市 "大学生读城计划" 做法

在文旅深度融合的背景下，"大学生读城计划"聚焦在校大学生群体，通过文旅融媒互动活动、文旅竞赛和沉浸式体验打卡等形式，让青年大学生由读通济南、读熟济南、读懂济南到爱上济南。通过读城计划，增强济南这座城市对大学生的吸引力，形成青年大学生传播"流量"与人才"留量"的双向涌动。

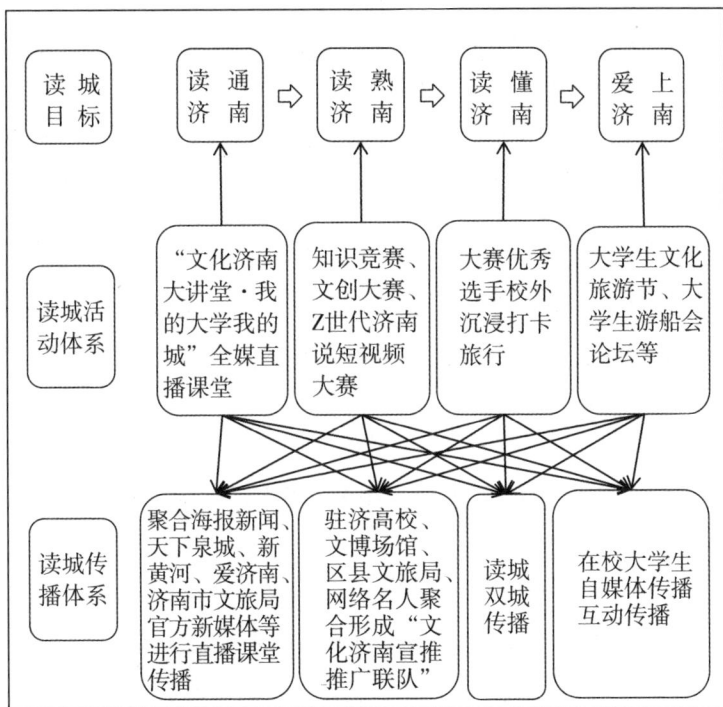

图 1 "大学生读城计划" 整体框架和路径

### （一） 开设融媒互动课堂，让大学生了解济南

2023 年，山东师范大学、济南大学、山东管理学院、山东旅游职

业学院、济南职业学院举办了五期大型融媒互动课堂活动，每场线下师生 800 人，线上参与活动近 30 万人。融媒课堂将文化故事、历史名人、旅游景点、非遗美食、文旅场景搬进大学课堂，用极具网感创意的短视频、抽丝剥茧的文化脉络、互动感十足的多场景直播形式，向驻济大学生讲述济南故事，传播城市文化与城市精神；同时与文旅博主、金牌导游进行连线互动，答疑解惑，全面了解济南文化和旅游；全新的课堂，全新的体验，学生们不仅是学习者，也是参与者。活动用大学生喜爱的方式展现济南山泉湖河城的美丽风景及文化济南的人文底蕴。

## （二）举办各类文旅活动，让大学生感知济南

联动驻济高校举办的大学生读城知识竞赛、文旅济南文创设计大赛、"Z 世代济南说"短视频大赛、"济南如此多娇"摄影大赛等，用充满竞技感的方式，调动学生参与。通过大赛激活大学生创新创优思维源泉，让大学生参与到城市文旅产品设计和文化活化之中，让大学生从感知到融入创作，提升对文旅济南更为深刻的认知，感受济南文旅的无限魅力和发展空间。

## （三）组织文旅打卡体验，让大学生读懂济南

带领大学生走出校园，开展欢乐旅行打卡行动。组织大学生与金牌导游、美好体验官一起，分小组奔赴各区县的主打旅行线路，实地打卡沿线文化故事、美景美物、美食趣谈、民宿体验、交通情况等，串联并丰富济南各区县共同推广的主打旅行线路。大学生团队用自己的镜头，年轻人的视角，创作出极具创意和网感的短视频宣传作品。引导大学生从被动感知济南到主动融入宣传推广中。大学生用四年的大学时光，读懂一座城，爱上一座城，培养一批大学生城市代言人，结合不同节点及

主题发起各类文旅打卡巡访活动。

### (四) 推出系列优惠政策,让大学生爱上济南

济南通过发放"文旅济南大礼包"等方式,用免费观演、折扣观影等"泉城礼遇",提升大学生对济南的认同感和归属感。与济南市引才育才的一系列优惠政策相辅相成,为大学生提供了诚意满满的全周期服务体系,确保大学生既可以享受"硬政策"确保前途无忧,更可以通过"软服务"来畅享生活无忧。

大学生读城计划,是一堂精彩的文化课,是一场知遇城市的文旅创作,是一次由围观到病毒式传播的推广,是城市对大学生的深情表白,是青年感知城市文化与文明的绿色通道。大学生读城计划,用优质的文旅内容和潮流的传播手段,带领大学生读通济南、读熟济南、读懂济南,爱上济南。

## 三、 济南市 "大学生读城计划" 成效

为了判断"大学生读城计划"活动的影响力,评估活动的实际成效,收集参与活动学生的真实意见,进而指导 2024 年活动组织,项目组针对济南市"大学生读城计划"进行问卷调查和专项访谈。问卷主要发放给了 9 所院校,包括山东师范大学、济南大学、山东管理学院、山东旅游职业学院、济南职业学院五所举办活动的院校,另外发放给了山东大学、齐鲁工业大学、山东女子学院、山东交通学院四个未举办活动的院校。本次问卷共收回有效问卷 965 份,涵盖了不同年级和专业的学生,其中,男性 502 人,女性 463 人,性别比例相对均衡;年级分布从大一到大四或以上,各年级均有参与;所学专业多样化,包括工商管

理、旅游管理、会展、酒店管理、汉语言文学、英语、传播、历史文化等；访谈 4 位学生，4 位大学老师，7 位文旅从业人员。

### （一）"读城计划"具有较高知名度，需进一步提升学生参与度

根据问卷信息，603 人听说过"大学生读城计划"，占总人数的62.5%，表明该活动在济南各大院校具有一定的知名度。387 人参与过大学生读城计划活动，占总人数的 40.1%，读城计划的覆盖面和参与度有待提高。

大学生了解"读城计划"活动主要有三个途径，一是网络社交媒体，占比 53%；二是学校校内宣传，占比 33%；三是同学和朋友介绍，占比 14%。这表明大学生注重社交媒体信息，更多是通过抖音、视频、小红书等平台获取"读城计划"信息。

### （二）"读城计划"具有一定吸引力，大学生更倾向体验性活动

根据问卷调查，在读城计划活动类型中，参加旅游文化巡访人数最多，118 人，占比 30%，其次是泉水文化打卡体验，56 人，占比 14%，第三是非遗文化传承活动，46 人，占比 12%。通过读城计划活动，大学生对济南城市旅游文化、泉水文化、名士文化、非遗文化有了一定认知和体验。大学生对读城计划各项活动的满意度普遍较高，其中非常满意 258 人，占比 66.7%，满意 106 人，占比 27.4%，一般和不满意仅占极少数。

### （三）"读城计划"提升城市吸引力，大学生留济意愿较为强烈

通过"读城计划"活动，354 人对济南有了更加深入的认知和了解，占总参与人数的 91.5%。216 人因为活动而更加喜欢济南，占总参

与人数的 55.8%。大学生们对济南的环境、人才政策和生活质量等方面产生了更好的印象。343 人认为活动提高了他们对济南的认同度，占总参与人数的 88.6%。其中显著提高 185 人，占 50.4%，有所提高占 158 人，46%。毕业后愿意留在济南工作生活的学生有 230 人，占参与者的 59%，表明活动对学生们的留济意向产生了积极影响。

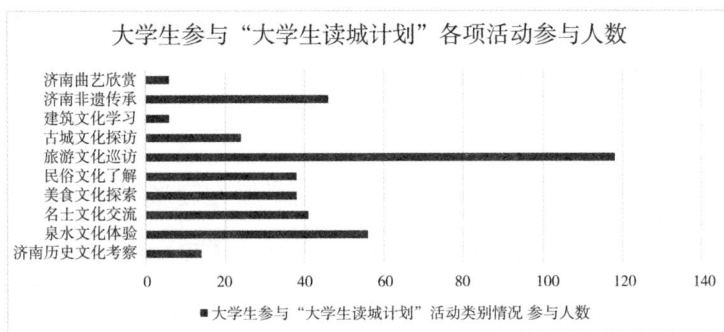

图 2　大学生参与"大学生读城计划"活动类别情况

## （四）"读城计划"得到高校和社会认同，产生较好的社会效应

通过与高校老师、学生、区县文旅局和旅游企业从业者访谈，收集的各类数据显示，"大学生读城计划"具有较强实践性与创新性，得到了高校、大学生、区县文旅局、文商旅企业及外省文旅厅的广泛认同，产生了良好的社会效益。

1. 传播广泛，带动力强

五站大型融媒活动，线下惠及 4000 多名师生，线上直播＋系列视频超 2000 多万观看人次，读城计划话题 1 亿＋，七个月内为印象济南泉世界、济西国家湿地、开心麻花剧场等线下引流超 600 万人次。发起"Z 世代济南说"大学生短视频大赛，话题播放量全网突破 1.1 亿。大学生和网络名人区县大巡访，发起 12 个话题，创作图文、视频各类作品 1400 多个，阅读观看总数 3782.7 万，评论转发互动 47000 多条，多次冲上微博、抖音热搜或话题榜第一，成为带动济南荣膺"端午"全国最火周边游城市、"十一"全国十大周边游目的地的有力举措。

2. 消费引流，广泛认同

项目在文旅界迅速出圈，得到高校、大学生、区县文旅局、文商旅企业及外省文旅厅关注，市文化馆、博物馆、非遗文创商家、旅游景区、旅游美食、文化演艺等 100 多家单位竞相加入，七个月内线下导流超过 600 万人次，文旅商共同获益。

3. 文化传承，认知提升

利用大学生读城融媒互动课堂，大学生在读城导师带领下，通过视频、直播等方式对城市历史、文化和人文有了更深入了解。比如大学生通过"我的大学我的城"融媒课堂，了解济南三大名胜，泉城七雅，泉水文化和名士文化等。访谈显示，参与活动的学生普遍表示对城市的文化底蕴有了更深的理解，对城市的历史脉络和人文故事有了更清晰的认识。

4. 亲身体验，情感连接

大学生城市巡访打卡活动让学生们有机会走出课堂，实地感受城市的历史文化、山水美景和人文场景。这种亲身体验极大地增强了学生们对城市的直观感知，加深了他们对城市的情感联系。许多学生在活动后表示，他们对济南古城婉约美丽与现代青春活泼有了深刻的情感记忆。

5. 创作参与，城市共情

读城计划激活了大学生参与城市传播热情，他们通过图文和视频创作，在自己的社交媒体上分享他们在"读城计划"中的所见所闻，分享济南美山美水，美城美食，进一步扩大了济南的知名度和影响力。比如"Z 世代济南说"短视频大赛，参与投稿大学生 3000 多人，创作短视频 5000 多条，话题破亿。

6. 品牌凸显，多方认可

读城计划得到河北省文旅相关部门的关注和认可，提出加入"大学生读城计划"中并在驻石高校中复制"读城模版"，现已开启了"冀遇齐鲁·山河相约"双城引流计划。计划荣获"2023 年山东省文旅网络营销优秀扶持项目"、2023 年度"聚合力促发展"改革创新一等奖，山东省文旅厅优秀网络营销案例。

# 四、 问题与分析

通过"大学生读城计划"的实施，我们发现青年对城市的认同度得到了显著提升。他们开始更加关注城市的人文、历史、文化、美景、环境和现代文明，更愿意参与城市美誉传播，积极参与城市生活，为城市的发展贡献力量。读城计划的成功实施，不仅增强了青年与城市之间的联系，还为城市的发展注入了新的活力。大学生读城计划是一个系统工程，需要部门联动、整体推进、久久为功。调研中，我们也发现一些问题。

## （一）部门单一，聚合力不够

大学生读城应该是全市一项系统工程，需要多部门、多层级、多组织联动，合力向大学生传播城市文化、城市精神、城市品质，让大学生全面了解一座城市发展规划，生态文明，和谐精神，创新活力，这样才能进一步提升大学生对济南的认同力。

## （二）故事单一，吸引力不足

文化资源是城市软实力的载体和核心要素，城市文化是城市的根。

文化资源是城市发展文化软实力的基础，拥有较多文化资源的城市，实现软实力的效果可能性大，但文旅在吸引大学生方面持续性不强，好吃好玩只是一个短暂认同，还需要有更多故事去打动大学生，形成持续性城市认同力。

### （三）参与度不够，认同度不强

大学生参与度是吸引高校毕业生及就业之后的年轻人，提升城市的产业竞争力和文化竞争力的重要方面。要让大学生更多参与到城市志愿服务、文创设计、城市手造、城市传播、城市艺术中去。大学生们只有融入城市文化血脉之中，进而发自肺腑认同城市文化，认同城市精神，最后才会选择留在济南。

## 五、 经验与启示

为了提升城市对大学生的吸引力和认同力，让大学生在短暂的四年大学时期读懂并爱上一座城市，可以从以下几个方面入手。

### （一）创新多元化活动形式

利用新媒体和互联网技术，创新活动形式，吸引大学生的参与。比如文旅融媒互动课堂利用直播和短视频的形式，让大学生在轻松愉快的氛围中了解济南的文化和历史；举办大学生文化旅游节为大学生提供文旅盛宴；举办"济南如此多娇"摄影大赛和短视频大赛，文旅电竞大赛等。

### （二）开展丰富多彩的实践体验

通过社会实践活动和志愿服务，让大学生亲身体验济南的生活和文化，从而增强他们对城市的认同感和归属感。比如联合文旅企业成立"大学生读城驿站"，让大学生参与到文旅新媒体宣传、导游词创作、微旅产品设计等活动；组织大学生城市 city walk，城市巡访打卡体验等活动。

### （三）建立大学生与城市之间的互动平台

利用社交媒体等渠道建立大学生与城市之间的互动平台，鼓励他们分享在城市的生活和学习，以及对城市的看法和建议等。这不仅可以增强大学生对城市的归属感和参与感，还能帮助城市更好地了解大学生的需求和期望，从而进一步提升城市的吸引力和认同力。

# "氛围"引领文旅消费升级：
# 讲好济南故事，彰显泉城气质

孙杨　李鹏*

**摘　要：** 高质量文旅融合是彰显和赋能文化软实力的重要途径，挖掘城市文化特质，提升文旅产品的氛围力，营造城市氛围空间，有助于促进城市文旅消费和口碑传播。本文立足于济南文旅产业，从提升文化的吸引力、创造力、凝聚力、幸福力等角度，探讨了氛围消费背景下如何通过增强城市空间的叙事性、氛围力，延续城市记忆，彰显城市气质，为进一步释放文旅消费潜力，提升济南的文化软实力提供建议。

**关键词：** 文化软实力；文旅消费；氛围；城市气质；济南

文化软实力是中国式现代化进程中文化强国建设的着力点，高质量文旅融合则是彰显和赋能文化软实力的重要途径。2024 年 5 月 17 日，习近平总书记在对旅游工作的重要指示中指出"旅游业日益成为新兴战略性支柱产业和具有显著时代特征的民生产业、幸福产业"。随着社会消费的转型和升级，文旅产业的民生属性和幸福属性逐渐增强。文旅

---

*作者简介：孙杨，山东女子学院旅游学院讲师；李鹏，山东女子学院旅游学院会展经济与管理教研室主任、讲师。

消费从游览景区景点转向体验生活方式，主客共享的消费场景需要城市提供更多包容度和幸福感，"治愈系""沉浸式"的体验型消费促进了城市生活空间、游憩空间和公共文化空间的转型重构。同时，反映城市文化吸引力、凝聚力、竞争力、创造力的"文化软实力"逐渐成为目的地竞争的"硬实力"。

# 一、 文化软实力： 理论回顾与述评

## （一） 文化软实力与讲好城市故事

20世纪90年代，"软实力"概念被提出，随后在中国实践中逐渐发展、演化，"文化软实力"被视为构建中国话语体系，讲好中国故事，推动优秀传统文化创造性转化、创新性发展的价值传播过程①。党的二十大报告两次提及"文化软实力"，立足于当代中国的核心价值观念，旨在通过"不断提升国家文化软实力和中华文化影响力"，打造富有中国特色的"新概念""新范畴""新表述"，发挥文化的凝聚力、创造力、竞争力等关键作用。

讲好"一座城市的故事"是延续城市记忆，提升城市气质的必由之路。习近平总书记指出，"讲故事就是讲事实、讲形象、讲情感、讲道理，讲事实才能说服人，讲形象才能打动人，讲情感才能感染人，讲

---

① 陈先红，宋发枝."讲好中国故事"：国家立场、话语策略与传播战略［J］. 现代传播（中国传媒大学学报），2020，42（01）：40－46＋52.

道理才能影响人。"① 对城市而言，记忆是城市怀旧情感的基础，身份认同是城市怀旧的情感体验特征，与个人记忆、集体记忆密不可分。城市记忆承载着一个城市的生成史，是城市建立、破坏、变迁、重建和发展过程中，依托各种地理媒介、符号和载体所涵盖的个人记忆和集体记忆②，并直接作用于人们对景观、空间、场所以及地方意义的感知和认同，进而凝结为一些可供回忆附着的象征物，例如文字、图像等符号表征，建筑、节日等空间和非空间表征，通过规范性和秩序性表达记忆的跨代际延续和共享的可能性。因此，记忆是城市叙事的基础，也是讲好城市故事的关键，而讲好城市故事则是构建城市文化软实力的重要途径。

## （二） 文化软实力与情感氛围

2023 年"氛围怡情"③ 作为消费趋势十大热词之一跃入公众视野，"围炉煮茶"在各社交网络平台的共创内容超过 800 万条、"精致露营"等氛围式消费占领文旅高地。一方面，氛围消费带动了古装穿越、音乐节、沉浸式看戏等网红经济；另一方面，氛围经济颠覆了过去目的地营销的精致思路，反而以追求"烟火气""接地气"的商超游、菜市场游引领新潮流，打开了目的地旅游的新局面。以"氛围"为核心要素的游憩空间构建正在被城市治理者所关注，提升城市氛围力，创设新氛围

---

① 习近平 . 讲好中国故事，传播好中国声音：2016 年 2 月 19 日在党的新闻舆论工作座谈会上的讲话 ［EB/OL］. http：//www. qstheory. cn/laigao/ycjx/2021 - 06/02/c_1127522386. html.

② 李志飞，聂心怡 . 文化旅游地集体记忆对游客地方依恋的作用机理——以乌镇、平遥古城和凤凰古城为例 ［J］. 地域研究与开发，2018，37 （03）：95 - 100.

③ 知萌发布《2023 中国消费趋势报告》［EB/OL］. https：//news. sina. com. cn/sx/2023 - 02 - 07/detail - imyewcsp6244162. html.

空间，成为提升城市文化软实力、推动文旅产业消费升级的新动力。

1. "氛围"彰显城市气质

气质（temperament）和氛围（atmosphere）都是跨学科的产物，分别来自心理学和物理学。随着概念的演绎，气质作为品牌个性中的一部分被引入目的地营销，而氛围则从文化地理学角度解释为"一个特定地方、一种情境或是由某种文化生发表现出的普遍情感，如电影或小说唤起的感觉"①。从现有研究看，"城市气质"与氛围和场景关系密切。程建虎将城市气质概括为"从城市的物质文化和精神文化遗存中抽绎出来的价值观念、思维方式、审美取向、格调气韵和抽象氛围的融合"，即文化地理学研究者所指的"是人文景观中一种可以被感受但却难以言明的氛围"②。而吴军等则从"场景理论"指出，"城市气质是由各种消费实践所形成的具有符号意义的空间，是集兴趣、娱乐、休闲、梦想和体验的价值文化复合体"，其实质是一种文化与价值观的外化符号，表现为与生活密切相关的城市场景。③

2. "氛围"提升城市吸引力

"氛围观"产生于场景理论，从空间到场景，从场景到氛围，体现了"人—物/空间—境"的互动关系。比起打造场景，氛围的营造更强调人在情境中的情感唤醒，对提高目的地的忠诚感和依恋感表现出更强的凝聚力和吸引力。"气氛美学"理论认为，审美和艺术在氛围感知中发挥着重要作用；而"情感氛围"理论则指出借助人、声音、灯光、

---

① 张铮，许馨月. 从场景理论到氛围理论：文化经济模态的新阐释体系［J］. 南京社会科学，2024（01）：133 - 141.

② 程建虎. 文化地理学视域中的长安气质——以唐长安应制诗中的"地方感"和"秩序感"为考察视角［J］. 求是学刊，2013，40（06）：128 - 133.

③ 吴军. 城市气质的理论与实践研究［J］. 中国名城，2015（09）：14 - 19.

气味、文字等相关的客观存在元素，可以唤起大众的情绪和情感反应。此外，氛围不仅可以依托建筑空间及其他客观元素来营造个体的具身体验①，还可以作为一种数据集合体，被数字智能技术所识别、储存、传输、计算和传播，通过在数字平台的交互和共创营造数字氛围。②

## 二、 济南文旅产业发展现状及经验

2024 年济南市政府工作报告明确提出，大力推动文化强市建设，全面提升文化软实力。济南市聚焦高质量的文旅融合，在延续城市记忆、讲好城市故事方面蓄势聚力，重点打造中华优秀传统文化"两创"新标杆，通过提升城子崖、大辛庄等考古遗址保护利用水平，加速"济南泉·城文化景观"的申遗。推进非遗名城建设，做强做优国际传播矩阵，开展了"读懂济南"系列报道。持续扩大"东亚文化之都"品牌效应，发挥国家文化出口基地、中国华侨国际文化交流基地等作用，推动文化"走出去"，提升文化创造力、吸引力、影响力。

### （一）从资源到产业，发挥文化的创造力

泉文化作为济南最具特色的名片，在"双创"中表现出显著的可塑性和延展性。2022 年起，济南加强泉水保护利用，聚焦城市历史文脉传承，对 72 名泉及其他重要泉群进行了整体规划，打造了泉水游精品线路，将泉水与文旅、非遗、戏曲、城市基建等结合，营造出亲泉、

① 龙迪勇. 空间在叙事学研究中的重要性 [J]. 江西社会科学，2011，31 （08）：43 – 53.

② 张铮，许馨月. 从场景理论到氛围理论：文化经济模态的新阐释体系 [J]. 南京社会科学，2024 （01）：133 – 141.

赏泉、品泉的游憩空间。同时，济南市持续推动龙山文化、大舜文化、儒家文化、二安文化等优秀传统文化创造性转化、创新性发展，推进"瑞蚨祥、鲁味斋、便宜坊"等老字号与休闲、旅游、文化产业深度融合。

## （二）从空间到场景，彰显文化的吸引力

济南在"十四五"规划中明确要做优泉水文化旅游标志区，统筹老城区与新城区、老业态与新需求、老肌理与新格局的关系，打造"泉城历史文化名城核心区"。围绕超然楼、明湖居、文庙、城市书房等文化旅游场地，策划了诗词 PK、汉服潮、曲山艺海、交响乐等文娱活动，打造了泉水节、花朝节等一批具有泉城特色的节事活动，"氛围式场景"频频出圈。

## （三）从传承到创新，提高文化的影响力

从泉城到黄河流域中心城市，济南突出中心城市的带动作用，聚焦城市文化软实力，讲好新时代济南"黄河故事"。从文史研究，到积极打造诗城词都、曲山艺海、书香济南等文化品牌，设立"海右文学"精品工程扶持项目，济南市鼓励新时代新文学的创作和传播，探索创新传播形式，从"老济南"到"新泉城"，以记忆唤醒体验，借文化凝聚精神。

# 三、 氛围视角下济南文化软实力提升的思考及建议

## （一）讲好济南故事，提升文化的吸引力和创造力

1. 如何讲故事：从新媒体到新文学，发挥传播的长尾效应

一座城就是一个故事。文字是城市记忆的载体，而故事是唤醒游客

情感体验、营造情感氛围的重要方式，在新媒体时代，文学作品仍旧是游客形成济南印象的故事范本，例如济南的冬天"最妙的是下点小雪呀"。不仅如此，在自媒体文本和短视频创作中，文学作品还是内容生产的引流点，其中呈现的甬道、标志、节点等空间要素被转换为演绎城市故事的场景。例如在"老济南"等文学作品中，表征空间的词出现频率最高，如商埠、建筑、大明湖、大观园、千佛山、铁路、马路等；其次是业态要素，如市场、商场、公园、照相馆、饭馆、剧场、茶社；再次是休闲要素，如相声、演出、电影、曲艺等。但是文学作品中记忆空间并非一成不变的，正如在"老济南"印象中，商埠是最具代表性的关键词，从津浦铁路、芙蓉街到大观园体现了近代济南在商业文化中的繁荣，"首家照相馆""第一间钟表店""第一家电影院"等具有时代领先意义的商铺成为济南的标签，石泰岩、瑞蚨祥、醴泉居、燕喜堂等老字号见证了济南发展的历史脉络。而对照"新泉城"的游憩空间来看，商业区外延的扩大和日常化分散了城市空间的记忆点，历史文化街区、泉城旅游集聚区则成为文旅发展的核心点。因此，把握游憩空间的伸缩和空间转向是讲好城市故事，传承城市记忆的前提。

得益于传播速度快、互动性强等特点，短视频和自媒体传播被视为城市形象塑造的有力途径，但视频相较于文本和图片等符号载体具有传播时空上的局限性，特别是缺乏系统性和长效性。因此，在自媒体基础上，加快推进经典文学、原创文学、名家注解等再加工形成的新文学，则有助于发挥记忆的长尾效应，提升济南的文化吸引力。

2. 讲什么故事：以故事唤起情感体验，刻画难忘回忆

在城市地理领域，建筑通常被认为是"氛围"产生的基础，例如王府池子、芙蓉街、曲水亭街、柳溪亭等是以建筑为主的氛围集合体。人们可以借助具身体验感受建筑带来的特定氛围，然而脱离了集体记忆

或感官体验的场景却很难引起共鸣，且容易产生审美疲劳。因此，增加故事的体验色彩，是营造情感氛围的关键。例如挖掘"泉"文化背后的记忆原型和体验，围绕听泉、观泉、品泉、寻泉、取泉等丰富的感官体验，通过一个故事一条主线将原本独立的体验串联起来，突出故事背后的情感价值，从而形成完整的难忘情节。

除了建筑，艺术和审美也是"氛围经济"的助推器。调查显示，2023年我国文创行业投融资总金额为9.1亿元，文创用品消费人群中，女性占比58.2%，"00后"占比49.8%，二、三线以下城市消费合计占比67.1%，为审美和氛围付费成为年轻消费者的重要特征。附加价值（情绪价值、文化价值）、设计感、纪念意义成为文创消费的三大需求，"国风""国潮"赋予文创独特的文化韵味。① 因此，从景到物提升标志物的审美价值和情感共鸣，是避免文创同质化、走特色发展之路的核心。例如围绕泉城标志性元素开发系列文创产品，为文创系列赋予不同的情感色彩，如潇洒气质、慵懒气质、豪放气质等，用故事唤醒情感体验，增加文创的体验感，提升城市文化的创造力。

---

① 风景文创 重磅推送：2024 年文创行业趋势研究报告 [EB/OL].2024-02-29. https://new.qq.com/rain/a/20240229A01DJS00.

表 1　老济南院落的集体记忆

| 类型 | 记忆点 | 描述 | 情感要素 |
|---|---|---|---|
| 交往记忆 | 邻里交往 | 只要四合院有人在，出门可以不上锁<br>谁家做好吃的，都要各屋去送，共同分享<br>互相照看孩子，可以搭伙做饭<br>彼此以礼相待<br>共摊水电，自觉省电省水<br>共同维护院落整洁 | 信任感<br>以礼相待 |
| | 代际回忆 | 夏天院内纳凉、拉呱<br>河边浣洗<br>和家人一起打煤饼<br>院内晾晒存储白菜<br>挂灯笼、贴对联<br>担泉水、泉水嬉戏 | 质朴<br>温情 |
| 文化记忆 | 休闲方式 | "芙蓉街，西奎文，曲水亭街后宰门"<br>逛芙蓉街上的书店、古玩店<br>曲水亭喝茶<br>后宰门街品美食<br>曲艺社听戏 | 闲适<br>潇洒<br>雅致<br>宜养怡情 |
| | 饮食方式 | 泉水泡茶<br>炸荷花、莲蓬子<br>采食荷叶，如荷叶粥、荷叶鸡等<br>喜食莲藕，"苔下韭，莲下藕" | |
| | 仪式展演 | 传统年俗浓郁，如"猜灯虎"、踩高跷、扭秧歌、耍龙灯、四蟹、舞狮子、跑旱船、抬芯子等<br>传统节日庄重，如逛山会、赏菊花；祭月拜月，"家家都供兔子王"等<br>传统婚葬仪式隆重，如婚礼中"六礼"保存完整 | 重传统<br>重视记忆<br>传承 |

资料来源：作者研究整理

3. 怎样讲好故事：数字赋能，氛围创生

在以沉浸式体验、场景化消费为引领的文旅消费新时代，"内容共创"和"氛围共营"成为文旅场景的新特点。"共创"和"共营"，打破了过去的单向度传播结构，通过主体与客体、个体与他者、真实和虚拟之间的连接关系，实现了体验的多向度和多层次。在数字技术和AIGC的助推下，数字文旅资源不断涌现。全息投影、数字孪生、元宇宙、人工智能等数智手段在智能手机、可穿戴设备的加持下，创设出多情景、多时空、多维度的文旅消费场景，并促使旅游"氛围"迭代更新。游客可以完成线上虚拟空间和线下地理空间之间自由连接与切换，实现场景空间、数字空间的内容共创和氛围共营。例如，借助数字技术游客可以实现古今对话，与历史名人同登历山、泛舟明湖；历下亭内与"济南名士"吟诗作对。

## （二）彰显泉城气质，提升文化的凝聚力和幸福力

1. 宜养怡情：突出诗画济南的文学气质

追求"诗意栖居"是现代人向往的生活状态。游客对历史街区和复古文艺小店的青睐，表现了当代社会对典型时代的记忆和思念，并试图通过到访一些保留着历史痕迹的场所来抚慰心灵，填平乡愁，譬如参观历史博物馆、游览工业遗产地、探访名人故居、体验古镇老村等。历史文化名城尽管是一个宽泛的概念，但赋予了现代人对闲适、惬意、潇洒、温润老城生活的怀念乃至想象，是一种建构的真实。济南自古"名士多"，为济南留下千古风流诗词的文人墨客不胜枚举，"潇洒似江南"使济南融北方豪迈与南方温婉于一体，形成独特的城市气质。另一方面，济南的城市气质是多元的，区域和整体形象兼容度不高，景观联想和记忆提取无法深入，令人神往的"家家泉水、户户垂柳"泉城

景象被定格为旅游景观而不再是生活状态。

打破这种违和感的核心在于"进城有历史，出城有生活"，这个城就是历史文化街区圈定的保护区。要延续这种情感依赖，就需要将诗画济南的理想状态融进生活场景，把济南作为一个整体形象去塑造，在社区公园、城市街景、休闲场所、健身娱乐项目等都融入统一的形象元素，突出"城即湖山、城即园林、城即溪亭、城即藕花"，鼓励传统健身休闲项目纳入全民健身项目、济南诗词歌赋纳入中小学生课外阅读书目、曲艺文化进社区等，从"文体旅"角度全面布局，塑造共情共融、宜养怡情的诗画济南形象，提升城市文化的凝聚力。

2. 宜居宜业：凸显人文济南的烟火气息

随着淄博、哈尔滨、天水等城市的相继出圈，城市友好度和"烟火气"成为彰显目的地人文气质的关键，关系到城市软实力中的幸福力。因此，转变发展思路，提升生活便利度的服务品质，是提高本地居民幸福感、构建主客共享游憩场景的核心。城市友好度可以体现在信息友好度（信息有效性、可达性和体验性等）、接待友好度（服务态度、服务质量、服务效率等）、居民友好度（好客、包容、善意、诚信等）等方面，提升城市友好度不仅是文旅发展的必要阶段，还是宜居宜业，吸纳人才、招商引资的重要条件。济南素有好客文化，招揽天下名士竞相奔赴；饮食休闲文化氛围浓郁，地域文化性格仁厚质朴。当然，要突显城市友好度，还要解决在场景节点转换过程中的友好度问题，例如增强旅游交通或市内交通的通达度、提高公共交通服务提供者的服务能力和效率、完善出租车诚信待客的市场监控体系等。

2024 年《济南政府工作报告》提到要"更好传承城市记忆、延续历史文脉、有机融入时代元素"，做到老济南和新泉城的有机融合。事实上，城市记忆不仅体现在空间要素的组合上，还体现在对城市独特气质的塑造上。讲好济南故事，彰显泉城气质，一方面要梳理历史文化街区的故事元素，通过文学作品、影视作品、数字化技术等，再现历史街区的生活方式（生活场景、生活状态、生活态度等），建立与当下旅游者的情感联系；另一方面要增加历史文化街区的故事性互动，创造深刻的旅游记忆，为提高目的地依恋创设记忆载体。与此同时，在氛围消费趋势下，由常规的游览转向独特的"氛围"体验，突出泉城济南的文化底色，发挥文化的吸引力、创造力、凝聚力和幸福力，不仅是文旅消费升级的必然要求，更是提升城市软实力的关键。

# 基于非遗研学旅游的
# 济南城市软实力提升路径研究

李付娥　史现花*

摘　要：近年来济南市开展了丰富多彩的非遗研学旅游活动，这些项目已成为济南市塑造城市品格和形象的典型代表，在扩大城市吸引力和凝聚力、带动经济发展和提供就业机会、打造济南宜居环境、提升市民创新创业能力等方面发挥了重要的作用。但非遗研学旅游在快速发展的同时，也出现了一些问题和挑战，如非遗研学旅游基础薄弱、发展动力缺乏、发展资本阻抑等，在一定程度上影响了济南城市软实力的提升和可持续发展。因此，从整体上统筹规划非遗研学旅游发展思路，从内涵上深挖细研非遗研学旅游典型事例，从贴合时代需求建设高质量非遗研学旅游基地，从多渠道培养非遗研学旅游人才，采取以上措施全面提升济南城市软实力，形成非遗有效保护、传统文化有效传承、城市形象有效提升的新发展局面。

关键词：非遗研学旅游；城市软实力；路径；济南

---

*作者简介：李付娥：济南市技师学院讲师，博士研究生；史现花：济南市技师学院助理讲师，硕士研究生。

　　研学旅游作为旅游和教育融合发展的新业态，自 2013 年《国民旅游休闲纲要（2013—2020）》颁布以来，尤其是 2016 年 12 月教育部等 11 部门《关于推进中小学生研学旅游的意见》发布之后，成为社会和学界热议的重要话题。研学旅行，以及由此生发的研学旅游活动，类型多种多样，其旅游群体范围也从学生扩展到各种职业。非遗是中华优秀传统文化的重要组成部分，是研学旅游的重要资源，与研学旅游融合发展渐成趋势。学界普遍认为，非遗研学旅游在提升城市软实力、推动地方经济发展、促进区域影响力等方面发挥了重要的作用。

## 一、 非遗研学旅游对提升济南城市软实力的重要意义

### （一）非遗研学旅游有助于塑造济南独特的城市精神和城市品格

　　非遗文化是一座城市的独特印记，它是各类文化的重要载体，是民族精神的直接呈现，更是民族精神的凝结和绵延。济南市作为中国历史文化名城，非遗资源蕴藏丰富。其中，国家级非遗项目 13 项，省级非遗项目 108 项，市级非遗项目 450 项，济南吕剧、鲁绣、泥塑兔子王、章丘黑陶烧制技艺、济南面塑等，众多非遗已经成为济南特色文化符号。

　　城市软实力是一个城市所独有的精神体现、价值观念、人文习俗等文化发展和文化积累所造就的现实作用力，是现实文化元素碰撞之果①。城市软实力的建构源自城市本身文化吸引力，它必须植根于地域

---

　　① 李炳燕．非遗保护视角下城市文化建设研究——以呈贡花灯为例［D］．云南：云南师范大学，2019：1－94.

非遗的原生特性。因此，吕剧、鲁绣、泥塑兔子王等成为济南的特色文化符号，成为济南市对外宣传的城市资本，在丰富人民精神生活、推动地域经济发展、促进城市文明进步、提升城市文化竞争力等方面发挥着积极影响和作用。

### （二）非遗研学旅游有助于提升城市吸引力和凝聚力

作为龙山文化发祥地，济南市着力打造保护、转化、创新三位一体的非遗文化保护传承路径，"形成了'山东手造'展示体验中心、百花洲历史文化街区、天下第一泉文创中心、山东博物馆、济南市博物馆文创开发中心等具有特色的济南非遗产业圈①"。它们借助于非遗手造精品，倾力打造丰富多彩的非遗研学旅游体验活动。以 2024 年春节为例，济南市提前出台了《"泉"在济南过大年活动方案》，精心策划开展十大特色活动、推介十大消费场景、组织十大宣推活动，发出"泉"在济南过大年的诚挚邀请。章丘三德范村抬芯子全民参与，商河鼓子秧歌万人会演，秦琼祈福文化旅游节民俗展演在天下第一泉五龙潭景区举办。② 这些非遗项目蕴含着济南的文化特质，也深深地烙印下济南特色的地域痕迹。这些非遗研学旅游产品吸引了游客的视线，连接百姓生活，赋能文旅发展，加大了市场经济驱动力，这种模式也拓宽了公众的视野，提高了公众的文化素养，有助于构建和谐的社区环境，增强社区凝聚力，推动社区文化的繁荣。

---

① 王丽丽. 基于济南非遗资源的文创产品开发实践研究 ［J］. 大众艺术，2024 （3）：46－48.

② 王远，郭钰颖. 济南民俗何以破圈？［N］. 山东商报，2024－3－12（11）.

## （三）非遗研学旅游有助于带动济南经济发展和创造就业机会

济南市非遗研学旅游的开展在经济层面产生了显著的带动效应，促进了相关产业的发展。通过吸引大量游客参与研学旅游活动，旅游收入增加，带动了酒店、餐饮、交通等服务业的繁荣。例如，趵突泉、千佛山等传统景区在增加非遗研学旅游项目后，游客量和消费水平均有明显提升，为当地经济注入新的活力。

同时，非遗研学旅游也创造了丰富的就业机会。从导游、讲解员到非遗技艺传承人，再到各类服务岗位，都为济南市民提供了就业岗位，特别是一些濒临失传的非遗项目，如鲁绣、黑陶等，通过研学旅游得以推广，这不仅保护了当地非遗，也为传统工艺从业者提供了稳定的工作和收入来源。

此外，非遗研学旅游还推动了新型业态的诞生，如文化体验中心、创意工坊等，进一步拓展了就业领域。以济南的"非遗小镇"为例，它集合了众多非遗项目，形成了集展示、教学、体验于一体的综合平台，既提升了地方文化影响力，又带动了就业和创业。

## （四）非遗研学旅游有助于打造济南城市最佳人居环境和生活体验

近年来，济南市出台了一系列有助于非遗研学旅游发展的政策和措施。如济南市组织专家编制了《读济南懂中国——济南研学手册》，整理推出了十大研学板块的旅游资源、十大研学线路产品和十项研学活动设计；印发《关于加强非物质文化遗产保护建设非遗名城的实施意见》文件，细化落实举措，为全市非遗工作系统化、规范化提出指导性意见；《泉水文化（济南）生态保护区规划》的制定也促进了泉水文化生态保护区省级实验区建设；进一步推进《济南非物质文化遗产条例》

进入立法调研阶段。这些文件和政策的制定实施为打造济南市最佳人居环境提供了可靠的保障。

**（五）非遗研学旅游有助于提升参与者的实践能力和创新创造能力**

非遗研学旅游通过沉浸式的学习体验，让参与者在实践中学习和成长。这种方式有助于激发游客的创新创造能力，让他们在实践中发现问题、解决问题。如济南木雕版画拓印非遗传统技艺，让参与者通过亲身体验雕版印刷，感受非遗文化的魅力和价值，体会尽善尽美的工匠精神。参与者在实践体验过程中提升了实践能力，也使非遗文化传承需要关注的问题意识、实践能力、创新精神等良好的综合素质得以提升。

## 二、 济南市非遗研学旅游现状

济南，从龙山文化发展至今，留下了厚重的历史文化资源，城市文脉发展源远流长，非遗资源丰富多彩。随着全国重大非遗活动在济南举行，非遗研学旅游在济南日益受到重视，成为激活非遗生命力、推动文化与旅游深度融合的有效途径。在政府、教育机构和文旅等部门的共同努力下，济南市非遗研学旅游展现出积极的发展态势。

近年来，济南培育打造了一批具有示范性、影响力的非遗旅游产品，集中推出"扁鹊故里"中医药研学之旅、"曲山艺海"民间艺术鉴赏之旅、"泉城寻味"非遗美食之旅、"齐鲁工匠"手工艺体验之旅、"黄河古韵"民俗感受之旅等 5 条旅游线路；按照国家 A 级旅游景区标准，开发建设阿胶文化展馆、百脉泉酒文化展馆、孟姜女民俗文化博物馆等 30 个非遗主题展馆，举办趵突泉花灯会、千佛山庙会等一批非遗文化旅游活动，吸引了大批游客参观体验，其中很多非遗研学旅游产品已经成为景区的金字招牌。

在非遗研学基地的建设中，济南市文化和旅游局指导各区县文旅部门深入挖掘非遗资源，推进非遗与旅游、教育融合。"如莱芜区策划推出了'传统糊香食用油制作技艺—莱芜锡雕—亓氏酱香源肉食酱制技艺''多福砚制作技艺—莱芜口镇南肠传统制作技艺—陈家糕点制作技艺'两条非遗特色研学路线①"，形成了多元化、灵活性的非遗研学旅游格局。

非遗研学旅游不断提升着济南的城市影响力和美誉度。丰富的非遗资源、深厚的非遗积淀、悠久的非遗传统，使济南正在成为一座"非遗之城"，在新的时代不断焕发出新活力，成为济南文旅产业发展的有力引擎，也成为助推提升城市软实力的实际载体。

## 三、 济南市非遗研学旅游在提升城市软实力方面存在的问题

### （一）济南市非遗研学旅游基础薄弱，对提升城市软实力的支持力度不足

首先是非遗研学旅游机制不畅。从济南市发布的非遗研学旅游活动线路来看，围绕非遗开展的研学活动内容丰富，研学时间为半天或一天。在如此短的时间内顺利完成非遗研学旅游项目，需要宣传、文旅、文物、非遗保护中心、教育、科技、财务等多个主体的全力配合。"因不同部门的思维理念、工作内容存在差异，且部门间沟通协调难度大，

---

① 王宇琦. 行走的研学课堂"非"比寻常［N］. 山东商报，2023 - 8 - 30（13）.

缺乏统一的协调、规划、开发、宣传和管理，不利于融合合力的形成。"①

其次是非遗研学旅游程度不深。济南市非遗研学旅游资源丰富，但从目前开发的非遗研学旅游路线来看，一些非遗研学旅游产品同质化比较严重，游客参与的内容如捏面人、做泥塑等较为单一，游览时间比较短，体验过程中缺乏专业人员给予更深层次的精神引导，新媒体技术和数字化手段运用也不到位，导致参与者深度体验感比较差，非遗研学旅游产生的蝴蝶效应对提升济南城市软实力带动性不强，其教育功能无法实现真正的效果。

最后是非遗研学旅游效应不明显。济南市非遗研学旅游资源保护与利用不平衡，部分非遗项目因缺乏有效保护而面临消失的风险，过度商业化可能导致文化原真性的丧失。另外，非遗研学旅游市场规范性不强，存在无序竞争和价格战，不利于行业的长期健康发展。这些问题导致济南市非遗研学旅游质量整体水平不高，无法形成品牌效应，难以推动济南市软实力向更高层次迈进。

**（二）济南市非遗研学旅游发展动力缺乏，对提升城市软实力的韧性不强**

首先是非遗研学旅游资源整合力度弱。目前，济南市的非遗研学旅游资源主要分布在各个区县和乡镇，由于缺乏有效的整合和统筹规划，导致资源分散、利用率低。虽然政府出台了相关政策鼓励非遗研学旅游的发展，但在具体落实上仍存在一定的困难。例如，政策执行力度不

---

① 朱虹，宋丹丹. 红色文化与旅游融合发展的实现路径［J］. 旅游学刊，2023（1）：10 - 11.

够、资金投入不足等问题。部分非遗项目由于缺乏资金和技术支持，处于濒危状态，急需得到有效保护和传承。

其次是非遗研学旅游宣传力度弱。"一直以来，济南各界都将弘扬泉城文化，突出泉城特色，视为当前和今后的一个重大课题。济南市政协更是不遗余力围绕'品味泉城文化，讲好济南故事'广开言路。"①济南旅游宣传片中频频出现的主要是山、湖、河等文化元素，有关非遗研学旅游的宣传比较少。对于一些小型的非遗项目来说，专属网站介绍的不多，通过网上主动搜索的资料也是碎片化资源，找不到具体详细的介绍，这使得一些非遗研学旅游项目的知名度和影响力难以提升，对提升济南城市软实力的韧性不足。

**（三）济南市非遗研学旅游资本阻抑，对提升城市软实力的持续性不稳定**

首先是非遗研学旅游现代科技技术阻抑。在当前济南市推出的非遗研学旅游项目中，虽有一些创新内容和形式，如非遗特色研学路线、非遗"体验＋打卡"场景等，但并没有提及现代技术手段在非遗研学旅游中的具体应用。由于技术设备和平台的限制，济南的非遗研学旅游无法充分利用这些技术进行展示和体验，影响城市软实力的持续提升。

其次是非遗研学旅游人才资本阻抑。非遗研学旅游需要具备跨学科知识和技能，包括非遗保护、旅游管理、文化传播等领域的专业知识，但济南市非遗研学旅游专业人才不足，在活动中缺乏深度的引导和解说，导致研学旅游项目的品质下降，影响游客对济南市的旅游体验和评价。

---

① 宋晓雨，吕振欣. 品味泉城文化，讲好济南故事［N］. 联合日报，2022 – 10 – 11（01）.

# 四、 非遗研学旅游提升济南城市软实力的路径

在文化与旅游深度融合的新时代，建议济南以非遗研学旅游为切入点，通过"整体统筹规划、内涵深挖细研、高质量建设研学基地、多渠道培养人才"等措施，全面提升济南城市软实力，形成非遗有效保护、传统文化有效传承、城市形象有效提升的新发展局面。

## （一）从整体上统筹规划非遗研学旅游，塑造济南独特的城市品格

政策引导与法规建设是推动济南市非遗研学旅游健康发展的重要基石。政府应制定专项规划，将非遗研学旅游纳入文化旅游发展的整体布局，明确发展目标、任务和保障措施，为行业提供清晰的操作指南。

首先，完善非遗保护法规，确保非遗研学旅游活动的合法性与合规性。通过修订现有的文化遗产保护法，形成一套科学合理的规划体系，将这套规划方案纳入济南市经济社会发展、土地规划、城乡规划、生态环境保护等专项规划和政策中，敦促各区和县相关部门探索新的实施办法和管理模式。从整体上明确规定非遗研学旅游的相关权益，保护非遗传承人的合法权益，防止商业化过度开发对非遗资源的损害。

其次，建立激励机制，鼓励社会各界参与非遗研学旅游的开发与推广。济南市政府可协调各方主体推进非遗研学旅游高效发展的耦合模式。依托济南市非遗研学旅游基地，联合开发非遗研学旅游经典线路，形成共商研学事宜、共育研学主题、共推研学热点的联盟局面。设立专项资金支持非遗项目的研究、保护和教学，对优秀研学旅游项目给予奖励，激发市场活力。同时，对于积极参与非遗研学旅游的企业和个人，可提供税收优惠或其他政策扶持。

最后，加强跨部门合作，形成政策合力。文化、教育、旅游等部门应协同合作，共同制定和执行相关政策，确保非遗研学旅游在教育、文化、旅游等多个领域得到有效推广和深度融合。如济南市教育部门牵头，联合广电局、旅游局、档案馆等部门，形成以济南市非遗研学旅游基地发展规划、济南市非遗研学旅游基地建设标准、非遗研学旅游指导师培育办法等顶层设计。

通过上述政策引导与法规建设，济南市能够为非遗研学旅游创造良好的发展环境，促进其健康、有序、可持续发展，塑造济南独特的城市品格。

## （二）从内涵上深挖细研非遗研学资源，扩大济南传统文化的影响力

济南文化底蕴丰富，通过研学旅游的方式，可以让人近距离感受这些独特魅力的文化内涵。只有发挥好这一增长极的辐射作用，才能最大程度上促进城市软实力的提升。

首先，深度挖掘济南市非遗资源内涵。结合济南市非遗开发与利用实际情况，加强济南市周边和县区非遗的挖掘力度，让那些隐藏于土中、流落于民间的非遗资源"重见天日"，将一些非遗开发放在培育和践行社会主义核心价值观的背景下，挖掘背后蕴含的故事和精神，打造济南市非遗研学品牌，扩大济南城市文化影响力；围绕"泉城文化"和"非遗之旅"两大主题，设计系列研学产品，如"泉水与非遗"体验游、"古村落非遗探访"等，形成独特的市场定位。通过与知名旅行社合作，共同推广济南非遗研学线路，提升济南非遗研学品牌知名度。结合新时代新问题新要求，在守正的基础上创新非遗研学旅游文化叙事风格，针对青少年，设计寓教于乐的非遗课堂，通过动手实践增强学习趣味性；对于成人游客，举办非遗文化讲座或工作坊，提升其对传统文

化的认知和欣赏水平。

其次是跨区域跨资源联合开发。济南市非遗研学旅游基地多分散在各个区县，要实现非遗研学旅游资源区域整合最大化，需要政府出面统筹协作，充分发挥非遗研学旅游教育基地、研学旅游机构等业内主体在资源整合方面的特色专长，形成多主体协同开发的生动态势，探索新的管理模式和实施办法，为非遗研学旅游全面发展凝心聚力。如深入挖掘剪纸、泥塑、皮影戏等当地丰富的非遗资源，与科技公司合作开发数字化展示平台，构建多元化的研学旅游线路，提升研学体验。整合各县区碎片化的非遗资源，实施跨区域联合开发，合理规划非遗研学旅游线路，形成济南市非遗研学旅游资源库，塑造非遗研学特色品牌，进行非遗研学旅游资源的共享和促销活动。

最后，建立非遗研学旅游与乡村旅游、生态旅游等其他旅游业态的联动机制。"融合多种非遗、地方民俗，乡情乡貌等资源打造研学旅游精品线路，将研学活动延伸到整个乡村，将非遗产生与生存的背景环境纳入研学内容"①，形成资源共享、优势互补的格局，扩大市场影响力。非遗也可与艺术、环保、健康等其他领域深度融合，开发跨学科的非遗研学项目，打造独特的济南市文化名片。

**（三）从贴合时代需求建设高品质非遗研学旅游基地，打造济南城市居民宜居环境和舒适体验**

非遗研学旅游基地是开展研学活动的载体，这些非遗研学基地建设质量、设施状况和服务水准等是影响非遗研学旅游能否高质量发展的重

---

① 杨璐歌，傅佳琪. 永春非遗研学旅行的现状与提升对策研究［J］. 农村实用技术，2020（2）：92－93.

要因素，也是影响游客能否高质量体验城市文化的重要因素。

首先，加强非遗研学基地高标准化建设。按照中国旅行社协会与高校毕业生就业协会联合发布的《研学旅行基地（营地）设施与服务规范》进行规划建设。在整体建筑、设施、展厅、人员等方面融入非遗文化，营造高标准的体验式教育环境氛围，帮助游客沉浸式体验济南城市文化魅力；打造高标准的非遗研学课程，立足济南市非遗文化的传承和活化，生动形象地将社会主义核心价值观融入课程内容，形成"认知非遗、理解非遗、实践非遗"三大内容的课程体系。利用虚拟现实（VR）、增强现实（AR）等新媒体和数字化手段，模拟传统工艺制作过程，为参与者提供更生动、直观的非遗体验；通过社交媒体、短视频平台等渠道，讲述非遗项目的背后故事，展示济南丰富的非遗文化资源，吸引年轻一代的关注，让公众在参与中增进对济南城市的深度认知。

其次，注重非遗研学旅游的品质和服务。在组织非遗研学旅游时，注重细节和服务质量，为游客提供安全、舒适、愉悦的旅行体验，提升游客的体验感和舒适度。如在行程安排上考虑游客的需求和体力状况；在活动内容上注重趣味性和互动性，让游客在轻松愉快的氛围中学习和体验济南非遗文化。

此外，建立完善的售后服务和用户反馈机制，确保游客的满意度和口碑传播。可在基地多处设置线下客服，应对游客日常的服务需求；在微信公众号界面设置服务反馈入口，定期收集游客意见，优化行程安排和服务质量，构建较为完善的基地服务评价体系，以品牌信誉赢得市场认可。通过举办年度非遗研学旅游节活动，进一步强化品牌形象，吸引国内外游客，将济南打造成为国内外知名的非遗研学旅游目的地。

**（四）从多渠道培养非遗研学旅游人才，促进济南城市居民的创新创造能力**

非遗研学旅游的核心在教育，通过研学培养游客的非遗保护意识和传承能力，培养人们的创新创造能力。因此在非遗研学旅游过程中，安排高水平高素质的非遗研学旅游指导师进行授课和指导是非常重要的。

首先，建立多元化的非遗研学旅游人才培养体系。通过中小学、职业学校、高等院校等教育机构，开设非遗研学旅游相关课程，培养学生对非遗文化的兴趣和保护意识；鼓励和支持社会培训机构开展非遗研学旅游培训，针对不同年龄段和技能水平的人群，提供定制化的培训服务；引导旅游企业、文化企业等开展内部非遗研学旅游培训，提高员工的专业素养和服务质量，从而有效培养高素质非遗研学旅游人才，为济南市软实力发展注入新的活力。

其次，加强非遗研学旅游人才的交流与合作。济南市非遗研学基地要加强与国际非遗组织、国内外研学旅游机构的交流与合作，引进先进的研学旅游理念和方法，促进研学基地的创造创新发展；定期举办非遗研学旅游论坛、研讨会等活动，促进行业内部的交流与合作，共同提高非遗研学旅游水平。

最后，完善非遗研学旅游人才激励机制。济南市政府出台相关政策，对非遗研学旅游人才给予一定的资金、场地等扶持，鼓励更多的人才投身非遗研学旅游事业；不定期举办非遗研学旅游成果展示活动，对优秀的研学旅游项目和人才给予奖励和表彰。

济南市非遗资源丰厚，它们饱含着城市文化的精神养分，是城市软实力建设不可或缺的重要元素。在城市飞速发展的今天，城市软实力的建设离不开非遗的保护传承和对城市本土公共文化的挖掘传播。

# 后 记

《济南城市软实力蓝皮书（2024）》由济南社会科学院研创，旨在客观反映济南城市软实力发展情况与实践做法，全面展现济南城市软实力创建成效，吸纳我国软实力研究前沿理论，为全面提升济南城市软实力提供学术支撑和智力支持。

按照市委宣传部工作要求，为编撰好本书，济南社会科学院认真谋划、精心组织，组建起由院科研骨干组成的科研创新团队，聚焦构建济南城市软实力指标体系，集中攻关、精细打磨，全力以赴完成编撰工作。本书编制得到市委宣传部、市直有关部门大力支持和各级专家学者鼎力相助，在此，向市有关部门和相关专家学者表示诚挚感谢！

本书力求突出问题意识，凸显研究的针对性、实践性和前瞻性，但由于城市软实力专业性强、涉及面广，书中有的篇章呈现还不够完善，加之编者水平有限，难免存在疏漏和不足，敬请读者谅解并批评指正。

我们将持续关注济南城市软实力建设发展动态，借鉴国内外研究与实践成果，深化对城市软实力内涵外延、价值作用、提升路径等方面的理论阐发与对策思考，发挥好地方社科院新型智库作用，为助推济南经济社会高质量发展作出应有贡献。

编 者

2024 年 7 月